全国高等院校核心素养训

职业核心能力培训认证专用

职业方法能力

自我学习·信息处理·数字应用·创新

训练教程·中级

人力资源和社会保障部职业技能鉴定专家委员会
职业核心能力专业委员会秘书处 组编

人民出版社

策划编辑：张文勇
责任编辑：张文勇　孙　逸

图书在版编目（CIP）数据

职业方法能力训练教程. 中级：视频书／人力资源和社会保障部职业核心能力专业委员会秘书处组编. —北京：人民出版社，2017.8
全国高等院校核心素养训练系列教材
ISBN 978-7-01-018130-1
Ⅰ.①职…　Ⅱ.①人…　Ⅲ.①就业-能力培养-职业教育-教材　Ⅳ.①G718.5
中国版本图书馆CIP数据核字（2017）第215400号

职业方法能力训练教程（中级）
ZHIYE FANGFA NENGLI XUNLIAN JIAOCHENG ZHONGJI

人力资源和社会保障部职业核心能力专业委员会秘书处　组编

人民出版社出版发行
（100706 北京市东城区隆福寺街99号）
北京振兴源印务有限公司印刷　新华书店经销
2011年4月第1版　2017年8月北京第3次印刷
开本：787毫米×1092毫米　1/16　印张：18.25
字数：350千字　印数：00,001-10,000册
ISBN 978-7-01-018130-1　定价：98.00元
邮购地址 100706　北京市东城区隆福寺街99号
人民东方图书销售中心　电话(010)65250042　65289539

本册主编：童山东　任开隆　王海燕

副 主 编：汤丰林　曾玉章　邓　宇　陈　冬

编 写 者：张连绪　蔡录昌　张向阳　吕　芝　李　兰

陈正君　丘　霞　何思文　严爱慈　封智勇

本册主审：李怀康

审　　稿：钟祖荣　戴士弘　孙喜勤

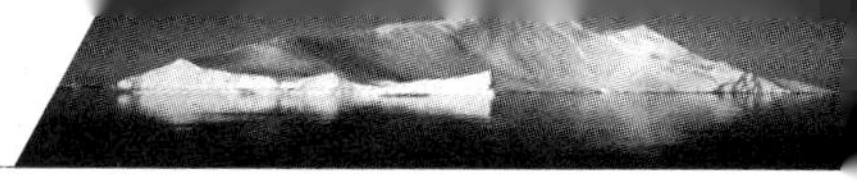

目　录

CONTENTS

训练导航

Ⅰ.自我学习能力训练

第一单元　明确目标途径

第二单元　有效实施计划

第三单元　反馈评估效果

Ⅱ.信息处理能力训练

第一单元 获取信息

第二单元 开发信息

第三单元 展示信息

Ⅲ.数字应用能力训练

第一单元 采集与解读数据

第二单元 数字运算

第三单元 结果展示和应用

Ⅳ. 创新能力训练

第一单元　提出创新需求

第二单元　实施创新方案

第三单元　评估创新效果

前言

PREFACE

为了适应我国社会经济发展对高素质、高技能劳动者的需求，人力资源和社会保障部职业技能鉴定中心长期以来一直致力于开发一个为就业服务的职业核心能力体系，此项工作得到社会各界的积极响应和支持，经过多年研究开发，2006年完成与人交流、数字应用、信息处理、与人合作、解决问题、自我学习和创新能力7个模块培训测评标准的编制工作并正式向社会颁布。与此同时也已完成了一套职业核心能力培训系列教材，包括6个单项模块的能力训练手册（与人交流、数字应用、信息处理、与人合作、解决问题和自我学习能力），以及2个组合模块——职业社会能力（包含与人交流、与人合作和解决问题能力）、职业方法能力（包含自我学习、信息处理和数字运用能力）训练手册的编写和出版工作。

本系列教材的编写坚持就业为导向下能力本位的教育目标，坚持以职业核心能力标准为依据，同时吸收现代国际职业教育新思想，在能力训练过程中始终坚持贯彻行为活动导向教学法的理念和技术。按照职业核心能力标准规范的解读：职业核心能力是一种完成工作任务的过程能力和执行能力，它是从职业活动中抽象出来的也要能返回到职业活动中去，因此系列教材的编写采用了一种全新的模式和规范，并研究开发了一套能力训练的程序，即包含目标（Object）、示范（Demonstration）、准备（Prepare）、行动(Action)、评估（Evaluate）的“ODPAE五步训练法”，从而保证了培训教学活动的结果不仅在于启发学员对掌握一种能力的认知，更重要的是让学员实实在在地掌握这种能力。

为适应互联网线上线下结合的混合式学习需要，2014年起，我们组织国内职业核心能力教学专家、金牌讲师，并与国内知名的教育信息技术公司合作，制作完成了本教材配套的系列微课课程，本教材是国内第一套职业核心能力训练富媒体的教材，学员用手机扫描教材每节中的微课视频二维码，可以登录相关学习资源网站观看该节的专家授课视频。

本教材依据国家《职业核心能力培训测评标准》中级的能力培训测评规范编写，为适应学习内容的衔接需要和丰富学习资源，每节的微课教学除了该节的能力点训练外，还适当增加了部分初级和高级能力点训练的内容，安排在每个训练模块的开首和相关的节次中，学习者可选择学习。本次修订的中级训练教程，增加了“创新”模块的内容。

本教材电子课程包系列的教学资源（课程整体设计、单元设计、微课视频、PPT、训练项目与指导、拓展资源等）均已放置在全国职业核心能力慕课网（www.hxnlmooc.cn）中的“进步学堂”网站、国家数字化学习资源中心等多个学习网站上，教师通过教练（或助教）端上网，可获得丰富的教学资源，通过线上线下、课内课外、自主与合作学习结合的形式，开展混合式教学；学员可通过手机等移动终端上网轻松学习。需要者可通过该网站的相关指引或联系人力资源和社会保障部职业技能鉴定中心原职业核心能力培训认证项目全国推广中心(Email: jdzx@hxnl.cn, Tel:010-84650630)获取。

本系列教材的编写在人力资源和社会保障部培训就业司和职业技能鉴定中心的领导下，

由人力资源和社会保障部职业技能鉴定中心标准教材处具体负责组织指导，同时由国家职业鉴定专家委员会核心能力专业委员会秘书处负责组织专家队伍和提供技术指导；本教材模式和规范的设计由专家委员会副主任、秘书长李怀康研究员、副秘书长童山东教授完成，来自全国高等普通教育和职业教育院校、职业培训机构、教学研究机构等单位的60多位资深的教授、专家、学者和教育管理人员为这套系列教材的编写和电子课程包的建设付出了艰辛的努力。

本系列教材自2007年出版以来为全国几百所高、中等院校和培训机构所应用，有效促进了高、中等院校学生综合素质和就业能力的提升。能力是素质的外显，核心能力是核心素养评价的重要指标，为落实教育部提出的中国学生核心素养的培养要求，利用本模块教材开展训练，可以成为院校人才核心素养培养的重要抓手。

本系列教材可作为社会各类职业培训机构，中、高等普通教育和职业教育院校，以及企事业培训部门开展核心素养培育、综合素质培训、职业能力训练和就业能力培训的依据和参考，是开展职业核心能力培训认证的专用教材。我们相信，通过互联网+的应用，共建共享的职业核心能力网络教学资源和本富媒体教材将受到广大教练和学习者的欢迎。

人力资源和社会保障部职业技能鉴定中心
职业核心能力培训认证教材编审委员会
二〇一七年一月六日

序　一

PROLOGUE Ⅰ

拓展核心能力　创造瑰丽人生

北京大学职业研究所所长
中国就业促进会副会长、中国成人教育学会原副会长
人力资源和社会保障部职业技能鉴定中心学术委员会主任
国家教育咨询委员会委员

在高度竞争性的未来社会中真正可靠的保证，只能是我们自己的能力。能力决定命运，能力决定机会，能力决定未来。学习学习再学习，提高提高再提高，通过学习提高自己的能力，成了青年人最渴望的事情。

能力五光十色，才干多种多样，而人生苦短，生命有限。在可利用的时间内，我们最需要获得什么能力？最需要增长什么才干？选准方向，事半功倍；找错道路，一无所得。过去很长一段时间内，社会上先是学历文凭热，后是资格证书热。但现在人们发现，文凭和证书固然重要，在职场上获得最大成功的人，竟然不是那些文凭和证书最高最多的人。还有比它们更重要的东西，那就是人的核心能力。

人的能力分为三层：职业特定能力，行业通用能力，核心能力。每个具体的职业、工种、岗位和工作，都会对应着一些特定能力。特定能力从总量上是最多的，但适应范围又是最窄的。对每个行业来说，又存在着一定数量的通用能力，从数量上看，它们比特定能力少得多，但它们的适应范围要宽些，涵盖了整个行业活动领域。而就整体上讲，存在着每个人都需要的，从事任何职业或工作都离不开的能力，这就是核心能力。

我曾画过一个图来表现核心能力（见图一）。有三个同心的圈，最小的一个处在中间，它就是核心能力；围着它的第二圈是通用能力；最外面的，是特定能力。

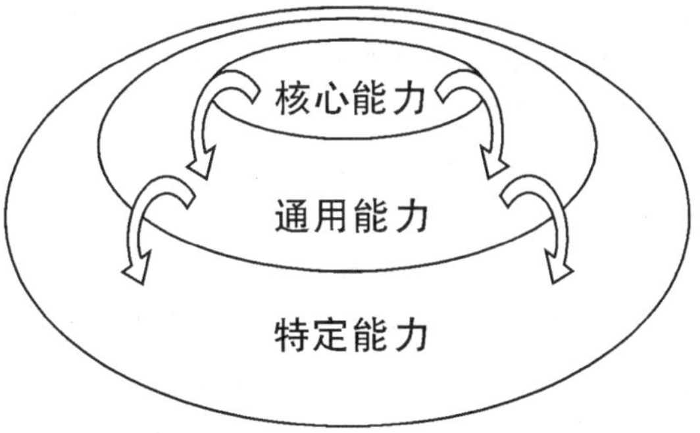

图一　能力分层体系示意图之一

我觉得这个图较明确地反映了核心能力处于的核心位置，以及核心能力的数量比通用能力和特定能力少得多的特征。这张图后来写入了国家一个重要课题的研究报告，得到了广泛的认同。

不过，有一次会见一个欧洲国家驻华教育援助项目组的组长，喝茶聊天中谈到核心能力的问题，我信手就给他画了上图。没想到尽管他非常赞同和欣赏我们的研究思路和研究成果，但是，却不同意我画的这张图。他又画了下面一张图。

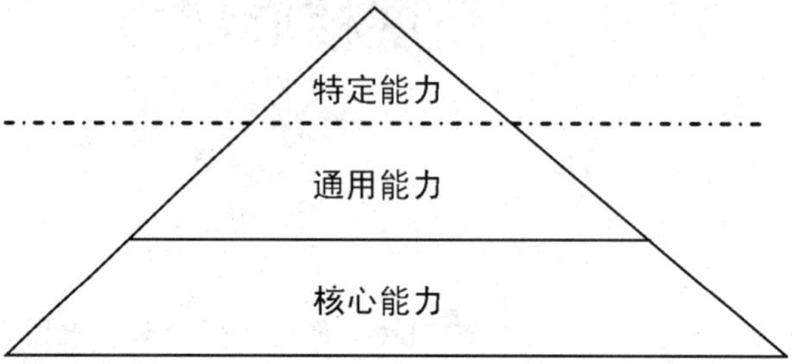

图二　能力分层体系示意图之二

他说，核心能力和其他一切能力都不同，是其他能力形成和发生作用的条件，所以，核心能力应当处在最底层，最宽厚，它是支柱，是依托，是承载其他能力的基础。

我们相互尽管很熟悉，但以前在这个问题上从未交换过意见。我非常惊讶欧洲的专家和我们在能力分层问题上会如此相互认同。同时我以为，这两张能力分层的示意图，很可能相辅相成地表明了不同能力之间的关系，以及核心能力的位置。

第一张图表明，核心能力是存在于一切职业中，从事任何工作都需要的能力。正像纷繁复杂的物质世界，在其最深层次上仅由原子核内的少数几种基本粒子组成一样，人类在社会活动中表现出来的多姿多彩的能力，在最深层次上也仅是由几种核心能力构成的。

第二张图表明，我们在日常生活中看到的特定能力，其实只是浮出海面的冰山一角，而通用能力和核心能力则是海面下的冰山主体。相对于特定能力和通用能力，核心能力往往是人们职业生涯中更重要的、最基本的能力，对人的影响和意义更为深远。

特定能力是表现在每一个具体的职业、工种、岗位和工作上的能力。特定能力主要体现在国家职业分类大典划分的1838个职业中。长期以来，我们的学历文凭教育，以及职业资格培训，主要就集中在培养人的这种职业特定能力上。相对说来，特定能力是一个窄口径范围。

通用能力是表现在每一个行业，或者一组存在共性的相近工作领域的能力。它们的数量尽管少于特定能力，但适用范围却要宽得多。为了使培养的人才具有更广泛的适应性，现在，针对新生劳动力的职业教育培训，越来越把自己的视线放到这个相对宽口径的范围中。许多国家确定的300个左右的国家职业教育培训科目，通常也在这个相对宽口径的范围中。

核心能力是数量最少、但适用性最强的基本能力，是每个人在职业生涯中，甚至日常生活中必备的最重要的能力，它们具有普遍的适用性和广泛的可迁移性，其影响辐射到整个行业通用能力和职业特定能力领域，对人的终身发展和终身成就影响极其深远。开发和培育人的核心能力，将为他们提供最广泛的从业机会和终身发展基础。

根据我国人力资源和社会保障部职业技能鉴定中心组织制定的试行标准，核心能力分为八个大项：与人交流、数字应用、自我学习、信息处理、与人合作、解决问题、创新和外语应用。显然，在核心能力培养中，每一个培训机构，每一个接受培训的人，都完全可以根据各自不同的条件和不同的需要，灵活地选择不同的方向和内容作为自己的重点。

经过各方面专家的多年努力和共同奋斗，核心能力的概念终于深入人心，对受教育者核心能力的养成、激发和评价工作终于将全面开展起来。现在，人民出版社又隆重推出了第一套在职业院校和培训机构开展职业核心能力训练的教材。可喜可贺，特应邀作此序言。

我国职业院校是受高考指挥棒和学历文凭证书等扭曲的教育评价指标影响最小的部分，有可能在整个教育改革中后发先至、走到前列。尽管养成、激励、开发和评价受教育者核心能力的试验在我国刚刚起步，需要研究、探索和实践的领域还很多，但我相信，在这重要的第一步迈出之后，核心能力建设事业必将迅速发展，为国家人力资源开发作出应有的贡献。

2007年5月1日

序　二
PROLOGUE Ⅱ

加强职业核心能力培养　努力提高职业教育质量

刘来泉

中国职业技术教育学会原常务副会长
国家督学

进入新世纪以来，我国职业教育迅速发展。高职高专教育已成普通高等教育的半壁江山，中等职业教育基本实现与普通高中招生规模大体相当的目标。这是我国实施科教兴国战略，培养数以亿计的高素质劳动者，数以千万计的高技能人才，变人力资源大国为人力资源强国的重大举措，是走新型工业化道路，建设社会主义新农村和创新型国家的必然要求。

导向就业、服务社会和能力本位，指导着我国职业教育的改革发展，培养了一大批生产、服务、管理一线需要的技术、技能型人才。经过几年的实践探索，职业教育正向着规范化、注重提高质量的方向发展。科技的迅猛发展和经济全球化的到来，我国社会经济领域对职业人才的要求在不断变化，现代职场对职业人才的社会适应性、创新能力和创业能力的要求也在不断提高。突出表现在职业岗位所要求的职业道德、职业态度和职业核心能力（或关键能力）等职业综合素质越来越成为用人单位选人、用人的重要标准。然而，目前我国的教育，包括职业教育、普通高等教育培养的人才与这种社会的要求尚有一些距离。从不少用人单位的调研反映看，职业院校毕业生，也包括普通高校毕业生的“与人合作精神和能力”、“与人交流能力”、“吃苦耐劳的精神”、“责任感和敬业精神”，以及“创新、创业意识和能力”等都需要进一步提高。

加强职业核心能力培养，提高职业人才的综合素质，是职业教育的重要内容和组成部分，也是当今世界职业教育发展的一个重要趋势。近年来，我国召开的几次全国职业教育工作会议以及国务院颁发的改革与发展职业教育的有关决定，对此都有过明确的要求。因此，培养职业综合素质已逐步成为我国职业教育领域的共识，成为我国职业教育发展的现实需要。在强调职业知识和职业技能培养的同时，加强职业核心能力培养，是加强职业综合素质教育的有效抓手，是实现职业教育培养目标的重要途径，是促进人的全面和可持续发展的内在要求。人的全面发展既包括人体机能、生活工作技能的发展，也包括人的基本能力、人的精神和心理的发展。这个分层次的发展要求，核心是价值观，其外围可以分为基本的工作态度、职业道德、基本的行为方式，以及知识和技能等。基本的行为方式不外乎与人交流、与人合作、解决问题、信息处理、自我学习等几种基本能力。这些能力是人的发展和职业生涯中最为重要的能力，是获取成功的关键能力，也是能获得满意工作、幸福生存的重要基础。在现代社会，如果没有

“自我学习”的能力，不可能适应工作岗位的不断变化和科技的快速发展；没有较强的“信息处理”能力，就不可能应对信息社会的变革；没有“与人交流”、“与人合作”的能力，就不可能在经济全球化世界中跟上步伐；没有解决问题、不断创新的实践能力，就不可能实现自己的理想，不可能到达成功的彼岸。

我们相信，重视职业核心能力培养，改革教育教学工作，加强职业核心能力培训，将促进我国职业教育的健康、持续发展，有利于提高我国职业教育的质量，有利于职业人才培养，更好地服务社会、促进就业、方便创业，造福于民族，造福于国家。

2007年5月6日于北京

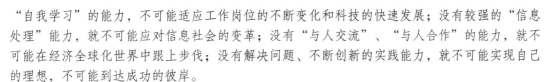

训练导航

上个世纪末出现的一场波及全球的新技术革命，一方面有力地冲击着传统的产业结构并构建着新的行业，另一方面极大地激发了人们新的需求并改变其消费方式。这种巨大的变革从根本上影响社会职业结构和就业方式的变化。首先，大批新职业以超出人们想象的形式和速度显现在社会生产和生活之中。这些新职业工作岗位的技术更新快、技术复合性强、智能化程度高，工作的完成更多地依靠劳动者善于学习、会解决实际问题并具有改革创新精神。其次，现代职业的工作方式发生了根本变化，社会产品、服务和管理更注重以人为本的理念，工作的完成更多地依靠每一个人的团队合作精神和与人沟通的能力。此外，人们发现不再有终身职业，工作流动加快，人们在职业生涯中要不断改变职业，不管你现在掌握了什么技术，都不能保证你能成功地应对明天的工作，社会最需要的是能不断适应新的工作岗位的能力。

新技术革命带来产业结构调整和职业岗位的巨大变化。

未来的劳动者需要具备什么样的能力？这个在就业市场上提出来的问题，直接关系到一个人、一个组织能否在激烈的市场竞争中取胜。世界上许多国家和地区都不约而同地提出了一个富有远见的目标：“开发劳动者的核心能力”。因此，培养职业核心能力或关键能力，已经成为世界先进国家、地区的政府、行业组织、职业培训机构人力资源开发的热点，成为职业教育发展的趋势。

世界发达国家和地区重视职业核心能力的培训。

一、什么是职业核心能力

1. 职业核心能力的定义与类别

职业核心能力是人们职业生涯中除岗位专业能力之外的基本能力，它适用于各种职业，适应岗位的不断变换，是伴随人终身的可持续发展能力。德国、澳大利亚、新加坡称之为“关键能力”；在我国大陆和台湾地区，也有人称它为“关键能力”；美国称之为“基本能力”，在全美测评协会的技能测评体系中被称为“软技能”；香港称

什么是职业方法能力
为什么要提高职业方法能力

之为“基础技能”、“共同能力”等等。

1998年，我国原劳动和社会保障部在《国家技能振兴战略》中把职业核心能力分为八项，称为“八项核心能力”，包括：**与人交流、数字应用、信息处理、与人合作、解决问题、自我学习、创新革新、外语应用**等。

职业核心能力可分为**职业社会能力**和**职业方法能力**两大类：

职业社会能力是指与他人交往、合作、共同生活和工作的能力。职业社会能力既是基本生存能力，又是基本发展能力，它是劳动者在职业活动中，特别是在一个开放的社会生活中必须具备的基本素质。职业社会能力包括“与人交流”、“与人合作”、“解决问题”、“外语应用”等能力。

职业社会能力

职业方法能力是指主要基于个人的，一般有具体和明确的方式、手段的能力。它主要指独立学习、获取新知识技能、处理信息的能力。职业方法能力是劳动者的基本发展能力，是在职业生涯中不断获取新的技能、知识、信息和掌握新方法的重要手段。职业方法能力包括“自我学习”、“信息处理”、“数字应用”、“革新创新”等能力。

职业方法能力

2. 职业能力体系的结构和特征

我国原劳动和社会保障部《国家技能振兴战略》把人的职业能力分成三个层次，即：职业特定能力、行业通用能力和核心能力。

职业特定能力是每一种职业自身特有的能力，它只适用于这个职业的工作岗位，适应面很窄。但有一个职业就有一个特定的能力。2015年，我国修订的《国家职业分类大典》细分有1481个职业，目前，新的职业还在不断产生，所以特定职业能力的总量是很大的。

职业特定能力

行业通用能力是以社会各大类行业为基础，从一般职业活动中抽象出来可通用的基本能力。它的适应面比较宽，可适用于这个行业内的各个职业或工种，而按行业或专业性质不同来分类，通用能力的总量显然比特定能力小。

行业通用能力

职业核心能力是从所有职业活动中抽象出来的一种最基本的能力，普适性是它最主要的特点，可适用于所有行业的所有职业，虽然世界各国对核心能力有不同的表述，相比而言它的种类还是最少的。

职业核心能力

3. 核心能力培养、培训的现实意义

核心能力对职业活动的意义就像生命需要水一样普通，一样重要。对于劳动者、企业和学校，分别具有以下现实意义。

为什么要培训职业核心能力？

对劳动者来说，掌握好核心能力，可帮助劳动者适应就业需要，帮助劳动者在工作中调整自我、处理难题，并很好地与他人相处。同时，它是一个可持续发展的能力，可帮助劳动者在变化了的环境中重新获得新的职业技能和知识，有较好的职业核心能力，能帮助劳动者更好地发展自己，适应更高层次职业和岗位的要求。在德语中，“关

对个人来说，核心能力是就业必备的技能，是打开成功之门的钥匙。

键”一词原意为“钥匙”，“关键能力”意味着“是打开成功之门的钥匙”。职业核心能力是我们每个人成功的有效能力、基础能力，在现代社会，其重要性日益显现。

对企业来说，人力资源是第一资源，提升员工的核心能力是增强企业核心竞争力的基础。在激烈的市场竞争条件下，无论在传统行业、服务行业，还是在高科技行业，核心能力与其他知识和技能一样，都是企业赖以取得成功的基本要素。在经济竞争中，开发员工的“智能”，能提高工作绩效，提高企业效益，是增加利润的基础。事实上，不少的企业在招聘员工时，十分注重应聘者的职业道德和核心能力的素质，在企业的内训中，除提高员工的岗位技能素质外，不少企业越来越重视职业核心能力的培训。

对企业来说，培训员工的职业核心能力是增强企业核心竞争力的基础。

对学校来说，培养毕业生的职业技能和职业素质是增强就业竞争力的根本。职业道德、职业态度和职业核心能力等构成职业的基本素质，人力资源和社会保障部组织开发“职业核心能力培训认证体系”，就是为了更好地、有针对性地培养、培训毕业生的职业基本素质，为就业服务。开展职业核心能力培训和认证，是职业素质教育的平台和重要手段，按照职业生涯的基本要求，明确职业核心能力的基本范围和能力点，在就业之前，强化职业核心能力的培训，能有效提高学生的核心能力，并通过职业核心能力的认证，可以更好地指导学生明确自己的发展目标，为自己满意工作和幸福生活奠定基础。

对学校来说，培训职业核心能力是为了增强毕业生的就业竞争力。

因此，培养、培训职业核心能力是为就业服务，为企业发展服务，为劳动者终身教育、全面发展服务。

二、怎样培养和培训职业核心能力

核心能力的培养是人一生的课程，每个人都有其先天的基础，不同的人有不同的潜质。事实上，从小开始，每个人都在学习、培养自己的核心能力，学校、家庭、社会都是每个人学习的场所。但不同的生活、学习经历，不同的学习方式和历练过程，不同的人对核心能力的认识以及所获得的职业核心能力存在着较大的差别。职业核心能力培训的目的就在于着力提升学习者已经有一定基础的核心能力的水平，使学习者系统了解发展自己职业核心能力的方法，全面提高适应职业工作所需要的综合能力。

职业核心能力培训的教学宗旨是：以职业活动为导向，以职业能力为本位。必须通过职业活动（或模拟职业活动）过程的教学，通过以任务驱动型的学习为主的实践过程，在一定的知识和理论指导下，获得现实职业工作所需要的实践能力。

如何培训职业核心能力？

职业核心能力的培训不同于一般的知识或理论系统的教学，其教学目标不在于掌握核心能力的知识和理论系统，而在于培养能力。

1. 职业核心能力的课程设置与培训

实施职业核心能力培养，可以采取渗透性的教学方式，即在各专业课程的课堂教学中，重视学生职业核心能力的培养，把职业核心能力的培养渗透在专业的教学过程之中。同时，在第二课堂，在学生的社团活动和社会实践活动中，强化职业核心能力的培养，把它作为隐性的课程，以实现其养成的教育。

实施职业核心能力的培养，也可以采取专题性的培训，即开设职业核心能力的课程，通过必修或选修，集中培训，系统点拨和启发。还可以利用几个周末的时间，或者在就业前集中一段时间专题强化培训，帮助学生全面、系统地提高自己的职业核心能力，以增强就业的适应性和竞争力。

对学校领导说——
学校怎样开课：
专业渗透教学；
必修课；
选修课；
集中强化培训；
……

职业核心能力的系列教材是为满足中、高等院校实施核心能力集中培训的需要而编写的。在组织教学时，根据教学课时的实际，可以分模块开课，让学生按需选修。也可以组合模块培训，即在一年级培训“职业方法能力”，包括“自我学习”、“信息处理”、“数字应用”能力等三个模块；二年级培训“职业社会能力”，包括“与人交流”、“与人合作”、“解决问题”能力等三个模块，以达到全面学习和系统提高的目的。

职业核心能力培训课程的教学要体现以下原则：

第一，教学目标反映能力本位的主导性。要强调培训课程以培养完成任务和解决问题的实际能力为目标，整个课程要突出以工作现场为条件，以实际任务驱动，或采取项目贯穿始终的动手能力训练，以能力点为重点，不追求理论和知识的系统与完整。

职业核心能力培训的教学原则

第二，教学形式的拓展性。要能在各种工作场景或环境中开展教学。除专题讲授外，核心能力的培训还应贯穿在各种课程模块之中，贯穿在各种课外活动、生产实习和各种社会实践活动之中。

第三，教学组织的多样性。要实现专题性教学和渗透性教学相结合，多渠道、多形式地培养、培训。

第四，教学过程的针对性。学习者的能力在不同模块中会有强弱的差别，即使在同一模块中，对各能力点的掌握程度也会有高低的不同。因此，对学习者来说，已经具备的能力点不必重复学习和训练。

2. 核心能力培训的教材与教学

（1）教学的基本方法：行动导向教学法

核心能力培训除了必要的程序性知识传授之外，大量需要的是通过实际活动进行行为方式的训练，因此，核心能力培训主要应遵循行**动导向教学法**的理念和方法。

对老师说——
职业核心能力怎么教？

行动导向教学法是以职业活动的要求为教学内容，依靠任务驱动和行为表现来引导基本能力训练的一种教学方法。

行动导向教学有很多方法，其中最适合用于核心能力培训的方法有项目教学法、角色扮演教学法及案例教学法等等。这些教学法主要是通过行为目标来引导学习者在综合性的教学活动中进行“手——脑——心”全方位的自主学习。在这种新的教学方式下，教学目标是需要通过行为活动才能实现的结果，学习者必须全身心地参与到教学活动的全过程中去。因此，在整个教学活动过程中，学习者是主角，参与是关键，教师只是教学活动的主持人，其责任是通过项目、案例或课题的方式让学习者明确学习的目标，在教学过程中控制教学的进度和方向，根据学习者的表现因人施教，并对学习效果进行评估，从而指导学习者在专题性活动、专业学习和技术训练的过程中全面提高综合能力，即核心能力的素质。

（2）教材的内容组织：学习领域

为了落实全新的教学理念，达到立足能力培训的目标，我们组织普通高校、职业院校、科研单位和著名培训机构等40多位专家，广泛吸收国内外职业教育和企业培训的先进成果，反复研讨，成了这套新型的教材。

教材的新特点

教材的基本组织单元是职业活动要素，即按职业活动的过程形成**“学习领域”**。在一个“学习领域”中可能涉及多个知识系统，我们不追求该知识的系统描述，只选取必需的知识点，以“够用为度”组织学习。教材参照国家《职业核心能力培训测评标准》中的活动要素设置单元，在每个单元学习前，引述《标准》中培训测评的内容，作为培训和达标的指引。

（3）教学的基本单位：能力点

本教程每节以能力点或能力点的集合作为基本教学单位。

只培训能力点

（4）教学的基本程序：ODPAE五步训练法

能力的训练需要有科学的方法，要通过有效的程序达到真实有效的效果。根据行动导向教学法的理念，参考国内外先进的职业教育和企业培训的模式，经反复研讨，设计了一个新型的“目标—示范—准备—行动—评估五步训练法”，即**“ODPAE科学训练程序”**，在每个能力点的训练中，均按照下列五步训练法组织教学和训练：

“五步训练法”

① 目标（Object）：是依据核心能力标准将本节训练的活动内容和技能要求作具体解释和说明。呈现本节特定的学习目标，以使学习者明确学习内容，确认自己学习行动的目的。

② 示范（Demonstration）：是对该能力点在实际工作任务中典型状态进行描述，列举活动案例，分析能力表现形态，让学习者形成基本认知。作为教学的示范，树立达标的榜样，并通过该能力点运用的意义阐述，形成学习者的学习动力。

③ 准备（Prepare）：是对理解与掌握该能力点“应知”内容的列

举和说明。知识是能力形成的基础，掌握必须的基本知识以及能力形成的基本方法、程序，是提高能力训练效益的重要前提。

④ 行动 (Action)：是以行动导向教学法组织训练的主体部分和重点环节。立足工作活动过程，采用任务驱动、角色扮演、案例分析等教学方法训练能力点。它是示范性和写实性的，是能力培训的落脚点。

⑤ 评估（Evaluate）；是对本节教学过程中教师如何评价教学效果和学习者如何评估自己学习收获的一个指引。通过教师、同学和本人的自我监控，及时了解学习的成果，获得反馈。

本教程每单元能力点的分解练习之后设计了“综合练习”环节，目的是在能力点的分解动作训练之后，系统集成，针对整个活动的完成，形成完整的能力素质。相信这个以工作任务为载体的完整的训练活动，能使学习者系统地提高能力。

三、为什么要提高职业方法能力

本教程的职业方法能力包括“自我学习”、“信息处理”、“数字应用”等三个模块。它是指主要基于个人，基于方法、手段的职业核心能力。本教程只培训国家《职业核心能力培训测评标准》中中级阶段能力的内容，适应高等学校学生学习需要。

所谓自我学习能力，是指在工作活动中，能根据工作岗位和个人发展的需要，自主确定学习目标和计划，灵活运用各种有效的学习方法，并善于自主调整学习目标和计划，不断提高自我综合素质的能力。它是从事各种职业必备的一种方法能力。自我学习能力以终身学习为主要特点，以各种学习方法和良好的学习习惯为手段，以学会学习为最终目标。

自我学习能力是第一能力！

什么是自我学习能力

在现代社会，随着知识总量的迅速扩张，知识更新的加快，一个人在校所学知识可能仅占其一生所需知识的10%左右，而其余90%的知识需要在工作中通过自学获取。可见， 学会学习已成为现代社会职业生涯中的一种生存的必备能力。同时，我们也可以发现，在现代知识经济社会，技术更新加快，谁要在今天的竞争中取胜，就必须不断学习，不断吸收新的知识和技术，不断发展自己的能力，在诸多的能力中，自我学习能力是第一能力，是致胜的法宝，是未来社会发展中最具价值的能力。

所谓信息处理能力，是指根据职业活动的需要，运用各种方式和技术，收集、开发和展示信息资源的能力，是日常生活以及从事各种职业必备的方法能力。信息处理能力以文字、数据和音像等多种媒体为基础，以文字处理、计算机、网络通讯等技术为手段，以适应工作任务的需要和实际问题的解决为目的。

我们知道，物质、能源和信息是人类赖以生存的三个基本元素，对于人类来说，信息须臾不可缺少。从史前开始，人类每时每刻都在通过五官的感觉（视觉、听觉、嗅觉、味觉、触觉）收集信息，通过听、说、读、写、算、画等手段，利用文字、数据、图画、音响等形式收集、处理和传达着信息。随着社会的发展，知识不断增加，信息剧增爆炸，人们处理信息的手段也在不断发展，电话、电视、计算机、网络，人们利用电子的手段处理信息，越来越快捷、方便，质量也越来越好。在今天的社会，如果不能及时收集和甄别信息，不能快捷传达和展示信息，不能有效利用和创新信息，无异于睁眼瞎，必困无疑，必败无疑！处理信息的能力成为个人竞争、企业致胜，社会发展的十分重要的能力。

什么是信息处理能力

信息处理能力是个人竞争、企业致胜的重要能力。

处理信息的手段和方法有多种。从职业能力的角度来说，使用文字、数据和音像媒介来收集、整理和传达信息是最普遍、最重要的能力，在现代社会，学会利用现代电子的手段处理信息，是职业发展十分重要的能力点，必须熟练掌握。

所谓数字应用能力，是指根据实际工作任务的需要，具有对数字进行采集、整理与解读，对其进行计算与分析，并在此基础上从解决问题的多种方案中进行选择和给出一定评价的能力。数字应用能力是用数字思考判断，决定事情优先顺序的能力，是我们的分析力、决策力。

数字正在影响我们的生活和工作的效率、效益。例如，如果要准备贷款买房子，一定关心每月还贷多少才不致使自己有太大压力，或者说不会对自己现在的生活质量产生太大影响，答案是：一般不超过家庭总收入的三分之一。类似这些生活中最常见的数字问题，如果能掌握并运用好，可以大大提高和改善我们的生活质量。又如存款的利率，或者外汇兑换率等数字的解读、计算、分析与利用，对于个人和企业来说，都直接关涉到创益获利。再如，在生产管理或创业过程中的成本控制、产品定价、效益分析等等，都需要具备一定的数字应用的能力。

数字应用能力是关涉到创益获利的基本生存能力。

本教程的数字应用能力的培训目标与一般初等数学课程的教学目标不同。普通数学教学培养目标大致有二：一是复杂数学问题的运算求解能力；二是通过抽象的数学逻辑计算，培养抽象思辨、逻辑推理等思维能力。它一般培养的是专业能力（如数学家、计算的工程师），而本教程培训的数字应用能力，主要立足于解决职业现实工作和生活中的数字问题，培养职业生涯中的“工程数学”思想，即在有数字统计运算的基础上选择相对优化的解决方案。在科学化管理和现代化生活的今天，在大数据时代，数字应用能力无处不在，作用和价值日益显现。用数据说话，学习和具备数字应用的能力，具有“数感”，将是每个人取得成功的基础能力。

因此，在职业工作活动中，具备上述的职业方法能力是我们有效工作的基础能力，也是我们成功致胜的重要能力。

四、怎样测评职业核心能力

我国职业核心能力培训测评标准体系由人力资源和社会保障部职业技能鉴定中心主持，并组织有关职业教育和培训机构、普通教育学校和学术研究部门共同参与开发。

职业核心能力的认证，主要测评学习者“应知”和“应会”的能力达到的程度。学习者可以通过全国性的笔试统考，参加综合能力测评，测评自己的能力达到的程度。考生在通过考核合格后，即可获得权威机构颁发的职业核心能力水平等级证书。

怎样参加测评？

每个人在参加职业核心能力训练时都有一定的基础，我们相信，通过系统的学习训练，学习者能得到全面的提高，会有长足的进步。

拥有较强的职业核心能力，就是拥有了打开成功之门、幸福之门的钥匙；获得职业核心能力培训和认证的证书，就是获得了通向成功的护照！

I

自我学习能力训练

第一单元 明确目标途径

能力培训测评标准

在制订学习目标和计划过程中——

通过相关人员的支持，确定短期内你要实现的目标，以及实现目标的计划。

在确定学习目标时，通过教练、培训教师和职业指导等人员的帮助，能够：

1. 明确提出短期内可实现的多个目标，包括：

◆你在学习、个人生活和工作中曾经想要实现的目标

◆会影响你取得成功的各种因素，例如：时间，费用，安全卫生环境以及其他条件

◆根据经验，确定实现目标的时间

2. 明确列出实现每一个目标的行动要点（例如你要完成的任务，你要求助的相关人员）。

3. 为每一个行动要点规定期限，以便很好地利用时间。

4. 根据你在教学、教练和技术指导上的需要，得到相应的支持。

（摘自《职业核心能力培训测评标准〈自我学习能力单元〉》中级）

哈佛大学课程改革指导委员会主席柯比教授在哈佛大学对学习能力问题的最终解决方案的著作《学习力》中说："目标和计划是通向快乐与成功的魔法钥匙。"就是说，有了目标，学习就有明确的方向；有了计划，学习就有了具体措施。

国家《职业核心能力培训测评标准〈自我学习能力单元〉》中级中，第一个活动要素阶段——"制订学习目标和计划"，包含了三个基本能力点：

1. 明确目标途径。能提出短期内可实现的多个目标，了解影响其

成功的各种因素。

2. 计划运筹时间。能根据经验确定实现的时间，明确列出实现每一个目标的行动要点。

3. 获取支持指导。能根据需要寻求学习上的支持。

本单元通过两节的内容，重点训练自学目标的确定，以及目标实现中如何更有效地排除干扰、充分利用时间能力。第一节重在训练自学目标确定的原则、自学计划制订的程序与要求以及获取支持指导；第二节重在训练时间运筹的基本策略，其中包括任务优先权的确定、规划的制订、干扰因素的排除，以及做时间日志的基本规范。第三个能力点放在第一节中训练。

怎样明确学习动机

怎样激发自己的学习动机

第一节　确定目标　明确计划

目标：明确自学的目标与计划

> 放暑假了，紧张了一学期的同学们都准备好好放松一下自己，然而，叶秋却不这样想。叶秋是一名出生在农村的学生。他聪明好学，从小学到初中，学习成绩一直都很优秀，凭着优异的成绩，他考入了城里一所不错的高中。然而，由于农村教学条件的限制，他的英语成绩一直不好，尤其是到城里上学后，更感到自己的英语学起来非常吃力。于是，叶秋下决心要把自己的英语成绩赶上来。“现在放了暑假，正是可利用的大好时机”，叶秋想，“可我该从哪里入手呢？”

你是否也曾遇到过类似的情况？假如遇到类似的情况，你该怎么办呢？

叶秋现在面临的问题就是一个“自学”的问题。自学，不同于有教师指导的学习，它要靠学习者自主安排自己的学习。自主学习，是当今互联网时代一个人基本的学习方式。自主学习离开了教师的指导，怎样才能获得满意的自学效果呢？这就是“叶秋们”所遇到的问题。要想获得满意的自学效果，你首先应当制订一个可行的自学计划；而在制订计划时，你必须明确以下问题：

——我的学习目标是什么？

——我要学习哪些内容？

——我如何分配学习时间？

——我应当采取哪些学习方法和措施？

两个关键要点：

1.确定你的自学目标。

2.明确你的自学计划。

通过本节的学习和训练，你将能够：

1. 根据实际需要确定自学目标。

2. 根据自学目标制订自学计划。

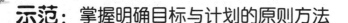

示范：掌握明确目标与计划的原则方法

怎样明确学习目标

目标是行动的航标，行动如果没有目标，就如同航海时没有灯塔，很容易迷失方向；没有目标的行动是随意散步，有明确目标的行动则是运动会上赛跑。可见，确定明确的行动目标是行动获得成功的重要前提，没有明确的学习目标，就不会有好的学习效果。

所谓学习目标，是指“学习中学习者预期达到的学习结果和标准”。有了明确的学习目标，你就会精力集中，始终处于一种主动进取的竞技状态，充分发挥主观能动作用，精神饱满地投入到学习中去。实践证明，学习目标具有导向、启动、激励、凝聚、调控、制约等心理作用。目标越鲜明、越具体，越有益于成功。正如高尔基所说：“一个人追求的目标越高，他的才能就发展得越快，对社会就越有益。”

> 在学习中有一个清晰的目标，并为实现这个目标而学习的时候，学习就不再是讨厌的、与自己人生无关的负担了。
>
> ——哈佛大学教授柯比《学习力》

有了明确的学习目标，还应有可行的学习计划，这样才能有助于学习目标的顺利实现，因为可行的学习计划是实现学习目标的重要保证。自学尤其如此，要明确自学的目标与计划，有两点必须注意：一是了解确定目标的原则，二是掌握制订计划的方法。这是明确目标与计划的关键。包括如下 4 个要点：

明确确定目标的原则、掌握制订计划的方法是明确目标与计划的关键。

- 明确确定自学目标的依据
- 了解确定自学目标的原则
- 掌握制订自学计划的方法
- 订自学计划的要求

准备：怎样明确自学的目标与计划

一、确定自学目标

确定自学目标，应当着重考虑如下几个问题：

1. 明确确定自学目标的依据

自学是一种自主学习行为，它不同于教师指导下的学校学习。学校学习是按照学校统一的教学计划进行的，其学习目标根据学校的培养目标而确定，是既定的，而学习活动又有教师的指导，因而学生在一定程度上显得有些被动。自学则完全是学习者的自主学习，其学习目标要由自己来确定。那么我们要根据什么来确定自己的自学目标呢？那就是“需要”，就是工作或生活的实际需要。如叶秋要利用假期提高英语学习成绩，自学英语，就要根据他英语成绩差的实际情况来确定。

确定自学目标要以满足实际需要为依据。

2. 掌握确定自学目标的原则

自学目标的确定，要考虑较多的因素并遵循一定的原则。如图4–1所示。

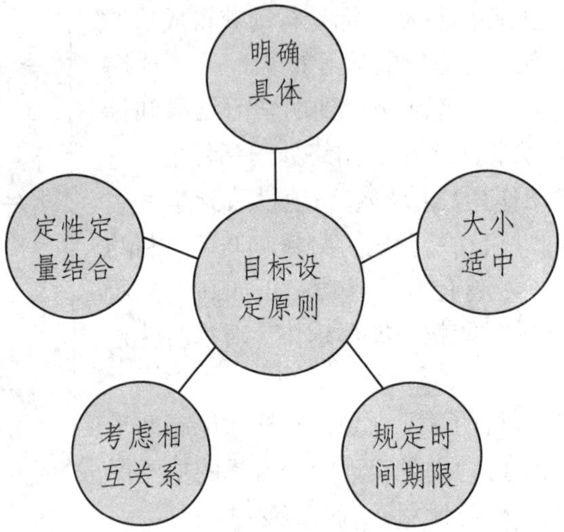

图1-1　自学目标的设定应当遵循的原则

对一艘没有航向的船来说，任何方向的风都是多余的；对于没有目标的人而言，任何行动都是多余的。

生命的悲剧不在于目标没有达成，而在于没有目标可以达成！

（1）明确具体。目标要做到明确具体，就要将目标细化，将总目标层层分解成多级分目标。通过层层分解，就可以得到具体明确的自学目标。

（2）定性定量结合。通过量化，可以使目标更加具体；通过定性，可以使目标更加明确。

（3）大小适中。自学目标必须是可以实现的，目标的确定必须切合实际，既不可谨小慎微，缩手缩脚；又不可贪大求全，不着边际。因此，自学目标的确定一定要综合考虑各方面的因素，既要考虑主观因素，分析自身的条件；又要考虑客观因素，分析实际情况，这样才能确定出大小适中的自学目标。

（4）考虑相互关系。确定自学目标时应当充分考虑该目标与其他相关目标的相互关系，不可顾此失彼。因为，在一定时期内，要实现的自学目标可能不止一个，而这些目标之间往往又存在某种联系。因此，在确定一个自学目标时，还应当考虑它与其他相关目标的联系。

（5）规定时间期限。目标的确定必须要有明确的时间观念。合理分配时间，科学利用时间，规定明确的时间限制。

例：　叶秋怎样确定自己的自学目标？

“从哪里入手呢？”叶秋想，“我应该首先确定自己具体的学习目标”。因为英语知识要学的有许多，哪些该学，哪些可不学？哪些必须先学，哪些可以以后再学？这些都是他必须首先解决的问题。那么叶秋到底应该怎么做呢？

叶秋应该做的就是首先按照目标确定的基本原则确定自己的自学目标。如图1–2所示：

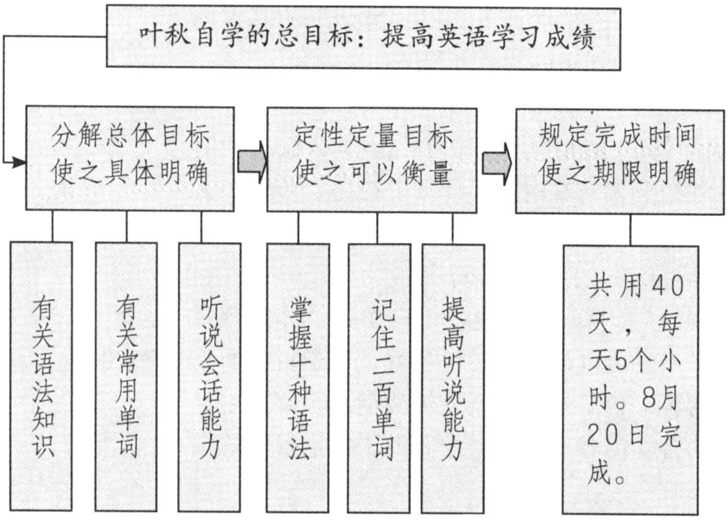

图1—2　叶秋确定的自学目标

这个例子表明，确定自学目标有两个要点：一是要以实际需要为依据；二是要掌握目标确定的基本原则。

二、明确自学计划

学习的计划性是人的主体性、意识性的体现。构建高楼大厦要有蓝图，学习计划便是实现学习目标的蓝图。具体讲，学习计划对于学习主要有以下四方面的作用：

- 把学习任务分解量化，使每周、每日、每时都有压力、有动力，使学习目标更加明确具体。明确具体的目标可以调动起学习者的潜能和积极性，使之保持旺盛的学习精力，从而保证学习目标的顺利实现。
- 学习计划的制订是学习者的一种自主行为，长期坚持形成习惯，就能培养一种很强的自我管理能力，使学习者成为一个主动的、自律的人，从而使学习由被动变为主动。
- 学习计划的制订要考虑方方面面的相互关系，有利于学习者的全面协调发展，有利于养成良好的学习习惯，使学习自然而然地成为生活的必要组成部分，成为乐趣。
- 有利于科学地分配时间和投入精力，提高学习效率和学习质量。

学习计划如此重要，那么，怎样才能制订出一份好的自学计划呢？制订自学计划应当把握两点：

怎样制订学习计划

一是要掌握制订计划的基本方法。

二是要了解制订计划的基本要求。

（一）制订自学计划的基本方法

自学计划的制订主要应考虑三方面的问题：一是计划的基本内容；二是计划的基本形式；三是计划制订的基本程序。

1. 自学计划的基本内容

一份计划，应当明确回答三个问题，即做什么？怎么做？何时做？这就相应地形成了计划的三大基本内容：任务、措施、步骤。人们把这三大内容称为计划的三要素。在自学计划中，这三要素就是：自学的具体任务、自学的措施方法、自学的时间安排。

（1）确定自学的具体任务：自学任务也就是自学的具体内容，它与自学目标有着密切的联系。可以说，自学任务就是自学目标的具体化。离开了具体的自学内容，自学的目标就会被架空。因此，制订自学计划，必须确定具体的自学内容。这样，才有助于自学目标的顺利实现。

自学任务：自学目标的具体化。

（2）选择自学的措施方法：措施方法是自学任务得以顺利完成的重要保证。因此，制订自学计划，必须要有可行的措施方法，只有任务没有方法，任务也就成了一句空话，因而自学目标也就难以实现。

措施方法：自学任务顺利完成的重要保证。

（3）安排自学的时间步骤：任何学习活动都要在一定的时间内开展，因此，制订自学计划，必须充分考虑时间因素，要科学地利用时间，合理地分配时间。这样，你的学习活动才能够有条不紊地开展。因此，时间的科学利用和合理分配，是自学任务得以顺利完成的重要因素。

时间安排：能使自学活动有条不紊地开展。

2. 自学计划的基本形式

由于自学任务的多少和自学时间的长短不同，自学活动也有大有小。与此相应，自学计划也就有大小之分。大的如整个学习阶段或整年的自学计划，如徐特立制订的“十年读书计划”；小的如一天的自学安排、一篇文章的阅读、一道数学题的解答等。当然，还有一些介于二者之间的中型自学计划。因而，自学计划也就有了不同的形式。综合研究者们（参见钟祖荣《学习指导的理论与实践》教育科学出版社2001.5）的观点，主要有如下三种：

（1）文本式：即把自学计划写成文章的形式。其内容包括：自学计划的名称（即文章的标题）、制订计划的指导思想及总体目标、具体的自学任务与内容、时间的安排、自学的措施方法、自学具备的条件以及计划的检查与落实措施等等。制订这种计划，需要考虑较多的因素，因而也需要较长的时间。这是一种比较全面的计划，具有一定的指导性。这种形式的计划比较适合于大的自学活动，比如年度或学期甚至更长时间的计划。

文本式计划：内容比较全面，具有一定的指导性；适合于较大的自学活动。

（2）条款式：即按照自学的具体任务，一条一条地罗列出来。这种计划以自学的任务为纲分条开列，每一条里都包括学习任务的量，完成的时间，注意事项等。这种计划形式简单明了，适用范围广，比较适合于中型的自学计划。

条款式计划：以自学的任务为纲分条开列，比较适合于中型的自学计划。

（3）表格式：即以表格的形式规定自学的任务和内容。一般把一天的时间分成若干段，比如早晨、上午、中午、下午、晚上，或者从几点到几点，然后规定每个时间单位的学习任务和内容。这种形式适合于时间、内容都比较稳定的情况。它形式简单，一目了然，有助于形成良好的学习习惯。学校的课表就属这种形式。

表格式计划：形式简单，一目了然，适合于时间和内容都较稳定的情况。

以上三种形式的计划都是形成文字的计划，事实上，在具体学习活动中，有些计划往往只在头脑中想想，并不形成文字，这种计划可称为"脑中决策式"，即在头脑中制订学习计划。这种形式的计划比较适合于时间短暂而又非常具体的学习活动。

3. 制订自学计划的基本步骤

自学计划由于有大有小，所以制订的步骤也就不太一样，一般制订大计划的步骤较复杂一些，而制订小计划的步骤较简单一些。

（1）制订较大计划的一般步骤是：

第一步：情况分析，包括你的理想与目标，你的长处与不足，对自己有利的条件和不利的条件等。这些情况是你制订学习计划的前提条件。

制订计划的步骤与要求有哪些

第二步：确定学习任务与内容，并进行时间安排，使两方面的情况相平衡，即任务量不能超出时间的可能性。

第三步：制订完成学习任务的条件、策略、方法和具体措施。

（2）制订较具体计划的一般步骤是：

第一步：分析学习任务与学习材料，包括数量多少、难度大小、材料性质等；

第二步：分析自身条件，包括你的学习特点、学习风格，是否具备与学习材料相关的旧有知识或经验等；

第三步：制定相应的学习策略，包括时间安排（总共花多少时间）；效率预期（单位时间内学习多少，比如每小时阅读多少页）；结果预期（达到怎样的目标或者结果，比如背诵下来等）；程序设定（学习程序和方式的确定）；资源管理（辅助手段和工具的选择，可以寻求的帮助和指导）等。

（二）制订自学计划的基本要求

1. 符合自身的实际情况

人与人之间有着各种各样的差别，就学习而言，每个人的具体情况也是各不相同的。制订适合自己的学习计划，首先要充分考虑自身的具体情况，如分析自己的优点和弱点，明确自己的长处和短处等等。

2. 目标任务的确定要从实际出发，切实可行

学习的难易度要适中，学习的任务量也要适中，不能过难过重，也不能过易过轻。目标任务定得过高，不但完不成，久而久之还会挫伤学习的积极性，因而，制订计划时一定要留有余地；相反，计划订得过低，不但起不到激励作用，反而会拉自己的后腿。

3. 学习内容的确定要具体，尽可能量化

定量的学习任务可以产生压力，起到督促的作用，从而提高学习效率。任务如何定量化，则要根据自己的学习经验和学习能力来决定，如每天记几个英语单词、背几首古诗、熟记几个数学公式等。

4. 学习任务的安排，既要考虑全面周到，又要保证重点

学习的目的是使自己得到全面发展，因此在安排任务时，相关的活动如集体活动、文体活动、休息等都要考虑进去；各种不同的学习内容也要均衡考虑。但由于我们可用的时间是有限的，精力也是有限的，什么都平均用力，结果就会什么都学不好。因此，制订计划时还要突出学习的重点。

5. 时间的安排要科学合理

“时间都去哪儿了”，2014年春晚的这首歌引起亿万人的共鸣感叹，时光易逝，青春易逝，在今天快节奏、碎片化的日子里，时间不作规划，不能有效利用，更是稍纵即逝，一晃就会白了少年头。

> 充分利用时间=延长生命
>
> 胡乱浪费时间=慢性自杀

时间安排是制订学习计划的一个重要内容。时间安排得科学合理，就可以充分利用可用的时间，在同样的时间内学更多的东西。

在安排时间时，既要考虑到学习，也要考虑到休息；既要考虑到集中学习，也要考虑到分散学习。除此之外，还要考虑到不同学习内容的时间搭配；自己各时间段学习能力的搭配等等。要想将自己的时间安排得合理，并不是件很容易的事情。大体讲：学习的内容要交叉安排，使大脑的不同部位交替兴奋，以防产生学习疲劳；在效率比较高的时间段里安排比较困难、复杂的学习任务，在效率比较低的时间段里安排比较简单的、活动性的学习任务等等。

6. 长计划与短安排相结合

学习计划有长有短，长计划可以给你规定长远的学习目标，使每一天的学习安排有依据；而短安排可以使长计划具体化并得到落实。两种计划各有侧重、各有作用，只有把两者结合起来，才能达到理想的学习效果。在制订自学计划时，你应当将长期目标分解到短期目标内，通过自己的努力，一步步实现自己的短期目标，并通过短期目标的积累，进而实现长期目标。

7. 寻求支持、请人指导

制订自学计划虽然是自己的事，但要想使计划切实可行，往往还需要寻求他人的帮助和指导。因为个人的视野往往会受到这样那样的

局限，因此会考虑不周全。如果在制订自学计划时能够得到有经验者的指导和帮助，将会大有裨益。

8. 注重行动

计划是行动的向导，学习计划制订之后，就要付诸行动，就要坚决地执行，否则计划就失去了意义。行动是完成计划、达成目标、获得成功的保证。执行学习计划首先应该形成一种习惯，形成习惯的关键是开好头，保证第一天第一次的成功；其次是持之以恒，不可半途而废。要尽可能排除各种干扰，始终坚持。当然，计划是事先制订的，本身可能不周到，再加上实际情况往往会有变化，所以，“坚决执行”并不是“绝对不变”，如果情况发生了重大变化，就要根据实际对计划作出相应的调整，以保证学习的效果。

目标＋计划＋行动＝成功

例：叶秋怎样制订自学计划？

他首先确定自学目标：掌握有关语法知识；熟记常用单词；了解对译技巧。为了顺利实现这些目标，叶秋制订了暑期英语自学计划：

暑期英语自学计划

为了弥补自己英语学习的不足，根据自己的具体情况，制订暑期英语学习计划如下：

一、分析优劣

（一）英语学习上的弱点

（二）英语学习上的长处

二、确定目标

切实掌握10种常用语法规范，熟记200个单词，努力提高听说会话能力。通过40天的强化学习，加上下学期的努力，争取使自己的英语成绩由原来的90分提高到105分，名次由原来的班级30名提高到班级20名。

三、明确任务

（一）熟练掌握10种常用语法的使用规范，平均每4天一种。具体是：1.…；2.…；3.…；4.…；5.…；6.…；7.…；8.…；9.…；10.…。

（二）熟记200个单词，平均每天5个。这些单词从下学期的英语课本中选取，根据具体情况，每篇课文选择10到15个单词。

（三）听读、跟读20篇课文，平均每两天1篇。这些课文从上学期及下学期的英语课本中选取。

四、安排时间

从7月11日到8月20日共40天时间，到8月20日完成全部学习任务。具体时间安排如下：

早晨6：30— 7：30：读、记单词

上午8：30—10：30：听读、跟读课文

下午3：30— 5：30：学习语法知识

五、采取措施

（一）根据学习内容和自己的特点采用相应的学习方法。记单词采用诵读记忆与书写记忆相结合的方法，边读边写边记；语法学习采用例句分析与规则记忆相结合的方法，通过例句分析熟练掌握相关语法规范；听说会话采取听读、跟读同步录音带的方法，边听边读。

（二）坚决执行计划。如果没有非常特殊的原因，必须完成每天的学习任务。为保证计划的落实，此计划一式两份，交父母一份，请父母严格监督。

（三）合理安排作息，充分休息，加强体育锻炼，保证有充足的精力投入学习。

年　月　日

行动：我如何明确自学的目标计划

活动一：叶薇如何制订自己的自学计划

叶薇中专毕业后在一家酒店当服务员。酒店对她们12名新来的员工进行上岗培训，并规定培训结束后一个月进行考试。不甘落后的叶薇为了切实掌握培训内容，提高业务能力，打算利用业余时间自学相关知识。于是，她决定制订一个业余自学计划。那么叶薇应该怎么做呢？

请想想：

1. 叶薇的自学目标是什么？
2. 叶薇确定自学目标的依据是什么？
3. 叶薇如何制订自己的自学计划？

提示：

一、分析优劣：（一）学习上的优点
（二）学习上的缺点
二、明确目标：（一）考试预期名次
（二）应学到的知识
（三）应掌握的技能
三、确定任务：（一）学习内容一
（二）学习内容二
（三）学习内容…
四、安排时间：（一）早晨
（二）晚上

（三）周末

五、规定措施：（一）措施一

（二）措施二

（三）措施…

活动二：夏荷怎样确定自己的学习目标

夏荷是一个酷爱文学的女孩，尤其喜欢中国古典诗词。上中学时由于学习紧张，很少有时间去读文学作品。现在放暑假，有不少空闲时间。于是夏荷想利用这几个月的时间好好读一读中国古典诗词，以便进一步提高自己的人文素养。那么夏荷应当怎样确定自己的学习目标呢？

请想想：

1.夏荷的自学目标是根据什么实际需要确定的？

2.夏荷应当怎样确定出明确具体的自学目标？

提示：

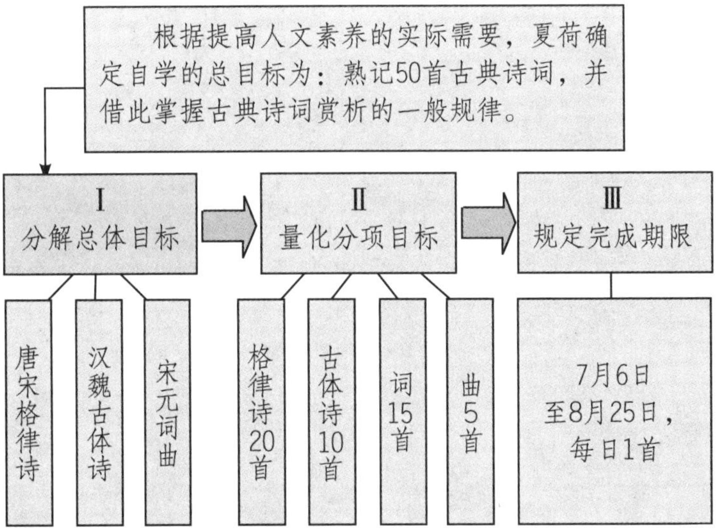

图1-3 夏荷所确定的具体的自学目标

评估：你是否掌握了明确学习目标计划的要点

学完了本节内容，现在请你通过下面的练习检查一下自己，看你是否掌握了明确学习目标计划的要点：

问题：请根据你自己的实际情况，制订一学期的课外自学计划，请你考虑如下问题：

1.你的自学目标是什么？希望达到什么样的自学效果？

2.为了实现学习目标，你要学习哪些具体内容？

3.怎样合理利用你的课余时间？

4.你打算采取哪些措施、方法来完成自学任务，实现自学目标？

作业目的：

掌握明确自学目标与计划的要点，能够就一次自学活动，确定明确的学习目标，并根据学习目标制订可行的学习计划。

第二节　运筹时间　获取支持

目标：掌握学习时间管理的关键

有人说：时间管理就是在正确的时间里做正确的事。所谓正确的事，就是按照事情的重要性和紧迫性确定自己在一个时间段内做事的顺序。在自我学习中，所谓正确的时间则是根据你学习任务的轻重缓急的处理顺序，合理地安排学习的时间。

记住：

分清学习任务的轻重缓急是时间管理的关键。

通过本节的学习和训练，你将能够：

1. 根据学习任务的重要性和紧迫性，按先后顺序列出任务清单。
2. 根据学习任务清单作出合理的学习时间安排。

示范：如何从忙碌中解脱自己

许多人都抱怨自己的时间不够用，抱怨自己每天都有做不完的事。你是否也有这样的感觉呢？请你先通过如下几个问题来做一次自我检查：

● 你是否想在同一段时间内完成几件事情，但却总是完不成？

● 你是否因顾虑其他的杂事而无法集中精力做目前该做的事，学习你认为该学的内容？

● 如果你的学习计划被突发事件打断，你是否觉得可原谅而不必找时间弥补？

● 你是否常常一天下来总觉得很累，却又好像没做什么事？

两个关键点：

1.明确你该做什么。

2.确定在什么时间做。

如果你的回答都是“是”，那么你一定是一个每天陷入忙乱中的“大忙人”，你急需从忙碌中解脱自己了。如果是这样，那就认真对待本节的学习和训练吧。

准备：运筹时间五要诀

怎样计划学习时间

一、确定任务的优先权

确定任务优先权的两个步骤：

1. 列出任务清单

把自己要做的每一件事情写下来，列成一个清单，你必须知道你要做的事有哪些。

2. 确定任务的次序

要设定优先顺序，将事情按紧急、不紧急以及重要、不重要分为四大类，一般人每天习惯于应付很多紧急且重要的事，接下来会去做一些看来紧急其实不太重要的事，结果却不知道自己整天在忙什么。其实最重要的是要去做重要但是看起来不紧急的事，例如读书、进修等，若你不优先去做，则你人生远大的目标将不易达成。

在努力和收获之间，80%的收获来自20%的努力，其他80%的力气只带来20%的结果。

正像帕累托的80/20定律阐明的那样，在我们的日常工作中，往往是80%的结果取决于20%的原因，80%的收获来源于20%的付出。这20%就是我们每天必须要确定为具有优先权的事情。美国前总统艾森豪威尔就很注重80/20法则的有效运用，他认为，重要的事情不一定迫切，迫切的事情不一定重要，只有既重要又迫切的事情才是要解决的主要矛盾所在。

二、学会做时间规划

时间规划是按照前述的任务顺序，合理地安排时间，以使各项任务得到顺利完成的关键环节。前面我们讲到明确学习计划包含了时间规划。一份好的规划要注意如下几个方面的关键环节：

1. 确定任务目标

时间管理的目的是让你在最短时间内实现更多你想要实现的目标。你要列一张总清单，把今年所要做的每一件事情都列出来，并进行目标切割。要将年度目标切割成季度目标，列出清单，每一季度要做哪一些事情；将季度目标切割成月目标，并在每月初重新再列一遍，碰到有突发事件而更改目标的情形便及时调整过来；每一个星期天，把下周要完成的每件事列出来；每天晚上把第二天要做的事情列出来。

2. 设计行动计划

依据任务目标和工作重点，确定应采取的行动步骤和时间安排，力争使自己能够在最有效的时间内达到目标。

3. 设定检视点

为了确保任务能够顺利完成，在执行计划的过程中设定一些检视点，以便对工作进展进行及时的检查、反馈。

三、对不重要的事情说“不”

当我们需要把注意力放在重要的工作上时，就要学会对那些让自己参加其他活动的要求说“不”。据日本的一项统计数据显示，人们一般每 8 分钟会受到 1 次打扰，每小时大约 7 次，或者说每天50—60次。平均每次打扰大约是 5 分钟，总共每天是 4 小时，也就是约50%的工作时间（按每天工作 8 小时计算），其中80%（约 3 小时）的打扰是没有意义或者极少有价值的。同时，人被打扰后重拾原来的思路平均需要 3 分钟，总共每天大约是2.5小时。据此，每天因打扰而产生的时间损失约是5.5小时，按 8 小时工作制算，占了工作时间的68.7%。

在当前信息化的社会里，手机成为我们便捷的学习工具，同时也会成为学习的“打扰者”，电话、微信等会不时干扰我们静心学习，我们必须有节制地使用手机，不要成了“手机控”。

简言之，我们应该学会有所为和有所不为。因为人的精力和时间是有限的，如果什么都想做，结果可能什么都做不好。

四、改变拖延的习惯

拖延的常见原因或者是受个人生活习惯的影响,或者是拖延者认为工作太重，时间太少，因此无法完成工作等等。解决的方法是把任务分解成小块，如写一篇文章或经营报告，可以把它分成几个部分，包括背景工作、阅读、组织材料、起草、定稿等。这样可以让工作变得容易许多，同时也能充分利用大量零碎的时间。

五、做好“时间日志”

所谓时间日志，就是把某一段时间内所有的活动详细记录下来，并进行简单的分析，以随时了解自己时间管理的情况。下面是记时间日志的要点：

1. 先写下姓名、日期及目标。

2. 按时间顺序、记下当天所有的大小事项。写下一切半途而废的活动及原因，越详细越好。

3. 对每一行动设定轻重缓急的顺序，以便在当天结束时，追溯自己在最优先事项上花了多少时间。

4. 写出对每项活动日后改进的评语。尽量将如何改进的步骤写下。

5. 时间日志最少得连续写上三天，一般以七天为最理想，并且须在结束时腾出时间，分析自己所记的日志。

6. 尽量用各种符号和缩写。

时间日志的优点在于能及时掌握自己运用时间的模式及浪费时间的原因，以提高自己时间管理的效率。

例：时间日志格式。

表1-1　时间日志

姓名：　　　　　　　　　　　　　日期：　　月　　日

今日目标　　　　　　　　　　　　完成期限

时间	活动项目	所用时间	优先顺序	评语／处理方式

优先顺序：1—最重要；2—次重要；3—例行工作；4—最不重要

针对时间日志，你可以思考如下几个问题，分析自己时间管理的效果：

——你对自己每天各项活动的优先顺序是否有把握，成竹在胸？你要花多少时间，才能着手进行当天最重要的工作？在完成这份工作前，你共让自己中途被打断了多少次？

——你是否把握时间，在适当的时候做该做的事？对不是自己份内的事，你如何处置？是否留待日后再做，是否授权别人去做，由谁去做？

——如何把事情做得更好，速度更快，过程更简化，减少繁文缛节，提高成果？

——你最常被什么情况打断工作，次数有多频繁，中断的时间有多久，其重要性如何，要花多少时间才能恢复原状？在当天结束时，有多少件中途被打断的工作无法完成？对事先可预防的各种紧急情况，你花多少时间去处理？对本可授权别人去做的事，你又花了多少时间去处理？

——你对自己定下的目标，究竟做到什么程度？

行动：体验愉快的时间运筹之旅

活动一：小张今天该如何安排

小张是爱心图书公司的图书销售员，今天他要拜访5位客户、上午10点听2小时的市场营销专家讲座、下班前给经理提交一份本周销售报告。他刚接到女朋友的电话说她母亲重病住院，只能在下午 3 ~ 5 点探视。另外，今天还是他父亲50岁的生日。小张正在犯难，又接到好友小王的电话，说小刘从美国回来了，想今天一起见见面，明天就要回上海。他们可是人称“三剑客”的挚友呀。今天该如何安排呢?

请想想：

1. 小张应该以什么标准来衡量这些任务?
2. 小张能否完成这些任务?
3. 小张必须要完成哪些任务?

提示：

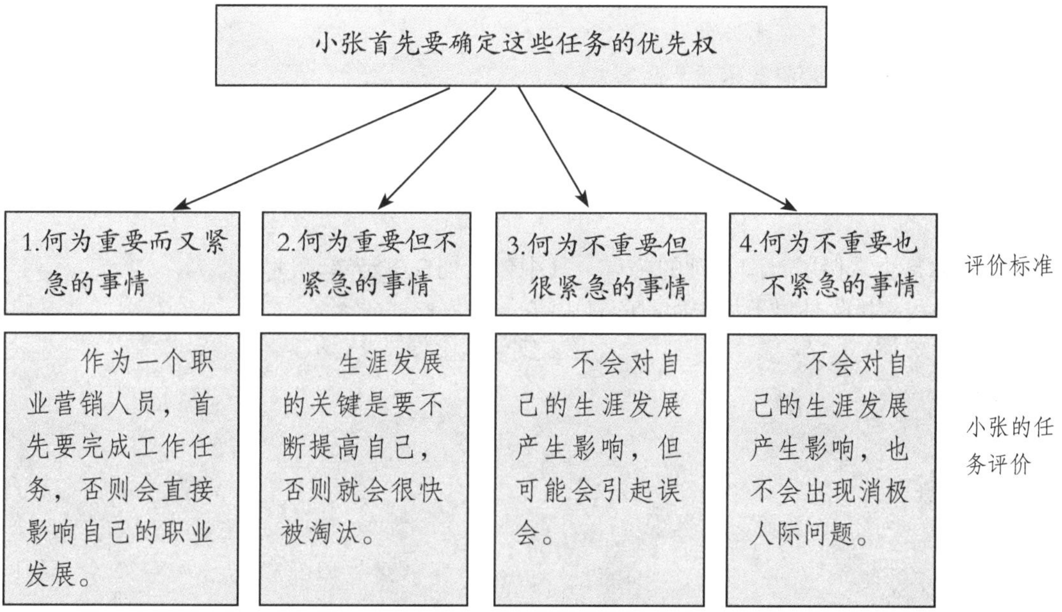

图1–4　小张按任务优先权评价面临的任务

活动二：做一份你今天的时间日志

就你今天的工作和生活事件，做一份时间日志。

请想想：

1. 你今天都有哪些要做的事情?
2. 把你今天要做的事情按优先顺序排列出来。
3. 对你一天完成任务的情况做一个评价。

提示：

按照前述时间日志的格式做一份你自己的时间日志。

评估：你是否掌握了运筹学习时间的要点？

学完了本节内容，现在看看你是否掌握了计划运筹学习时间的要点。下面请你认真思考这样几个问题：

1. 今天有哪些事情是在适当的时间内完成的，哪些是在不适当的时间内做的？

2. 今天效率最高的是哪一段时间，效率最低的是哪一段时间，为什么？

3. 今天时间利用过程中最大的干扰是什么？

4. 今天做了哪些不必要做的事？

5. 今天花了多少时间做不重要的事？

6. 今天有没有由于安排不合理而浪费的时间？

7. 哪些方面要改进？

作业目的：

检查你是否掌握了时间管理的要点，其中包括列任务清单、确定任务的优先权、排除外界干扰、做时间日志等。

单元综合练习

活动一： 李明的时间被谁偷走了

·案例·

星期天，李明还在睡眼惺忪之中就订好了一天的计划，想过一个充实而有意义的周末。他计划9点开始做家庭作业，然后写一篇日记，之后回复几个笔友的邮件，下午准备提前返校预习明天的功课。

9点钟他准时坐在书桌前，但看到凌乱的桌面，他心想不如先整理一下，为自己的学习创造一个干净舒适的环境。半小时后书桌变整洁了，虽未能按计划开始学习，但他丝毫不后悔，因为自己的工作还是很有成效的。于是他满意地走进客厅，坐在柔软的沙发上想喝杯水休息一下。就在这时他又无意间看到了爸爸带来的一份画报，便情不自禁地顺手拿起来并津津有味地看了起来。不知不觉之中已10点多了，他为没有按计划学习而感到不自在，不过转念又想，看杂志也是学习呀，心也就安了。

好不容易做作业了，可不一会儿，好同学来电话与他神聊了半小时。带着愉快的心情挂上电话，又看到弟弟在一旁玩游戏，就和他一起玩了起来，毕竟一周没和弟弟在一起玩了。结果很快就到了12点，他想想写日记也颇费脑筋，没有完整的时间怎能写好呢？倒不如下午再安心地写吧。

午饭后，他匆匆回到书桌旁，准备专心做作业，但刚坐下不一会儿，眼皮就开始打架，想想今天是星期天，不如好好休息一下，等养好了精神再集中精力学习吧。

一觉醒来，已经下午3点多了，他精神饱满地打开电脑回复邮件，做完之后，已经快5点了。他想剩下的时间也不可能完成今天的计划了，反正作业要到明天晚上才交，倒不如周一再加班做吧。

请你帮助李明分析一下：

1. 李明当前的主要目标是什么？
2. 李明忙乱的原因是什么？
3. 李明应该采取什么措施才能从这种忙乱中解脱出来？

活动二： 想想你未来三年的人生目标是什么？把它们写下来，并做一个实现目标的规划，明确落实规划的具体措施，特别要分析你在以往的工作和学习中常受外界干扰的原因，说说你在未来如何有效地排除外界干扰。

第二单元　有效实施计划

能力培训测评标准

在实施学习计划过程中——

通过相关人员的支持，开展学习及其有关活动，以促进目标的实现，并通过一个简单的课程和技能训练，提高你的工作能力或业绩。

在实施学习计划时，通过教练、培训教师和职业指导等人员的帮助，能够：

1. 利用行动要点来帮助你管理好你的时间，例如定期检查实行情况和提前考虑要做的事情。

2. 得到相关人员的支持，并利用这个支持实现目标，例如有关信息和问题的咨询。

3. 靠自己的力量和意愿选择不同的学习和工作方式，包括：

◆ 通过课程、训练或自学等，学会一个专业或技能

◆ 在工作实践活动中学会一项业务或技能

4. 选择并运用与学习内容（如体操、绘画、手工制作等）相适应的学习方法去学习。

5. 随时修订你的计划，例如处理意外问题，以及提前完成的任务。

（摘自《职业核心能力培训测评标准〈自我学习能力单元〉》中级）

管理好自己的时间、根据不同的学习要求选择学习方式，是实现学习目标的关键环节。

在自我学习的第二个活动要素阶段，实施学习计划有六个能力点：

1. 按时落实任务。能利用行动要点管理时间，定期检查实行的情况和提前考虑计划的工作。

2. 积极寻求支持。能利用他人的支持实现目标。

3. 自主选择方式。能主动选择不同的学习和工作方法。

4. 善用有效方法。能选择并运用与学习内容相适应的方法进行学习。

5. 善用先进手段。能使用先进的媒体技术进行高效率的学习。

6. 及时调整计划。能随时修订学习计划。

根据上述能力点的要求，本单元共四节，包括了上述能力点的内容（其中第二和第六个能力点不作专门的训练）：

第一节，告诉你管理时间的三种有效方式，即用顽强的意志提高学习效率、根据自己的生物节律安排学习内容、突破自己学习中的误区。

第二节，学会自主学习的两个关键问题，一是了解你的学习风格，二是掌握复述策略、精加工策略、组织策略、做小结策略等四种常用的学习策略。

第三节，掌握发现学习法的精髓，其中包括问题意识的培养、发现和解决问题的方法。

第四节，帮助你走进信息世界，你将学会应用软件的安装与使用方法。

第一节　管理时间　检查调整

目标：管理时间的关键

互联网时代信息交换手段的便捷，信息交流的频繁，把人们的时间切成了碎片。怎样管理好自己的时间，怎样在快节奏、碎片化的时代获得高效率，成就大事，是现代人时间管理的难题和艺术。

管理好自己的时间不仅需要策略，更需要毅力。通过本节的学习和训练，你将能够：

1. 学会利用生活中的各种零碎时间。
2. 学会把握人生中的“关键时间”。

记住：

把握人生的关键时间，并在严格执行计划的前提下充分利用零碎时间。

示范：做一个“算计”时间的高手

日本东京大学名誉教授渡边茂提出过“三万天学习论”，他设定人生寿命为81岁，把生命分为“成长时代”、“活跃时代”、“充实时代”三个时期。每个时期27年，大约相当于一万天。从出生到27岁，这第一个一万天被称为“成长时代”，是人们学习各种基础知识、锻炼自己适应社会能力的时代。从28岁到54岁，这第二个一万天称为“活跃时代”，是人们接受事业挑战，施展自己的知识和能力阶段，是在自己所从事的工作领域里展翅飞跃的时代。从55岁以后，这第三个一万天称为“充实时代”，是人们思想总结的阶段。每个人从呱呱坠地到满头白发，都是踩着时间的阶梯前进的。

哈佛商学院的鲁本教授对人生的三万天作了自己的解释。他说，三万天是个大数字，但在三万天里，每天能用来学习的只有几个小时。从幼年算起，假定每天多读书一小时，到81岁也只有三年多的时间。如果每小时读10页书，那就可以读262000页书，叠在一起将有三层楼房那么高。

有人进而强调，时间往往不是一小时一小时浪费掉的，而是一分钟一分钟悄悄溜走的。一个人对时间计算得越精细，事情就会做得越完美。如果你在学习上能以分为单位，对那些看起来微不足道的零碎时间也能充分加以利用，你就能在学习中有所收获。

雷巴可夫：

用分来计算时间的人，比用时计算时间的人，时间多59倍。

世界上有一样东西，它是最长的也是最短的，它是最快的也是最慢的，它最不受重视但却又最受惋惜；没有它，什么事也无法完成，这样的东西可以使你渺小的消灭，也可以使你伟大的永续不绝。

——伏尔泰

请你盘点一下自己的时间管理状况，你是以分计算时间，还是以时计算时间的？你能有效管理时间，并对自己的时间安排做出及时的检查、调整吗？你愿意做一个“算计”时间的能手吗？

怎样遵守学习时间

准备：管理时间的三大秘诀

一、学会“算计”时间

俄国昆虫学家柳比歇夫在82年的人生旅程中，共出版了70多部学术著作，写了12500张打字稿的论文和专著，内容涉及遗传学、科学史、昆虫学、植物保护、进化论、哲学等领域。但他并不是天才，也没有过人的天赋，更没有优越的成长环境。相反，他在小时候曾经摔断了胳膊，年轻时脑袋又受了伤，后来还染上了肺结核。

但就是这样一个天赋平平的人，凭着自己顽强的意志，在一分一秒地算计着自己的时间，坚持了56年从未间断过。

在他的“时间统计法”中，柳比歇夫把所有的“毛时间”都扣除，只注重每天“纯时间”的数量。他这样描述道：“纯时间比毛时间要少得多……我做学术工作的时间，最高是11.5小时，一般我能有七八个小时的纯工作时间就心满意足了。我的最高记录是在1937年 7月，我一个月工作了316小时，每日纯工作时间 7 小时。如果把纯时间折算成毛时间，应该再增加25%–30%。我今后需要做的就是如何把这25%–30%的时间再利用起来。”

他的时间统计法充分利用了控制论中的控制–反馈原理，对实际消耗的时间进行记录统计，并通过计算时间的实际利用率，找出浪费时间的因素，然后制定消除无效时间的措施，以最大限度地避免时间的浪费。

管理时间首先必须要学会做计划，并严格执行计划。与此同时，还应该精于“算计”，把一切可利用的时间都合理地利用起来。这里是利用零碎时间的一些作法：

1. 处理学习中的杂事

与学习有关的事情很多，如收拾用具、整理学习环境等，这些事情可以充分利用学习之余的零星时间处理，以免影响正常的学习时间。

2. 做摘记或学习卡片

短小精悍、浓缩各类读物的摘记或学习卡片，可以帮助自己把零碎时间纳入学习之中。杰克·伦敦就是一个善于使用摘记或卡片的人，在他的房间里，无论是窗帘上、衣架上、床头上、镜子上，到处都挂着一串串小纸片，纸片上写着生动的词汇、有用的资料。他在睡

特别提示：

从今天开始，按“分”计算你的时间，明天你就会体验到别样的人生！

注意：

首先要严格执行计划，在此基础上再学会利用零碎时间，切忌本末倒置！

觉前、起床后、刮脸时，都不停地看、不停地背，使自己在常人并不关注的这些琐碎的时间里，积累了大量有益的知识。

3. 读短篇或看报纸杂志

在较短的零星时间里，可以读一些短篇的文章或自己感兴趣的报刊，这样可以帮助自己拓宽知识面。

4. 把不适合整块时间做的事放在零星时间

由于学习的内容和性质不同，有些事情适合在整块时间去做，如学习系统的、难度较大的课程；有些则更适合在零星时间去做，如背诗词、记单词等。

怎样管理学习时间

5. 交流讨论

心理学家的研究表明，对创造性思维最有价值的活动，第一是交谈；第二是通信；第三是阅读。基于此，我们还可以把积累的问题收集起来，利用学习和工作之余，找老师或同事去求教。这样做，不仅是一种积极的休息，也是节约时间、增长知识的好办法。

6.整理资料

善于学习的人勤于积累资料，但只积累而不整理依然不利于学习。为了有效利用时间，更为了节约更多的时间用于工作和学习，你可以把零星的时间用来整理资料。

二、把握黄金时间

在一天的不同时间内，人的学习能力，包括记忆力、注意力、想象力、思维能力等，都不是一成不变的。而在不同的时段，不同的人，有不同的“黄金学习时间”。简言之，就是每个人都有一天中精神最集中、精力最充沛、学习效率最高的时间。因此，只要我们能够根据自己的特点，找出工作、学习的生物节律，并遵循记忆的规律，就一定能够达到高效率地利用时间的目的。

> 人的生理功能、行为活动等按一定规律呈现周期性变化的现象叫做生物节律。它反映人的体力、情绪、智力的运动规律，把握这些规律，可以有效提高自己的工作和学习效率。

1. 善用生物节律

节律是时间的一个重要特征，而人体节律就是生命进行曲的节拍。人体具有各种形式的节律。比如，一般人的智力早晨8点至10点最高，稍后次之，下午又次之，黄昏最差。这就是人体的“时钟节律”。假如你在机体处于最佳状态时进行学习或研究，在机能处于相对低下状态时进行休息或娱乐，那么，你就是在利用人体的节律。善用人体节律，往往更能提高学习时效，在减少能量和时间消耗的情况下取得优异成绩。因此，善用生物节律，就是要利用你的黄金时间，利用自己精力充沛的时间进

> ·资料·　生物节律是怎么回事
>
> 人体生物节律是科学家们经过对生物医学、心理学的综合研究，总结出的人在体力、情绪、智力方面的运动规律。人体自身的周期性节律有很多，但对人的各种行为影响最大的是昼夜生物节律和月生物节律。
>
> （http://www.zhenjiu.net.cn）

行学习。比如，如果你是“猫头鹰”型的，往往晚间精力充沛，你就可以把自学时间重点放在晚饭后的大片闲暇时间里；假如你属于“百灵鸟”型的，往往晨间思路敏捷，那么你就可以把自学时间安排在每天破晓时分。总之，一个掌握学习契机的自学者，就应该遵循生命节律，形成每天学习的规律。

2. 遵循记忆规律

心理学家艾宾浩斯的遗忘曲线表明，人的记忆与遗忘是有规律的，人们记住的东西，随着时间的推移，会有遗忘，而遗忘是先快后慢。根据遗忘曲线，学习后时间间隔为20分钟，重学节省诵读时间为58.2%；间隔为1小时，重学节省诵读时间为42.2%；间隔为1日，重学节省诵读时间为32.7%；间隔为31天，重学节省诵读时间为21.1%。这就是说，学习时间间隔越短，用的时间就越少，收获越大；反之，用的时间就多，收获就小。我们在复习所学习过的内容时，不仅要经常复习，还要坚持先短后长地安排各次复习的时间间隔，提高复习效果。遵循科学的规律，才能提高单位时间的利用率。

> 柯比：学习过程就像爬山，经常需要绕过障碍，你不要拖到最后没有任何办法的地步才想到试试迂回！

三、突围“循环圈”

法国著名昆虫学家法布尔曾做过一项有趣的实验，他把一群蚂蚁放在一个圆盘的周围，使它们头尾相接，绕圆盘排成一个圆形。于是这群蚂蚁开始前进了，它们一个紧跟着一个，像一支长长的游行队伍。法布尔在蚂蚁队伍旁边放置了一些食物。这些蚂蚁要想得到食物，就必须要离开原来的队伍，不能再绕原来的圈子前进。

法布尔预料，蚂蚁会很快厌倦这种无始无终、毫无目的的前行，而选择分散队伍，寻找食物。可蚂蚁并没有这样做，出于纯粹的本能，它们只是沿着自己或自己族类留下的化学信号前行。它们沿着圆盘的周围，一直以同样的速度走了七天七夜，一直走到它们累死、饿死为止。

这虽然是一个生物现象，但类似的情况也常常会在我们的学习与工作中发生，这便是“循环圈”。我们一旦进入“循环圈”，就会陷入时间和精力耗费的迷宫，做事或学习的效率自然就降低了。

那么如何才能打破“循环圈”呢？

1. 回头找找

一旦学习走进“循环圈”的时候，我们就一定要回过头去检查一下以前走过的路和做过的事，看看哪几步是朝着目标前进的，从哪一步开始偏离了正确的轨道、陷入了歧途。

2. 朝前看看

有时陷入“循环圈”是因为自己迷失了方向，因此，这时你就要静下心来，认真分析，寻找你的目标。

3. 全面想想

通过前面两步的分析以后，你要重新考虑全局，寻找新的思路和方法。

如果这些作法都不能使你脱离困境，那么你就需要采取迂回的办法，暂时避开这个问题，立即开始新的问题。或许避开一段时间后，，这个问题就会峰回路转，产生最终解决的灵感。

行动：做一次把脉效率的时间专家

活动一：替居里夫人把脉

居里夫人这样描述了她的学习与研究生活："我同时读几种书，因为专研究一种东西会使我的宝贵头脑疲倦，它已经太辛苦了！若是在读书的时候觉得完全不能由书里汲取有用的东西，我就做代数和三角习题，这是稍微分心就做不出来的，这样它们就又把我引回正路去。"

请想想：

1. 居里夫人的读书方法会对她的研究工作产生干扰吗？
2. 从居里夫人的学习和研究生活中能得到哪些启示？
3. 居里夫人的这些方法适合于你吗？

提示：

1. 居里夫人是如何运用零星时间的？
2. 居里夫人运用了什么方法来保持最佳的研究状态？

活动二：把脉你自己的时间管理状况

1. 想一想你自己是如何利用零星时间的？列出你一天的零星时间的清单，并写出你在每个时间都做了些什么。

2. 记录你一天的学习和生活情况，列出你在每个时间段的学习效率，确定哪些时间是你效率最高的。

3. 写出你今天遇到的难题，看哪些是必须要解决的，哪些是无关紧要的，然后划掉那些无关紧要的，认真分析必须要做的，找找问题的症结在哪儿并写出解决办法。

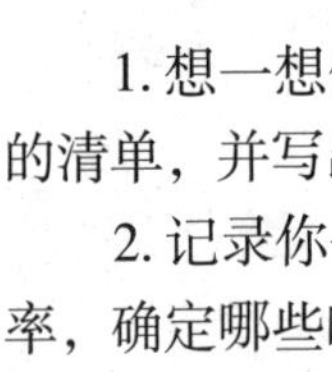

评估：你学会把脉时间了吗？

学完了本节内容，现在看看你是否掌握了管理时间、检查调整的要点。下面请你认真思考如下问题：

1. 你还有哪些利用零星时间的“妙招”？请你再列出五个。

2. 什么是生物节律？按照你自己的生物节律做一份你自己的一日学习与生活安排。

3. 帮助你的朋友或家人分析他面临的难题，并与他们一起想办法解决。

作业目的：

检查你是否掌握了管理时间、检查调整的要点，其中包括利用零碎时间、把握学习的黄金时间、突破“循环圈”。

第二节　认识自我　主动学习

目标：认识自我、选择方式

要做到自主学习，你首先必须会学。会学的一个重要诀窍是了解自己的学习风格、掌握必要的学习策略。

每个人由于先天的思维方式和个性不同，有着属于自己的学习风格，一个人要学得主动，必须对自己的学习风格、偏爱、个性有所了解，充分利用自己的优势、潜质，找到个性化的学习模式，提高学习效果。

在学习的道路上，也有一些共同的学习策略，掌握这些方法可以事半功倍。通过本节的学习，你将能够：

1. 了解自己的学习风格。

2. 掌握学习知识的几种常用策略：复述策略、精加工策略、组织策略、做小结策略。

示范：我的学习我做主

有人曾将学习者分为四类：第一类人好比计时的沙漏，他们学习就像在注入沙子，注进去又漏出来，到头来一点痕迹也没有留下；第二类人像海绵，他们什么都吸收，挤一挤流出来的东西却原封不动；第三类人像滤豆浆的布袋，他们将豆浆都流走了，留下来的只是豆渣；第四类人像宝石矿床里的矿工，他们把土石渣甩在一旁，只要纯净的宝石。这四类学习者成败的原因，就在于方法和策略的不同。因此，有人说："21世纪的文盲不是那些没有知识的人，而是那些不会学习的人。"

在你的学习生涯中，你常常会遇到各种各样的问题，对不同的问题你又总是会使用不同的解决方法。下面给你提供了几个不同性质的问题，请你试着做一做，看能否从中找到一些规律。

1. 中国历史上唯一的女皇是谁？

2. 光的传播速度是多少？

3. 既是偶数又是质数的数是什么？

4. 工厂运来234吨煤，每天烧6吨，烧了25天，还剩多少吨煤？

相信以上问题你都能够顺利解决，但这些问题却属于不同的知识类别。心理学家们将知识分为陈述性知识和程序性知识，在上述问题中，第1、2题属于陈述性知识，第3、4题属于程序性知识。通常我们在学习的过程中，针对不同的知识将会采用不同的学习方法。

本节旨在帮助你了解自己，掌握不同的学习策略，使你的学习更加积极主动。

陈述性知识是个人具有有意识的提取线索，因而能直接陈述的知识。

程序性知识是个人没有有意识的提取线索，只能借助某种作业形式间接推测其存在的知识。

准备：自主学习的两个关键

一、了解自己的学习风格

学习风格是指我们对感知不同刺激、并对不同刺激做出反应这两个方面产生影响的所有心理特性。也可以说是每个人在学习过程中经常喜欢采用的某些特殊学习方式、策略的倾向。比如，某些人认为某种学习方法比其他学习方法对他更有效；有些人对某种学习环境、某个特定的学习座位的偏爱；对某种媒体的偏爱等等，都属于学习风格的范畴。

美国圣·约翰大学的邓恩夫妇(Dunn R.和 Dunn K.)认为，每个人的学习风格是由环境、情感、社会生理和心理等多种要素组合而成的，并在个体接受、贮存和使用其知识和技能的过程中表现出来。其中每一类要素又分别由多个方面组成。如图1–5所示。

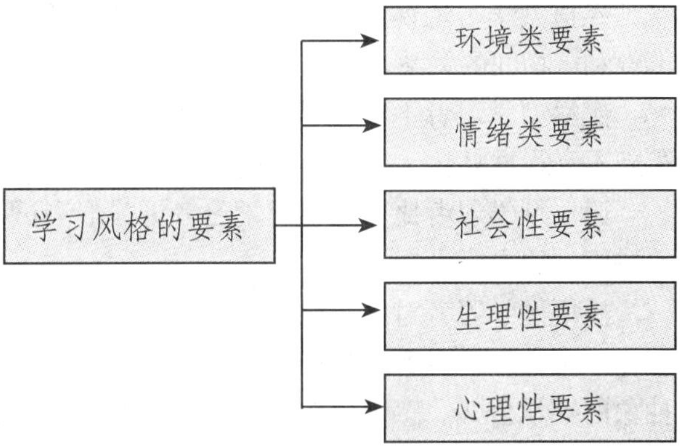

图1–5 学习风格要素

他们认为，环境类要素包括对学习环境安静或热闹的偏爱，对光线强弱的偏爱，对温度高低的偏爱，以及对坐姿正规或随便的偏爱等四个方面。

情绪类要素包括自我、家长、教师激发动机或缺乏学习动机，学习坚持性的强弱，学习责任心的强弱，以及对学习内容组织程度的偏爱等七个方面。

社会性要素包括是否喜欢独立学习、结伴学习、与成人一起学习，以及与各种不同的人一起学习等四个方面。

生理性要素包括优势感官(包括听觉、视觉和动觉)，学习效果最佳的时间(包括清晨、上午、下午和晚上)，学习时是否喜欢运动，学习时是否爱吃零食等九个方面。

怎样了解自己的学习风格

心理性要素包括分析与综合，对大脑左右两半脑的偏爱，以及沉思与冲动等三个方面。

他们认为多数人的学习风格都强烈地受到以上五个类别27种要素的影响，因此，可以以此诊断每个人的学习风格，以便制定相应的教学策略，促进学习。

所罗门（Barbara A. Soloman）从信息加工、感知、输入、理解四个方面将学习风格分为4个组、8种类型，它们是：活跃型与沉思型、感悟型与直觉型、视觉型与言语型、序列型与综合型（所罗门设计了具有很强操作性的学习风格量表，可以较好地进行学习风格的测试，具体测量的方法参见第三单元第一节)。

1. 活跃型与沉思型

活跃型学习者倾向于通过积极地做一些事——讨论或应用、解释给别人听来掌握信息。而沉思型学习者更喜欢安静地思考问题。

“来，我们试试看，看会怎样”，这是活跃型学习者的口头禅。而“我们先好好想想吧”是沉思型学习者的通常反应。活跃型学习者比倾向于独立工作的沉思型学习者更喜欢集体工作。

2. 感悟型与直觉型

感悟型学习者喜欢学习事实，而直觉型学习者倾向于发现某种可能性和事物间的关系。

感悟型学习者不喜欢复杂情况和突发情况，而直觉型学习者喜欢革新不喜欢重复。

感悟型学习者比直觉型的学习者更痛恨测试一些在课堂里没有明确讲解过的内容。

感悟型学习者对细节很有耐心，很擅长记忆事实和做一些现成的工作。直觉型学习者更擅长于掌握新概念，而感悟型学习者更能理解抽象的数学公式。感悟型学习者比直觉型学习者更实际和仔细，而直觉型学习者又比感悟型学习者工作得更快更具有创新性。

感悟型学习者不喜欢与现实生活没有明显联系的课程；直觉型学习者不喜欢那些包括许多需要记忆和进行常规计算的课程。

人有时是感悟型的，有时是直觉型的，只是有时候其中某一种的倾向程度不同。要成为一个有效的学习者和问题解决者，你要学会适应两种方式。如果你过于强调直觉作用，你会错过一些重要细节或是在计算和现成工作中犯粗心的毛病。如果你过于强调感悟作用，你会过于依赖记忆和熟悉的方法，而不能充分地集中思想理解和创新。

3. 视觉型与言语型

视觉型学习者很擅长记住他们所看到的东西，如图片、图表、流程图、图像、影片和演示中的内容，言语型学习者更擅长从文字的和口头的解释中获取信息。当通过视觉和听觉同时呈现信息时，每个人都能获得更多的信息。

4. 序列型与综合型

序列型学习者习惯按线性步骤理解问题，每一步都合乎逻辑地紧跟前一步；综合型学习者习惯大步学习，吸收没有任何联系的随意的材料，然后突然获得它。

序列型学习者倾向于按部就班地寻找答案；综合型学习者或许能更快地解决复杂问题，或者一旦他们抓住了主要部分，就用新奇的方式将它们组合起来，但他们却很难解释清楚他们是如何工作的。

二、学习策略

认识自我的学习风格是主动地利用自己的优势来学习，学出高效率。在不同的学习风格类型中，有几种不受类型影响的学习策略，是大家都常用的有用方法，包括以下几种：

（一）复述策略

复述是对知识进行多次重复，以保持记忆的方法。在运用复述策略进行学习的时候，第一要及时，因为根据遗忘“先快后慢”的规律，如果不及时复述，大部分内容都很快会被遗忘；第二是要多种感官并用，心理学有研究表明，多种感官协同记忆，如读、写、看相结合，可以增强记忆效果，学习完一段知识后，请用自己的语言讲出来，复述一下，可帮助你记牢、理解。

常用的学习策略有哪些

真正懂得学习的人能摆脱课堂的限制，不会把一切东西都往脑子里塞。

——柯比（哈佛大学教授）

（二）精加工策略

这是通过给学习材料补充细节、进行比较、举出例子等方式增加相关信息，以加深记忆的学习策略。“记笔记”是精加工策略的一种重要技术，它不仅有助于知识的深度理解，也便于你的复习。

记笔记有一定的规范，通常你可采用如下步骤：

——留出笔记本每页右边的1/4或1/3。

——记下听课或读书的内容。注意“四记”，一记思路，二记纲要，三记要点，四记问题。

——整理笔记。

——在笔记的留出部分写边注或评语。这一步也是帮助你加深理解的重要环节。

（三）组织策略

这是在学习中，把分散的、孤立的知识形成一个相互联系的知识体系的方法。人们常用的组织策略，有“纲要法”、“图表法”、“概念图法”、“思维导图法”等。在现代碎片化学习的时代，组织策略帮助你形成知识概念系统，十分重要。没有系统组织，所学的知识永远都可能只是零散的信息、数据，无法发挥它应有的作用。

纲要法　是把所学的主题和要点列成一个有结构的提纲的方法。比如学习两栖类动物青蛙，可以先列出青蛙的生活习性、运动、消化和呼吸等四个主要方面的内容，然后再分别进行补充。

图表法　是利用表格、流程图等方式来整理知识的方法。比如化学元素化合物知识结构图、概念（结构、性质等）比较表、物质衍变或转化关系图、反应关系图等。你自己绘制这些图表并整理知识的过程，就是一种知识组织和思维加工的活动过程，不仅获得了知识，而且学会了策略的运用。

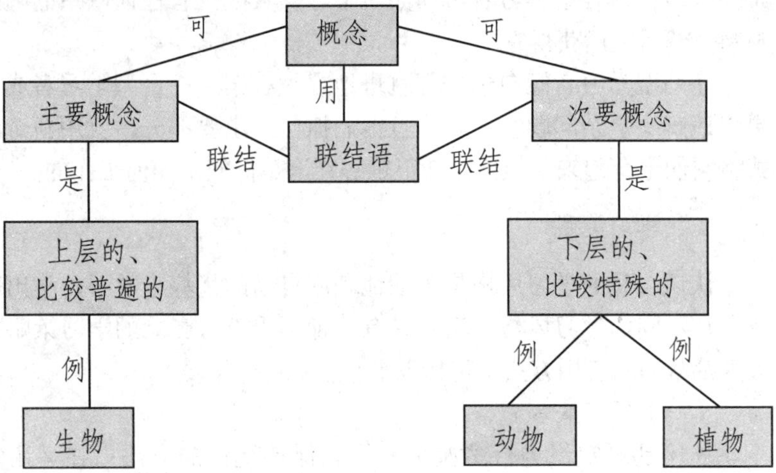

图1-6　概念关系图

概念图法　是把所学的概念以直观的关系图的方式列出来的方法。运用这种方法既可加深理解，也增强了记忆的直观性。可参照图1-6做你自己的概念图。

思维脑图　又叫思维导图、脑图，是一种有效的可应用于记忆、学习、思考的思维“地图”，已经在全球范围广泛应用。目前，国内不少人在应用思维脑图学习、工作，网上还有思维脑图的制作软件（mindmanager，mindmapper等），你可下载应用，十分方便，你可以在网上搜集学会，应用在你的学习和工作中。

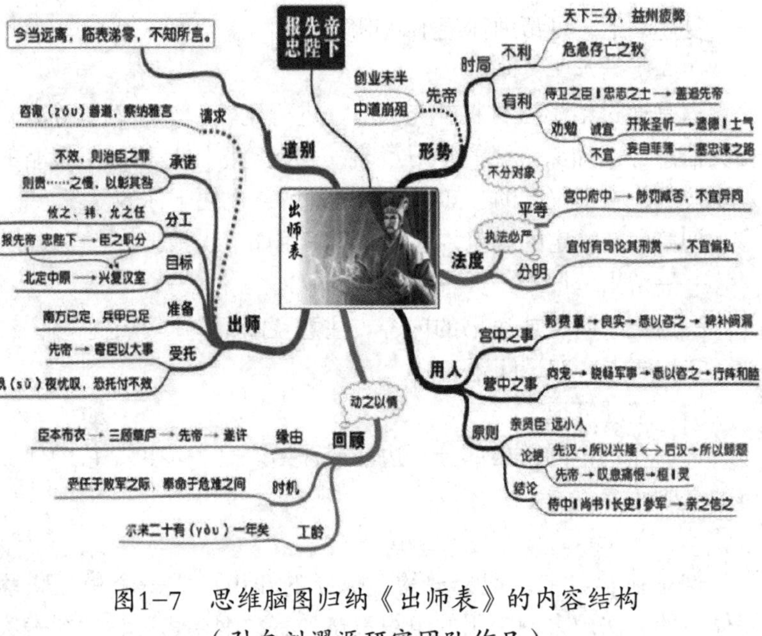

图1-7　思维脑图归纳《出师表》的内容结构
（引自刘濯源研究团队作品）

（四）做小结策略

这是把自己读到或听到的内容进行归纳、提炼、总结，以把握所获得信息的主要意义的方法。做小结可遵循如下步骤：

——首先从简短、容易、组织良好的段落开始练习，然后逐步过渡到给篇幅较长、难度较大的内容做小结。

——每次做小结时，要求做到：为每段或每节确定或创设一个主题句；确定统领几个具体观点的上位概念或观念；找到支持每一要点的具体信息，剔除无关的、不重要的信息。

——与同学比较或讨论所做的总结。

行动：开始你的自主学习

活动一：分析理科状元的学习风格类型

·案例·

理科状元的经验之谈

刘敏，1998年以549分的成绩夺得上海市理科高考状元。下面就是她关于“死记活用”学物理的体会：

“我对于物理的理解，不仅是知道它，更重要的是记住它、懂得它，这样，便有了先前所说的‘死记’。就像文科一样，我对物理书是相当熟悉的。主要的定理、概念，我在一节课上完后就背下来，就是‘死记’。因为记它们时，我是一字不差地记。我一直认为要真正理解一段文字，就是要一个字一个字地读明白，而背出来则是真正做到读明白。由于经常背概念，我往往会找到一些规律。例如，背‘闭合电路欧姆定律’，从中发现无论‘闭合电路’或‘部分电路’定律针对的都是‘电流’这个物理量，而其他涉及到的物理量，或是用来定义它，或是用来计算它。抓住这样的规律，什么定理、定律都不难以理解了。此外，由于弄清并记住了每一个定理、定律，以后遇到相关内容就容易归类与联系。”

（选自《清华名师告诉你怎样学习》 作者 刘国胜）

1. 分析刘敏属于哪种学习风格。

2. 按照所罗门的学习风格分类，自我对照一下，你属于什么类型的学习风格。思考一下怎样发挥自己的风格优势，克服风格个性的劣势。

活动二：试用本节自主学习策略中的“做小结的策略”分析下面这篇文章

·资料·

成功路上的四盏灯

我的朋友唐恩自认为是当音乐家的料。可是在我记忆中，上初中时他演奏手鼓并不怎么高明，唱歌又五音不全，实在让人不敢恭维。光阴似箭，我们中学毕业后即失去了联系。我念大学，读研究生，尔后成了圣玛丽大学的哲学教授。唐恩则为实现当歌唱家兼作曲家的理想，去了“乡村音乐之都”纳什维尔。

唐恩到那儿后，拿出有限的积蓄买了一辆旧汽车，既做交通工具又用来睡觉。他特意找到一份上夜班的工作，以便白天有时间光顾唱片公司。在这期间，他学会了弹吉他。好多年时间，他一直在坚持写歌练唱，叩击成功之门。

有一天，我接到一位跟唐恩相识的朋友打来的电话：“听听这首歌。”他说罢，将话筒靠近扬声器。刹那间，我听到了一阵美妙动听的歌声。真不愧是个出色的歌手!“这是卡皮托尔公司为唐恩出的唱片。”朋友在电话中说，“他在全国每周流行唱片选目中名列前茅，你能相信吗?”我的确难以置信：这首歌就是唐恩自己写自己录制的?然而，唐恩确确实实做到了。不仅仅如此，在当时一套畅销的乡村音乐唱片集中，主题歌《赌徒》也是唐恩的杰作!

从那时起，唐恩·施里茨创作演唱了23首顶呱呱的歌曲。由于他专心致志，全力以赴，他的梦想实现了。

唐恩基于直觉做出的选择，也使我从有关人类美德和个人成功的伟大文学作品中发现了原则。我认为，若想使自己真正踏上成功人生的胜境，就需要满足下列四个基本条件。

1. 方向之灯

“如果你不知道自己的方向，你就会谨小慎微，裹足不前”。

不少人终生都像梦游者一样，漫无目标地游荡。他们每天都按熟悉的“老一套”生活，从来不问自己：“我这一生要干什么?”他们对自己的作为不甚了了，因为他们缺少目标。

制定目标，是意志朝某个方向努力的高度集中。不妨从你渴望的一个清楚的构想开始，把你的目标写在纸上，并定出达到它的时间。莫将全部精力用在获得和支配目标上，而应当集中于为实现你的愿望去做、去创造、去奉献——制定目标可以带来我们需要的真正的满足感。

自己设想正在迈向你的目标，这尤为重要。失败者常常预想失败的不良后果，成功者则设想成功的奖赏。从运动员、企业家和演说家中，我屡屡看到过这样的情况。

2. 交往之灯

“结交比你更懂行的人”。

我父亲17岁时离开北卡罗来纳州的农场，只身前往巴尔的摩马丁飞机公司求职。在被问到他想做什么工作时，父亲回答说：“干什么都可以。”

他解释说，自己的目标是学会厂里的每一项工作，他乐意去任何一个部门。父亲被录用后，一旦管理员确认他的工作不比别人的逊色，他就提出去不同的另一个部门，重新从头开始。人事主管同意了这一不寻常的请求。到父亲年满20岁时，他已从这家大工厂脱颖而出，承担起实验方案的攻关，薪水相当不菲。

父亲只要去一个新的部门，总是去向经验丰富者请教。而一般的新手通常会避开这种人，生怕靠近他们会使自己看上去像个初出茅庐者。

我父亲向这些人请教他所能想到的每一个问题。他们也很喜欢这个不耻下问的年轻人，遂把自己摸索出来、别的人从未问过的捷径指给他。这些热心人成了我父亲的良师益友。无论你的目标是什么，都要计划跟那些比你更懂的人发展关系，把他们作为你努力的榜样，不断调整、改进自己的工作。

3. 梦想之灯

"成功者不过是爬起来比倒下去多一次"。

成功者与失败者之间最大的区别，通常并不在于毅力。许多天资聪颖者就因为放弃了，以致功亏一篑。然而，成就辉煌的人绝对不会轻言放弃。

有一天我去上班时，碰见了丹尼尔·卢迪——他现在是一位富于鼓动性的演说家。卢迪在伊利诺伊州乔列特长大，从小就听说圣玛丽大学的神奇传说，梦想有一天去那儿的绿茵场踢足球。朋友们对他说，他的学习成绩不够好，又不是公认的体育好手，休要异想天开了。因此，卢迪抛弃了自己的梦想，到一家发电厂当工人。

不久，一位朋友上班时死于事故，卢迪震骇不已，突然认识到人生是如此短暂，以致你很可能没机会追求自己的梦。

1972年，他在23岁时读印第安纳州圣十字初级大学。卢迪在该校很快修够了学分，终于转入圣玛丽大学，并成为帮助校队准备比赛的"童子军队"的一员。

卢迪的梦想很快要成真了，但他却未被准许比赛穿上球衣。翌年，在卢迪多次要求后，教练告诉他可以在该赛的最后一场穿上球衣。在那场比赛期间，他身着球衣在圣玛丽校队的替补队员席就座。看台上的一个学生呐喊道："我们要卢迪!"其他学生很快一起叫喊起来。在比赛结束前27秒钟时，27岁的卢迪终于被派到场上，进行最后一次拼抢。队员们帮助他成功地抢到那个球。

我17年后同卢迪再次相遇，是在圣玛丽大学体育馆外的停车场。一个电影摄制组正在那儿，为一部有关他的生平的电影拍外景。卢迪的故事说明：你只要怀有一个梦想，便没有办不到的事。

4. 进取之灯

"回顾并更新你的目标"。

不时重新看看你的目标表，如果你认定某个目标应该调整，或用更好的目标取而代之，就要及时修改。当你达到了自己的目标，或是向它迈进了一步时，不妨庆祝一下。用你所喜欢的任何方式，来纪念那一特殊的时刻，重燃理想之火。

但不应该就此止步。在一个目标达到后，许多人便松懈下来了。正因为如此，今年排名第一的销售代理，很可能成为明日黄花。

我在一幢旧宅里住了多年。每当我在寒冷的日子里调温度调节器时，年代久远的取暖炉必定燃烧得更旺，直到温度升上新的一档。一达到我定的温度，它便自己停下来，温度不再往上升。

人类也趋向于像那个取暖炉。我们很容易满足于自己已达到的目标，不再要求上进。其实，为了不让希望落空，我们应当制定新的目标，不断向新的高度攀登。

（http://www.86666.com/health/psychology/human/chenggongrensheng/051546433562.html）

提示：

1. 按照“记笔记”的格式做一份读书笔记。

2. 在读书笔记中，对文章做一个小结，并与同学讨论。

活动三：根据概念图的结构模型，或者使用思维导图软件，就本节所学习的“学习策略”做一个概念图或思维导图。

评估：反思你学习的成效

本节学习了自我认识的方法，自主学习的一些重要策略，相信你在自主学习的道路上又迈出了有效的一步。下面请你认真思考并试着动手做一做下面的题目：

1. 你每次学习完一部分内容后，多长时间再重温这些内容？

2. 你读书时，在书上做记号和批注吗？

3. 你有做读书笔记的习惯吗？

4. 你让学过的知识在头脑中处于零散状态，还是常常有意识地做一些系统的梳理？

5. 你听完别人的谈话之后，能否马上就明白其意思？

6. 听完一场报告，你能否马上总结出三点自己的认识？

作业目的：

检查你是否掌握了自主学习策略的要点，其中包括复述策略、精加工策略、组织策略、做小结策略。

怎样养成学习的习惯

怎样培养学习兴趣

怎样学会自我控制

什么是科学的学习方法

什么是摘要法和笔记法

什么是好的记忆方法和自我提问法

第三节　求异质疑　发现学习

目标：提高发现问题的能力

发现法学习是提高思维水平和学习能力的重要学习方法，通过发现问题的学习方法训练，能够强化你的问题意识，提高解决问题的能力。具备了这种学习能力，将大大提高你的学习素质，有助于你的成功。

通过本节的学习和训练，你将能够：

1. 了解发现学习法的基本原理，掌握训练的程序和方法。
2. 培养自己的问题意识和创造意识，提高自己解决问题的能力。
3. 在学习过程中，能够熟练运用发现法学习，取得良好的学习效果。

怎样培养问题意识

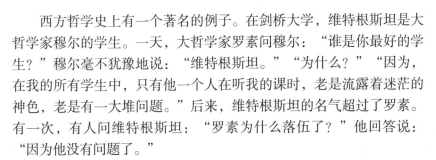

示范：掌握发现问题的方法

西方哲学史上有一个著名的例子。在剑桥大学，维特根斯坦是大哲学家穆尔的学生。一天，大哲学家罗素问穆尔："谁是你最好的学生？"穆尔毫不犹豫地说："维特根斯坦。""为什么？""因为，在我的所有学生中，只有他一个人在听我的课时，老是流露着迷茫的神色，老是有一大堆问题。"后来，维特根斯坦的名气超过了罗素。有一次，有人问维特根斯坦："罗素为什么落伍了？"他回答说："因为他没有问题了。"

> 一个总是能提出为什么的人，是一个活着的人；而一个不再提出为什么的人，是一个活着的死人。
>
> ——哈佛大学教授柯比《学习力》

请你回想一下：

1. 上课时，你是否习惯提问题？
2. 你对教材结论和教师观点是否能够提出异议？
3. 对教师的讲解方式和讲解内容你是否有自己的不同看法？
4. 你觉得你的学习思路经常是直线的还是跳跃的？
5. 教师对你的评价经常是"听话"，还是"调皮"？

其实，学习的过程就是发现和创造的过程。发现问题越多，进步就越大，道理容易理解，关键是要培养敢于质疑、勇于探索的精神，强化求异思维，培养自己发现问题的能力。

两个关键点：

问题天然存在。

关键在于能否发现。

准备：如何发现学习中的问题

一、培养问题意识

1. 敢于质疑、勇于探索

在生疑中求探索　疑，是思维的开端、创新的基础，是激发探索知识的兴趣和热情，增强自主探索未知领域的动力。学习过程中，有了疑问才会去思考，思而不解才会去探究，有探究才会有所发现，有所创造。因此，你要对学习材料中的现成结论、方法步骤常常提出“为什么”，敢于大胆质疑，发表自己的见解。通过发现问题、提出问题和探究问题，能够逐步形成探究习惯，提高探索能力。

发现问题是创造的前提和条件。

在活动中求探索　在学习知识技能的过程中，主动参与探究活动，解放创造力，其有效活动为“四动三论”：

四动：动耳听、动眼看、动脑思、动手练。

三论：讨论、辩论、评论。

在激发中求探索　激发探索热情，增强探索兴趣和信心。在学习过程中，克服“思维定势”，从不同角度去寻找通向目的地的途径。

2. 强化求异思维

求异思维是从某一点出发，运用全部信息进行发散性联想，发现多种解决问题的途径，寻求问题的丰富多彩的答案。

求异思维是一种不依常规、寻求变异的思维方法。他不受现成知识的局限，不受传统思维方式的束缚，是发现新事物、创造新理论、提出新见解的思维方法。它具有思维敏捷、灵活多变、标新立异的特点。强化发散思维训练是培养创造性思维的重要方式。所以，应努力培养自己独立思考、敢于怀疑、富于联想、勇于挑战的思维品质。求异思维训练途径有：

永远都不要停止给自己提问题，别忘了，创造是从问题开始的，它往往诞生于100个问题之后，你需要做的，就是把问号变成惊叹号。
——哈佛大学教授柯比《学习力》）

⑴认真挖掘求异素材　分析学习内容的内在联系，理清知识点及相互之间的关系。主要训练方法有：

反向求异：从结论或答案求出使之成立的各种条件。

例如，结论：地铁是缓解城市交通的重要途径。条件：功能、优势、某城市的地面交通状况、地面交通的制约因素等。

放射求异：创设研究问题的环境和条件，通过立体式想象判断，思考出可能产生的结论或结局。

例如，如果淡水全被污染了，地球会怎么样？推论：坏的方面、好的方面；人类、动植物；社会、自然界；现在、未来等等。

对比求异：通过正反对比、相似对比等各种对比手法，揭示出知识间的内在规律，形成网络结构。如数学学科概念、定理的对比。

分析求异：对欲证命题进行分析，通过分析转化的各种方向，寻找解决问题的多种途径。

例如，提出解决生态环境严重破坏问题的对策，可从国家政策、思想观念、行为习惯、法律法规、生态恢复、动植物生物链等方向思考。

反馈求异：对理论上证明了的命题，反馈到具体事例，列举正面例子说明合理性，列举反面例子说明其不合理性。

例如，环状交通一度被认为是城市交通的最好方案，许多城市都实行这种方式。但从北京目前的城市交通状况来看，有利有弊，分析其合理和不合理的方面。

(2)多形式培养求异能力　要有意识地培养在丰富想象中求异，在大胆幻想中求异，从怀疑中求异，从好奇中求异，从联想中求异，从敏锐观察中求异，提出尽可能多、尽可能新的与众不同的独特思路、途径和方法。如一事多写、一词多用、一空多填、一图多画、一题多想、一题多变、一题多解等均是训练求异思维的有效形式。

在学习中，每一个可供选择的方法，都存在对应的相反结果。当你面对一个新问题，沿着某一思路无法解决时，不妨将思维调整到相反的方向想一想，或许会有意想不到的收获。

——哈佛大学教授柯比（《学习力》）

二、问题产生的四个途径

1. 抓住经验事实同已有理论的矛盾　每一个新的观察和实验结果，都可能与现有的理论概念发生冲突，这个时候，新的问题就会产生。比如心理学中的行为主义学说提出的“S—R”（刺激—反应）联结理论，人们很快就通过现实生活经验提出了质疑，因为人接受到一种刺激后，总是要经过自己内部的思维过程，才会作出反应，正因为如此，有时我们给一个人刺激，不见得就会产生期望的反应。于是，新行为主义的“S—O—R”学术思想就产生了。

2. 抓住理论的逻辑矛盾　如果一个理论内部出现了逻辑矛盾，就必然会推出两个相对立的论断。因此，抓住理论的逻辑矛盾往往是发现问题并实现理论突破的关键。

爱因斯坦发现电磁学方程在伽利略变换中不具有协变性，而这就意味着电磁理论同经典时空观的矛盾，这引导了爱因斯坦探求狭义相对论。

3. 盯住论争　一个问题可以从多个方面铺展开来争论，而争论总能促进科学问题的解决。比如，赤壁之战前，孙权在“主战”与“主降”的激烈争论中举棋不定，诸葛亮在这种论战中，提出了孙刘联合抗曹的方案。

4. 盯住不同知识领域的交叉地带　一些新学科就是在不同知识领域的交叉中产生的，如系统论、控制论、信息论就是如此。

所谓创造，就是自己提出问题，并由自己想办法来解决的全部过程。

——本杰明（创造学家）

学习中问题产生的途径及解决方法

三、发现问题和解决问题的方法

1. 发现困惑　从“杂乱无章”的事实中分析已知者。

2. 发现资料　仔细搜集有关的资料；仔细而客观地观察；探究情景中的事实。

3. 发现问题　从若干观点看可能的问题；思索可能的问题；把范围缩小到主要的问题；重新以可解决的形式陈述问题；使用“我可能用什么方式”来思维和推敲；重新陈述问题；用小规模的试验尝试初步制订的计划是否可行；拟可能做的附带计划，以防第一个计划行不通。

4. 发现构想　产生许多主意和可能解决问题的方法；产生许多主意以便解决问题；同伴合作想出许多主意或数种可能解决问题的方法；尽可能地列出许多主意。

5. 发现解答　在数种可能解决问题的方法中选择最可行者；就解决方法发展评价准则；客观地应用准则于每一个可能选择的解决方法；根据已发展的准则评估可能选择的解决方法；列出可用于收敛性或分散性思维过程的评价准则。

6. 寻求接受　发展行动计划；考虑哪些听众一定会接受这一计划；针对前面所提出的解决问题的方法，征求所有听众的意见。

> 好奇心，是指智慧的、特殊的、探索性的本质，是学习力中的万能之力，它为我们打开了认识自我和理解世界之门，并为我们的学习注入了无尽的活力。
>
> ——哈佛大学教授柯比《学习力》

中

行动：体验发现的乐趣

活动一：请你帮董事长渡过难关

几年来一直蒸蒸日上的公司，今年因为经济不景气而盈余大幅度滑落。最近董事长心头的负担更加沉重，因为马上要过年了，按惯例，年终奖至少要加发两个月的工资，多的时候还会加倍。今年从目前的情况来看，最多只能发一个月的奖金。“这下，还不知道士气会低落到什么程度呢！”董事长想。

总经理也愁眉不展，边想边跟董事长说，“好像给孩子吃糖，每次都抓一大把，现在突然改成两颗，小孩子一定会吵”。

“对了！”董事长突然来了灵感，“你倒使我想起了小时候在商店买糖，总喜欢找一个店员。因为别的店员都是先抓一大把，拿去称，再一颗颗往回扣。那个店员则每次拿的都不足重量，然后一颗颗往上加。说实在话，最后拿到的糖没什么差别。但我就是喜欢后者。”于是，他提出了一个非常理想的解决方案，最后发了一个月的奖金，但士气比过去还要高。

请你帮助董事长分析形势，提出解决方案。

请想想：

董事长买糖和士气之间有什么样的联系？

提示：运用“发现并解决问题的方法”的程序：

发现困惑——如何发奖金才不影响士气

↓

发现资料——查找有关资料，看看影响士气的原因有哪些

↓

发现问题——过去奖金很高，今年要大幅度减少

↓

发现构想——多种解决的方法，来自买糖的启示

↓

发现解答——可行的方法

↓

寻求接受——改进办法、征求意见

图1-8　发现并解决问题的程序

活动二：发现“滥竽充数”所包含的多层意义

齐宣王使人吹竽，必三百人。南郭处士请为王吹竽。宣王悦之，廪食以数百人。宣王死，湣王立。好一一听之。处士逃。

大家非常熟悉这个成语故事，长期以来，我们认为它的意思是批评一个人不懂装懂的，对南郭先生持一种嘲笑态度。

那么，请你重新仔细阅读原文，看看文章还能够如何理解，可能含义不止一两个。

请想想：

1. 仔细思考一下，我们平时的理解是否有不全面的地方，南郭先生有没有值得肯定的地方？

2. 造成南郭先生滥竽充数的社会条件和自身原因有哪些？

3. 这个故事在现代管理上有何启示？

提示：

怎样学会创新性学习

创造性学习的策略有哪些

什么是能力本位的实践学习

行动导向学习的方式有哪些

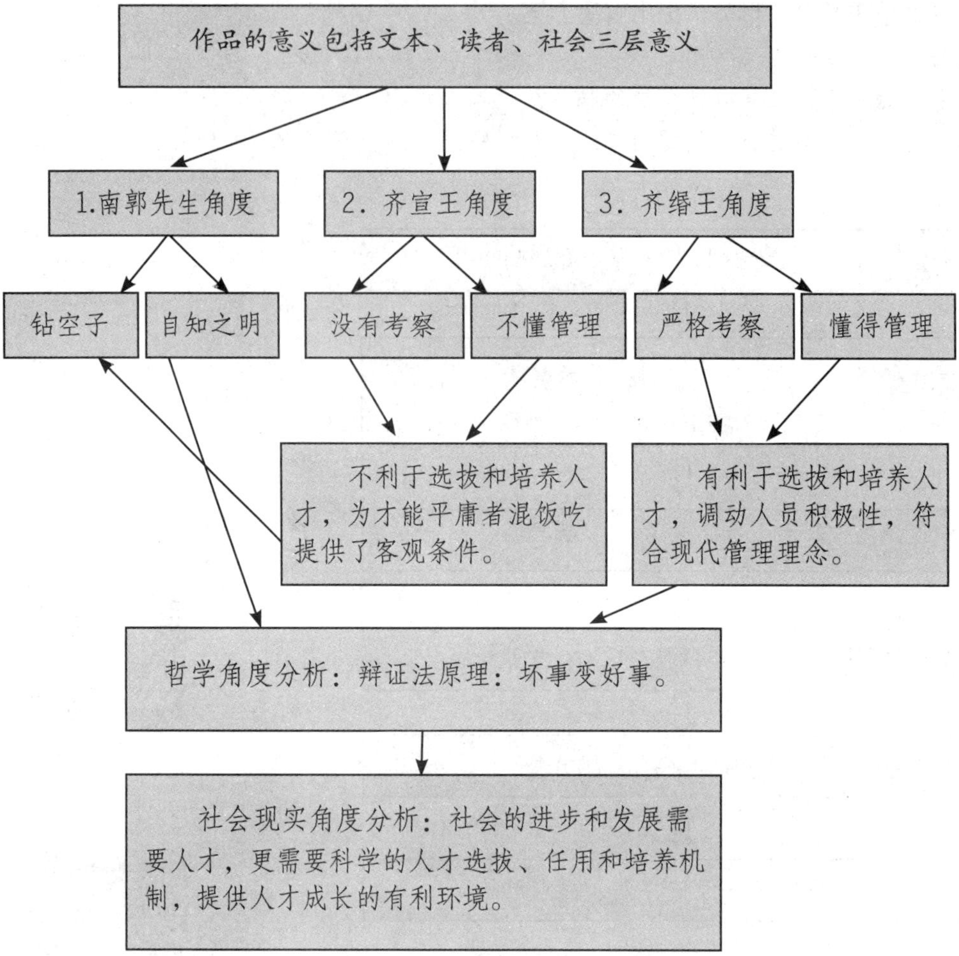

图1-9　作品意义分析

评估：你是否掌握了发现学习法的要点

学完了本节内容，现在看看你是否掌握了发现法学习的要点，下面请你认真思考这样几个问题：

1. 通过以上学习，你有什么收获？
2. 在今天的学习内容里，你是否能够熟练地运用以上学习方法？
3. 举出你自己具有求异思维品质的例子来。
4. 今天的学习过程中有些什么问题？
5. 你觉得自己的学习方法还有哪些方面需要改进？

作业目的：检查你是否掌握了发现问题的方法，其中包括对学习内容的反思、学习材料中如何发现问题和解决问题。

第四节　利用网络　高效学习

目标：适应网络时代学习的革命

我们已经进入到一个互联网的时代，利用互联网与多媒体来学习，是当前教育信息化的一个趋势。互联网时代的学习革命是一次重大的学习变革，网络时代丰富的学习资源，便捷的学习工具（智能手机、移动网络）和手段，让学习实现了时时可学，处处可学的泛在学习。人人为学、人人为师，成为了我们这个时代学习的美丽图景，今天，我们可以借助网络，向其他任何人学习我们需要学习的任何东西。

时时可学，
处处可学。

人人为学，
人人为师。

自主学习是每个人终身学习的必然形态，在今天变化迅速，竞争激烈的社会，加速自主学习，以获得竞争和成功的能量，得到幸福的资源，是时代对每个人的现实要求，充分利用网络和多媒体学习是你加速自主学习的最好途径。

自主学习，
通过网络，
加速自主学习。

网络学习资源、多媒体学习工具可以使原来抽象、枯燥的学习内容，通过图像、图形、动画、文本、音频、数字化视频等多媒体表现形式，展现在教学过程中，利用多种媒介形式同时刺激学习者的各种感觉器官，特别是听觉和视觉器官，可以大大加强学习者对信息接受、理解和利用的能力。多媒体的交互性更可因人而异，你可根据自身特点选择，提高学习的主动性和学习效果。因此，在学习中使用互联网和多媒体来学习，有助于你实现学习目标，极大地提高学习效率。

怎样利用网络媒体高效学习

通过本节的学习和训练，你将能够：

1. 根据学习内容选择最适合的学习工具和手段，提高效率。
2. 掌握线上线下结合的混合式学习方式，改进学习方法。

示范：你善于利用网络自主学习吗

1998年，《学习的革命》一书作者戈登·德莱顿在描绘改变世界学习的方式时，勾画过未来学习的多媒体模式，见图1-10。十几年后，这个未来已经到来。

两个关键点：
1. 建立现代信息技术环境下的自主学习模式；
2. 充分利用网络，善用媒体。

在今天信息技术飞速发展的时代，我们的学习已不再是传统单一方式的、被动的学习了，我们可以凭借现代化信息技术手段，如网络、多种信息传播的工具媒体来辅助学习。今天的学习是具有开放性教育特点的自主性学习。

下面请你认真思考这两个问题，看看你离现代化的学习有多远：

1. 你是否仍然依赖教师的讲授与课本的学习，这种学习方式的利弊有哪些？

2. 你在发现、收集、利用各类学习资源时经常采用哪些有效方法？

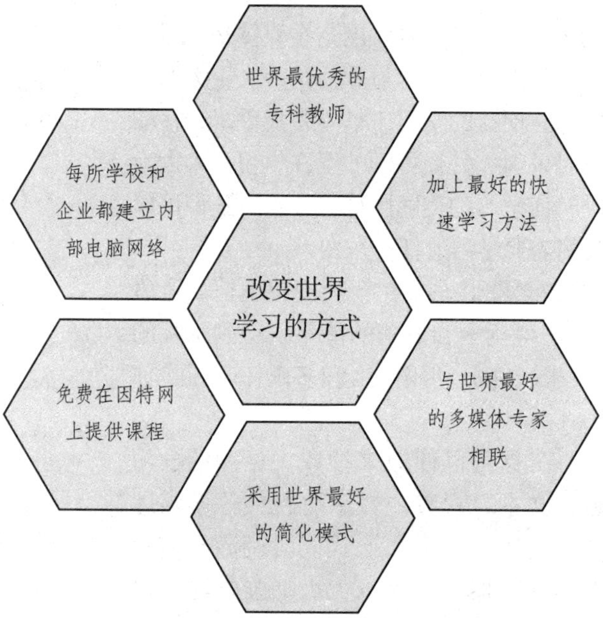

图1-10　戈登·德莱顿：未来学习的多媒体模式

网络时代的学习者应该是自主学习者，应从传统的被动地接受知识、理解知识、掌握知识，转变为主动地通过线上网络和线下资源获取知识、处理知识、运用知识。要有能力利用网络探索知识，具备自主学习能力。过去，知识主要存储在图书馆、书本、学校的课堂，今天互联网时代，除了这些地方外，知识还存储在网络上，你应该充分利用今天教育的信息化、学习的现代化工具，将现代网络、多媒体和现代的学习手段变成自觉学习、自我发现、自主探索的工具。

在教师的指导下，将网络、多媒体技术，变成自觉学习、自我发现、自主探索的工具。

过去，我们的学习主要学在课堂，学在学校，今天，有了网络，这个课堂是全世界，我们是在同一个世界性的课堂里学习了。

准备：学会混合式学习，学会选择媒体

一、利用网络，混合式学习

在全球信息交换中，目前覆盖面最大、信息资源最丰富的当属网络了。网络已经联通了全世界，物理的现实是第一世界，人类的精神世界是第二世界。在此之外，网络可以看成是虚拟的物理世界和再现的精神世界，是第三世界。掌握了网络，你就拥有了一个新的世界。

我们可以通过网络查询、检索和收集各种文字、图像、音频、视频资料，可以学习大学开放的慕课、（如“清华学堂在线”、“中国大学MOOC”、“Coursera”）微课程等学习资源。通过在线交互途径，利用电子邮件、QQ、MSN、微信等，我们可以与生活在地球上任何地方的朋友随时进行交谈，可以与老师在线互动，可以与同学探讨学习和课题研究；借助于多媒体技术还可以进行声音和图像同步传送，开展视频学习、远程指导等。可以说网络是学习的大课堂，地球的大学校。

所谓“混合式学习”，是把传统学习方式的优势和网络化学习的优势结合起来，充分利用网络的力量，将网络学习与课堂学习结合，线上线下结合而进行的学习。在线上网络课程和学习资源中，通过老师实时与非实时、同步与异步的讲授，包括网络课堂中组织的讨论学习、协作学习等学习方式；通过线下面授课堂老师组织的研讨、训练和实践等手段，打破传统课堂单一面授方式，实现多时空的自主学习。这种学习的课堂有人叫“翻转课堂”，即知识学习在课外、在宿舍、在家里，做作业、讨论在课堂、在学校。

比如，职业核心能力的学习，你可以课外先从网站，如“国家数字化学习资源中心”或者“进步学堂”等，收看学习职业核心能力多个模块的专家讲授的微课视频课程，课堂上，根据老师的安排，参加训练、研讨、实践以及测评，把线上学习和线下学习，课外学习和课内训练结合，这样的学习方式就是混合式的学习。

二、利用多媒体，高效学习

多媒体辅助学习，可以使原来抽象、枯燥的学习内容，用图形、动画、文本、音频、数字化视频等多媒体表现形式展现在教学过程中，可以大大加强我们对信息接受、理解和利用的能力。

多媒体学习工具的利用是传统学习方式的一种补充，它能更好地解决在传统学习中不能或难以解决的问题。实验心理学家赤瑞特拉

（Treicher）作过两个著名的心理实验：一个是关于人类获取信息来源的实验。他通过大量的实验证实：人类获取的信息83%来自视觉，11%来自听觉，3.5%来自嗅觉，1.5%来自触觉，1%来自味觉。另一个实验是关于知识保持持久性的实验。结果是，人们一般能记住：自己阅读内容的10%，自己听到内容的20%，自己看到内容的30%，自己听到和看到内容的50%；在交流过程中自己所说内容的70%；如果既能听到又能看到，再通过讨论、交流用自己的语言表达出来，知识的保持将大大优于传统教学的效果。

多媒体技术既能看得见，又能听得见，还能用手操作。这样通过多种感官的刺激获取的信息量，比单一地听课要多。同时，多媒体应用于教学过程不仅非常有利于知识的获取，而且非常有利于知识的保持和传播。

选择媒体的类型应根据自身的身心特点来选择。多媒体具有的声、光、电的综合刺激，能够激发学习者的兴趣，引起学习者的注意，从而提高学习积极性，提高学习效率。但心理学表明，大脑皮层长时间处于高度兴奋状态，容易使身心疲倦，反而不利于知识的吸收。因而，多媒体在学习上的使用，要注意适度，切忌频繁滥用。此外，还应根据内容选择多媒体。

三、利用智能手机，有效学习

今天，时代的发展，几乎人人都有了手机，人不离机，手机成为我们通讯联络，办事娱乐的工具，同时，手机也是我们学习的重要工具。怎样有效利用手机这种智能型的工具来服务自己的学习，是我们需要掌握的重要本领。

怎样有效利用手机来学习

首先，转变观念，积极利用。现在有大量的微课程都是通过手机APP实现的，手机是移动的网络，网络上有云课堂、云教材、微讲座，都可以在手机上实现阅读和教学。现在不断开发的教学服务功能日益发达， 比如：你可以通过相关的二维码，扫码听课、解题；你可以用手机将不会的题目拍照发到相关网站，即可找到题目完整内容、答案以及知识点解析；你可以在相关的学习网站获得针对性的训练指导；你可以提供你个性化的学习报告；你可以通过相关的APP直接向老师提问，老师会对问题进行在线辅导、解释、答疑等等。我们要努力充分利用这个便捷的工具来学习。

其次，根据需要，选择应用。你可以关注学习类手机版APP软件的下载和应用，关注常见和免费的手机版学习软件，诸如：有道词典、金山词霸、作业帮、新华字典、汉语词典、成语词典、我们爱学习、学习ABC、学习C++、学习应用大全、爱学习、手机学数学，各种语言类、知识类、操作技能类的软件，应有尽有。要结合自己的兴趣和学习，下载实用的学习软件，帮助、充实学习活动。

再次，参加学习社群，交流分享。你可以参加相关的学习社群，把学习的所得、体会和疑问在社群交流，扩大学习的交流范围，促进自己的学习。这样的交流能帮助自己积累资源，激发更高层次的反思和思维活动，能让自我学习活动在现代技术的支持下上升到一个新的高度。

行动：学会使用网络多媒体，事半功倍

活动一：利用网络学习，编制自己生涯规划和专业领域知识的思维脑图

一、利用网络，自我学习

1.上网学习思维导图的课程，搜索思维脑图的软件，比如：Mindmanager、XMIND、Imindmap，下载一个应用；

2. 根据自己的职业生涯规划，做一个生涯发展的脑图。

3. 用思维脑图把你所学的专业知识框架做出来。

二、小组（学习社群）分享交流

1. 在小组讲解自己的思维脑图，同学互评。

2. 小组发言，分享网络学习的体会。

提　示：

1. Imindmap是思维脑图的发明者东尼·博赞所在机构的官方软件，接近手绘效果，特别适合工作中头脑风暴、策划和管理项目。mindmanager软件把图导出到Word、PPT中比较方便。

2. 你可以以软件为辅助，先画一个手绘草图，再画软件图。

活动二：使用金山词霸学外语

现在学习外语的工具很多，特别是多媒体工具，越来越丰富，越来越便捷。其中，如金山词霸，就是很好的工具之一。在你的电脑上安装“金山词霸”，用于学习英语，帮助阅读外文文献，试试看效果如何。

提　示：

金山词霸是一部功能强大的电子词典，其基本功能包括：“屏幕取词”、“词典查询”、“用户字典”三大部分。根据针对性的不同，目前金山词霸分三个版本：标准版：针对普通用户，内容多达1700万字；企业经贸专业版：针对企业用户及经贸工作者，内容多达3500万字；通译科技专业版：提供23套专业词库，词汇量多达400万条。

金山词霸光盘带有自动运行程序，只要将载有金山词霸的光盘放入光驱，选择“安装”项即可自动执行安装程序。金山词霸安装成功后，在“开始”菜单的“程序”组里会多出一个“金山词霸”程序组，单击其中的“金山词霸”项，即可运行金山词霸系统，此时在任务栏上会多出一个“金山词霸”小图标。

评估：你能熟练使用互联网多媒体吗

学完了本节内容，现在看看你是否能较熟练运用互联网，选择和使用媒体来学习，下面请你认真思考这样几个问题，自我评估。

1. 你知道网络上有哪些可让你学习的慕课吗？

2. 什么是混合式学习？什么是翻转课堂？你有哪些课程使用了混合式的学习方式？

3. 你可以利用哪些媒体进行学习？

4. 你能熟练地利用校园网学习吗？

怎样开展合作学习

怎样树立终身学习的理念和目标，怎样开展终身学习

单元综合练习

活动一：发现晁盖的死因

你一定读过《水浒传》，书上说晁盖中史文恭的毒箭而死。那么到底是不是这样呢？请用发现法读原文，思考文后的问题。

故事梗概：

段景住盗得一疋好马，欲献与头领，不期被曾家五虎夺去。曾家五虎发愿说与梁山势不两立，定要捉尽山寨中头领，扫荡梁山，捉拿晁盖上东京，生擒及时雨，活捉智多星。

晁盖大怒，发誓攻打曾头市，宋江苦谏不听。晁盖点头领二十一人，率领三军人马下山，征进曾头市。启程时，忽起一阵狂风把晁盖新制的认旗半腰吹折。众人见了，尽皆失色。晁盖不听吴用、宋江劝谏。晁盖领着五千人马，二十个头领，来到曾头市对面下了寨栅。曾家第四子曾魁高声喝道："你等是梁山泊反国草寇，我正要来拿你解官请赏！如何不下马受缚，更待何时？"一场大战，不分胜败。次日再战，曾涂指着对阵骂道："反国草寇，见俺陷车么？我曾家府里，杀死你的不算好汉。我一个个直要捉你活的，载装陷车里，解上东京，碎尸万段。你们趁早纳降。"晁盖听了大怒，挺枪出马，直奔曾涂。收兵回寨。第四日，忽有两个和尚假装投拜，骗晁盖劫寨。不到百十步，只见四下里金鼓齐鸣，喊声振地，一望都是火把。晁盖众将引军夺路而走。才转得两个湾，撞出一彪军马，当头乱箭射将来。不期一箭，正中晁盖脸上，倒撞下马来。却得呼延灼、燕顺两骑马，死拼将去。背后刘唐、白胜，救得晁盖上马，杀出村中来。村口林冲等，引军接应，刚才敌得住。两军混战，直杀到天明，各自归寨。林冲回来点军时，三阮、宋万、杜迁水里逃得性命。带出去二千五百人马，止剩得一千二三百人，跟着欧鹏，都回到帐中。众头领且来看晁盖时，那枝箭正射在面额上。急拔得箭出，血晕倒了。看那箭时，上有"史文恭"字。林冲叫取金枪药敷贴上。原来却是一枝药箭。晁盖中了箭毒，已自言语不得。林冲叫扶上车子，便差三阮、杜迁、宋万，先送回山寨。其余十五个头领，在寨中商议："今番晁天王哥哥下山来，不想遭这一场，正应了风折认旗之兆。我等只可收兵回去。这曾头市急切不能取得。"呼延灼道："须等宋公明哥哥将令来，方可回军。"

当晚二更时分，四五路军马杀来，呐喊到寨前，且战且退，方才得脱，引军回到水浒寨。晁天王饮食不进，浑身虚肿。当日夜至三更，晁盖身体沉重，转头看着宋江，嘱付道："贤弟保重。若那个捉得射死我的，便叫他做梁山泊主。"言罢，便瞑目而死。林冲与公孙胜、吴用并众头领，商议立宋公明为梁山泊主，

中

宋江道："却乃不可忘了晁天王遗言。临死时嘱道：'如有人捉得史文恭者，便立为梁山泊主。'此话众头领皆知，亦不可忘了。又不曾报得仇，雪得恨，如何便居得此位？"吴用又劝，宋江才坐了第一把椅子。

运用发现法求异质疑，回答下列问题：

1. 你有没有发现情节矛盾和用笔隐晦的地方？
2. 你是如何发现这些问题的？
3. 你能同意以上结论吗？
4. 在SOHU网站的论坛上，与网友就此问题展开讨论。

活动二：从图书馆借阅或网上购买珍妮特·沃特和林佳豫合著的《自主学习的革命》，参考其中的自主学习革命的理念和策略，结合自我学习的实践，谈谈如何在学习中充分运用自主学习的策略。

活动三：根据你的生物节律做一份工作与学习的周作息时间表，并坚持按时间安排工作或学习一个月，相信你一定会有惊人的收获。

活动四：下面这篇文章介绍了在美国的小孩的学习方法，分析一下，对照自己，谈谈感受。

·资料·

美国人竟然这样教育小学生

——体会中美基础教育差异

作者：高　钢

当我把九岁的儿子带到美国，送他进那所离公寓不远的美国小学的时候，我就像是把自己最心爱的东西交给了一个我并不信任的人去保管，终日忧心忡忡。这是一种什么样的学校啊！学生可以在课堂上放声大笑，每天至少让学生玩二个小时，下午不到三点就放学回家，最让我大开眼界的是没有教科书。

那个金发碧眼的美国女教师看见了我儿子带去的中国小学四年级课本后，温文尔雅地说："我可以告诉你，六年级以前，他的数学不用学了！"面对她充满善意的笑脸，我就像挨了一闷棍。一时间，真怀疑把儿子带到美国来是不是干了一生最蠢的一件事。

日子一天一天过去，看着儿子每天背着空空的书包兴高采烈地去上学，我的心就止不住一片哀伤。在中国，他从小学一年级开始，书包就满满的、沉沉的，从一年级到四年级换了三个书包，一个比一个大，让人感到"知识"的重量在增加。而在美国，他没了负担，这能叫上学吗？一个学期过去了，把儿子叫到面前，问他美国学校给他最深的印象是什么，他笑着给我一句美国英语："自由！”这两个字像砖头一样拍在我的脑门上。

此时，真是一片深情怀念中国教育。似乎更加深刻地理解了为什么中国孩子老是能在国际上拿奥林匹克学习竞赛的金牌。不过，事已至此，只能听天由命。

不知不觉一年过去了，儿子的英语长进不少，放学后也不直接回家了，而是常去图书馆，不时就背回一大书包的书来。问他一次借这么多书干什么，他一边看着借来的书一边打着电脑，头也不抬地说：“作业。”

这叫作业吗？一看孩子打在电脑屏幕上的标题，我真有些哭笑不得——《中国的昨天和今天》，这样大的题目，即使是博士，敢去做吗？

于是我严声厉色地问是谁的主意，儿子坦然相告：老师说美国是移民国家，让每个同学写一篇介绍自己祖先生活的国度的文章。要求概括这个国家的历史、地理、文化，分析它与美国的不同，说明自己的看法。我听了，连叹息的力气也没有了，我真不知道让一个十岁的孩子去做这样一个连成年人也未必能做的工程，会是一种什么结果？只觉得一个十岁的孩子如果被教育得不知天高地厚，以后恐怕是连吃饭的本事也没有了。

过了几天，儿子就完成了这篇作业。没想到，打印出来的是一本二十多页的小册子。从九曲黄河到象形文字，从丝路到五星红旗……热热闹闹。我没赞成，也没批评，因为我自己有点发愣，一是因为我看见儿子把这篇文章分出了章与节；二是在文章最后列出了参考书目。我想，这是我读研究生之后才运用的写作方式，那时，我三十岁。

不久，儿子的另一篇作文又出来了。这次是《我怎么看人类文化》。如果说上次的作业还有范围可循，这次真可谓不着边际了。儿子真诚地问我：“饺子是文化吗？”为了不耽误后代，我只好和儿子一起查阅权威的工具书。费了一番气力，我们完成了从抽象到具体又从具体到抽象的反反复复的折腾，儿子又是几个晚上坐在电脑前煞有介事地做文章。我看他那专心致志的样子，不禁心中苦笑，一个小学生，怎么去理解“文化”这个内涵无限丰富而外延又无法确定的概念呢？但愿对“吃”兴趣无穷的儿子别在饺子、包子上大作文章。在美国教育中已经变得无拘无束的儿子无疑是把文章做出来了，这次打印出来的是十页，又是自己的封面，文章后面又列着一本本的参考书。他洋洋得意地对我说：“你说什么是文化？其实超简单——就是人创造出来让人享受的一切。”那自信的样子，似乎发现了别人没能发现的真理。后来，孩子把老师看过的作业带回来，上面有老师的批语：“我安排本次作业的初衷是让孩子们开阔眼界，活跃思维，而读他们作业的结果，往往使我进入了我希望孩子们进入的境界。”我问儿子这批语是什么意思。

儿子说，老师没为我们感到骄傲，但是她为我们感到震惊。“是不是？”儿子问我。

我无言以对，我觉得这孩子怎么一下子懂了这么多事。再一想，也难怪，连文化的题目都敢作的孩子，还有什么不敢断言的事吗。

儿子六年级快结束时，老师留给他们的作业是一串关于“二次世界大战”的问题。“你认为谁对这场战争负有责任？”“你认为纳粹德国失败的原因是什么？”“如果你是杜鲁门总统的高级顾问，你将对美国投放原子弹持什么态度？”“你是否认为当时只有投放原子弹一个办法去结束战争？”“你认为今天避免战争的最好办法是什么？”——如果是两年前，见到这种问题，我肯定会抱怨：这哪里是作业，分明是竞选参议员的前期训练！而此时，我已经能平心静气地寻思其中的道理了。

学校和老师正是在这一个个设问之中，向孩子们传输一种人道主义的价值观，引导孩子们去关注人类的命运，让孩子们学习思考重大问题的方法。这些问题在课堂上都没有标准答案，它的答案，有些可能需要孩子们用一生去寻索。看着十二岁的儿子为完成这些作业兴致勃勃地看书查资料的样子，我不禁想起当年我学二战史的样子，按照年代事件死记硬背，书中的结论明知迂腐也当成《圣经》去记，不然，怎么通过考试去奔光明前程呢？此时我在想，我们在追求知识的过程中，重复前人的结论往往大大多于自己的思考。而没有自己的思考，就难有新的创造。

儿子小学毕业的时候，已经能够熟练地在图书馆利用电脑和微缩胶片系统查找他所需要的各种文字和图像资料了。有一天，我们俩为狮子和豹的觅食习性争论起来。第二天，他就从图书馆借来了美国国家地理学会拍摄的介绍这种动物的录像带，拉着我一边看，一边讨论。孩子面对他不懂的东西，已经知道到哪里去寻找答案了。

儿子的变化促使我重新去看美国的小学教育。我发现，美国的小学虽然没有在课堂上对孩子们进行大量的知识灌输，但是他们想方设法把孩子的目光引向校外那个无边无际的知识海洋，他们要让孩子知道，生活的一切时间和空间都是他们学习的课堂；他们没有让孩子去死记硬背大量的公式和定理，但是，他们煞费苦心地告诉孩子怎样去思考问题，教给孩子们面对陌生领域寻找答案的方法；他们从不用考试把学生分成三六九等，而是竭尽全力去肯定孩子们的一切努力，去赞扬孩子们自己思考的一切结论，去保护和激励孩子们所有的创作欲望和尝试。

有一次，我问儿子的老师：“你们怎么不让孩子背记一些重要的东西呢？”老师笑着说：“在人的创造能力中有两个东西比死记硬背更重要：一个是他要知道到哪里去寻找所需要的比他能够记忆的多得多的知识；再一个是他综合使用这些知识进行新的创造的能力。死记硬背，就不会让一个人知识丰富，也不会让一个人变得聪明，这就是我的观点。”

我不禁记起我的一个好朋友和我的一次谈话。他学的是天文学，从走进美国大学研究所的第一天起，到拿下博士学位的整整五年，他一直以优异的成绩享受系里提供的优厚奖学金。他曾对我说：“我觉得很奇怪，要是凭课堂上的学习成绩拿奖学金，美国人常常不是中国人的对手，可是一到实践领域，搞点研究性题目，中国学生往往没有美国学生那么机灵，那么富有创造性。”我想，他的感受可能正是两种不同的基础教育体系所造成的人之间的差异。中国人太习惯于在一个划定的框子里去施展拳脚了，一旦失去了常规的参照，对不少中国人来说感到的可能往往并不是自由，而是慌恐和茫然。

我常常想到中国的小学教育，想到那些课堂上双手背后坐得笔直的孩子们，想到那些沉重的课程、繁多的作业、严格的考试……它让人感到一种神圣与威严的同时，也让人感到巨大的压抑和束缚，但是多少代人都顺从着它的意志，把它视为一种改变命运的出路。这是一种文化的延续，它或许有着自身的辉煌，但是面对需要每个人发挥创造力的信息社会，面对明天的世界，我们又该怎样审视这种孕育了我们自身的文明呢？

第三单元 反馈评估效果

能力培训测评标准

在反馈和评估学习效果时——

通过相关人员的支持，检查你的学习进度，证明你取得的成果，以及如何将已经学到的东西用于新的工作任务。

在检查学习进度和成果时，通过教练、培训教师和职业指导等人员的帮助，能够：

1. 拿出你已经学到的专业课程、技能，包括核心能力和业余兴趣。
2. 指出你应用的资料、学习方式和学习成功的经验。
3. 分析影响学习效果的因素。
4. 通过行动要点审核、工作评价和考试，指出你已经实现了的学习目标。
5. 证明新学到的东西能用于你的工作任务。
6. 说明进一步提高你的工作质量和工作方法的学习方式。

（摘自《国家职业核心能力培训测评标准〈自我学习能力单元〉》中级）

善于总结分析自己在学习中的经验与得失，不仅会提高学习的效率，同时还能使你在学习中做到举一反三。

在“反馈与评估学习效果”中级活动阶段，包括四个基本的能力点：

1. 自我评估总结。能展示自己的学习结果，自述自己的学习方式和成功的经验。

2. 分析原因现状。能通过行动要点的审核或考试自述实现的目标。

3. 运用学习成果。能分析影响学习效果的因素。

4. 不断改进学习。能证明学习的东西在工作或生活中的应用，进而提出有利于提高工作质量的学习方式。

本单元将围绕自我总结与反馈，重点训练两个方面的内容，第一节学会判断自己的学习风格和总结学习经验的方法；第二节重点帮助你从智力与非智力因素方面分析影响自己学习效果的原因，掌握自我激励、质疑提问等提高学习效能的方法，不断改进自己的学习方式。

第一节　自我总结　评估认知

目标：学海无涯“乐”作舟

学习是人们终身的行为，人们出于不同的目的和需求，需要不断地学习。过去，我们往往强调刻苦学习，“学海无涯苦作舟”，不错，学习需要下功夫，需要有毅力。但学习不是阶段性的任务，一辈子的学习不能只是一个“苦”字，一定要在愉快的过程中才能使人享受学习带来的乐趣、幸福以及享受通过学习让自己成长成功的喜悦。要使学习成为生命中快乐的旅程，关键是要学得得法，能愉快地迎接各种学习挑战或考试。因此，你要具有学习能力，了解自己的学习方式、学习风格，学会评估自己的学习特征，总结自己的成功经验和失败的教训，自主学习，学得明白。

> 未来的文盲就是那些没有学会怎样学习的人。
>
> ——联合国教科文组织

通过本节的学习和训练，你将能够：

1. 学会判断自己的学习风格。
2. 自述自己的学习方式和成功经验。

示范：了解学习风格，总结成功经验

稍微留意一下，你就会发现自己和别人在学习风格上存在着差异。有的人善于思索，从生活体验中归纳总结，一日三省其身，在反思中提高；有的人博览群书，从书籍中以及和他人的交流中获取经验；还有的人在行动中总结，在工作中提高。你是如何学习的？你的学习风格是什么，它们对你的成功有什么影响？视觉、听觉或触觉学习类型中，你属于哪一类？你的学习形式是否考虑了自己的个性，形成了个人风格？

请考虑：

1.你是如何学习的？

2.你能说出你学习的成功经验吗？

请思考下面几个问题：

1. 假如一个朋友在教你使用电脑软件，你是想先知道大概的意思，还是想先知道每一个细节。

2. 在你了解细节的时候，你是要求你的朋友讲慢点还是迫不及待地等待开始，你是否在他教你时记下步骤，你是否在他教你时自己动手做？

怎样分析影响学习效果的原因

3. 当你得到一个新的电器时，你是先仔细阅读使用说明书，还是自己动手，或是请人教你？

透过这些问题，你会把握自己的学习风格。

准备：自我评估学习风格

在第二单元第二节，我们介绍了所罗门对个人学习风格的分类，分为 4 个组对 8 种类型：活跃型与沉思型、感悟型与直觉型、视觉型与言语型、序列型与综合型，他设计了具有很强操作性的学习风格量表——《学习风格自测问卷表》。这个量表是教育领域比较权威的一种测试方法，它能够告诉你自己最主要的学习风格是哪种。下面是测量的内容：

1.为了较好地理解某些事物，我首先
(a)试试看。
(b)深思熟虑。
2.我办事喜欢
(a)讲究实际。
(b)标新立异。
3.当我回想以前做过的事，我的脑海中大多会出现
(a)一幅画面。
(b)一些话语。
4.我往往会
(a)明了事物的细节但不明其总体结构。
(b)明了事物的总体结构但不明其细节。
5.在学习某些东西时，我不禁会
(a)谈论它。
(b)思考它。
6.如果我是一名教师，我比较喜欢教
(a)关于事实和实际情况的课程。
(b)关于思想和理论方面的课程。
7.我比较偏爱的获取新信息的媒体是
(a)图画、图解、图形及图像。
(b)书面指导和言语信息。
8.一旦我了解了
(a)事物的所有部分,我就能把握其整体。

(b)事物的整体，我就知道其构成部分。

9.在学习小组中遇到难题时，我通常会

(a)挺身而出，畅所欲言。

(b)往后退让，倾听意见。

10.我发现比较容易学习的是

(a)事实性内容。

(b)概念性内容。

11.在阅读一本带有许多插图的书时，我一般会

(a)仔细观察插图。

(b)集中注意文字。

12.当我解决数学题时，我常常

(a)思考如何一步一步求解。

(b)先看解答，然后设法得出解题步骤。

13.在我修课的班级中

(a)我通常结识许多同学。

(b)我认识的同学寥寥无几。

14.在阅读非小说类作品时，我偏爱

(a)那些能告诉我新事实和教我怎么做的东西。

(b)那些能启发我思考的东西。

15.我喜欢的教师是

(a)在黑板上画许多图解的人。

(b)花许多时间讲解的人。

16.当我在分析故事或小说时

(a)我想到各种情节并试图把他们结合起来去构想主题。

(b)当我读完时只知道主题是什么，然后我得回头去寻找有关情节。

17.当我做家庭作业时，我比较喜欢

(a)一开始就立即做解答。

(b)首先设法理解题。

18. 我比较喜欢

(a)确定性的想法。

(b)推论性的想法。

19. 我记得最牢的是

(a)看到的东西。

(b)听到的东西。

20. 我特别喜欢教师

(a)向我条理分明地呈示材料。

(b)先给我一个概貌，再将材料与其他论题相联系。

21. 我喜欢
    (a)在小组中学习。
    (b)独自学习。
22. 我更喜欢被认为是
    (a)对工作细节很仔细。
    (b)对工作很有创造力。
23. 当要我到一个新的地方去时，我喜欢
    (a)要一幅地图。
    (b)要书面指南。
24. 我学习时
    (a)总是按部就班，我相信只要努力，终有所得。
    (b)我有时完全糊涂，然后恍然大悟。
25. 我办事时喜欢
    (a)试试看。
    (b)想好再做。
26. 当我阅读趣闻时，我喜欢作者
    (a)以开门见山的方式叙述。
    (b)以新颖有趣的方式叙述。
27. 当我在上课时看到一幅图，我通常会清晰地记着
    (a)那幅图。
    (b)教师对那幅图的解说。
28. 当我思考一大段信息资料时，我通常
    (a)注意细节而忽视概貌。
    (b)先了解概貌而后深入细节。
29. 我最容易记住
    (a)我做过的事。
    (b)我想过的许多事。
30. 当我执行一项任务时，我喜欢
    (a)掌握一种方法。
    (b)想出多种方法。
31. 当有人向我展示资料时，我喜欢
    (a)图表。
    (b)概括其结果的文字。
32. 当我写文章时，我通常
    (a)先思考和着手写文章的开头，然后循序渐进。
    (b)先思考和写作文章的不同部分，然后加以整理。

33. 当我必须参加小组合作课题时，我要
(a)大家首先“集思广益”，人人贡献主意。
(b)各人分头思考，然后集中起来比较各种想法。
34. 当我要赞扬他人时，我说他是
(a)很敏感的。
(b)想象力丰富的。
35. 当我在聚会时与人见过面，我通常会记得
(a)他们的模样。
(b)他们的自我介绍。
36. 当我学习新的科目时,我喜欢
(a)全力以赴，尽量学得多学得好。
(b)试图建立该科目与其他有关科目的联系。
37. 我通常被他人认为是
(a)外向的。
(b)保守的。
38. 我喜欢的课程内容主要是
(a)具体材料（事实、数据）。
(b)抽象材料（概念、理论）。
39. 在娱乐方面，我喜欢
(a)看电视。
(b)看书。
40. 有些教师讲课时先给出一个提纲，这种提纲对我
(a)有所帮助。
(b)很有帮助。
41. 我认为只给合作的群体打一个分数的想法
(a)吸引我。
(b)不吸引我。
42. 当我长时间地从事计算工作时
(a)我喜欢重复我的步骤并仔细地检查我的工作。
(b)我认为检查工作非常无聊，我是在逼迫自己这么干。
43. 我能画下我去过的地方
(a)很容易且相当精确。
(b)很困难且没有许多细节。
44. 当在小组中解决问题时，我更可能是
(a)思考解决问题的步骤。
(b)思考可能的结果及其在更广泛的领域内的应用。

对于上表的测评结果，所罗门有一个《学习风格分析表》，测试时，把答案4个一组排下来，看每一列里 a 多，还是 b 多。以此判断自己的学习风格类型。具体方法是：

1.在下表适当的地方填上“1”（例：如果你第3题的答案为 a，在第3题的 a 栏填上“1”；如果你第15题的答案为 b，在第15题的 b 栏填上“1”）。

2.计算每一列总数并填在总计栏地方。

3.这4个量表中每一个，用较大的总数减去较小的总数，记下差值（1到11）和字母（a 或 b）。例如：在“活跃型/沉思型”中，你有4个“a”和7个“b”，你就在那一栏的最后一行写上“3 b”(3=7-4，并且因为 b 在两者中最大)；又如若你在“感悟型/直觉型”中，你有8个“a”和3个“b”，则在最后一栏记上“5 a”。

表1-2　学习风格分析表

活跃型/沉思型			感悟型/直觉型			视觉型/言语型			序列型/综合型		
问题	a	b	问题	a	b	问题	a	b	问题	a	b
1			2			3			4		
5			6			7			8		
9			10			11			12		
13			14			15			16		
17			18			19			20		
21			22			23			24		
25			26			27			28		
29			30			31			32		
33			34			35			36		
37			38			39			40		
41			42			43			44		
总计			总计			总计			总计		
（较大数－较小数）+ 较大数的字母											

每一种量表的取值可能为11a、9a、7a、5a、3a、a、11b、9b、7b、5b、3b、b中的一种。其中字母代表学习风格的类型不同，数字代表程度的差异。若得到字母“a”，表示属于前者学习风格，且“a”前的系数越大，表明程度越强烈；若得到字母“b”，表示属于后者学习风格，且“b”前的系数越大，同样表明程度越强烈。

例如：在活跃型/沉思型量表中得到“9a”，表明你属于活跃型的学习风格，且程度很强烈；如果得到“5b”，则表明你属于沉思型的学习风格，且程度一般。在视觉型/言语型量表中得到“3a”，表明你属于视觉型的学习风格，且程度非常弱；如果得到“3b”，则表明你属于言语型的学习风格，且程度较弱。

学习/行动

行动：分析你的学习风格

活动一：自测学习风格，全面分析自己

对照所罗门的《学习风格自测量表》，测评一下自己的风格类型。完成下列思考题：

1. 在四种学习类型中，你的哪种学习风格强：

　　信息加工方面：活跃型（　　）沉思型（　　）

　　信息感知方面：感悟型（　　）直觉型（　　）

　　信息输入方面：视觉型（　　）言语型（　　）

　　信息理解方面：序列型（　　）综合型（　　）

2. 分析一下你在学习风格上的优势是什么，缺陷是什么？

3. 在以后的学习中怎样把握风格上的特点？

活动二：运用“精加工的学习策略”分析小秦做笔记的质量

·案例·

每个人都想借小秦的笔记，如果他们错过了一次课，或者他们在课上走神了，他们能够通过小秦的笔记知道课堂上的内容。她在课堂上飞快地记笔记，好像是以一种清楚、慎重的方式写下了老师所说的每个词句。奇怪的是，无论她的笔记有多丰富，小秦仅仅是班里的一个中等生，在考试前她彻底地学习笔记，但是看起来她的成绩永远不能达到良好，她不知道这是为什么，特别是当她看到自己那么专业的笔记记录时。

（摘自美国R. S. 费尔德曼著/刘蓉华译《POWER学习法》）

想一想：

1. 如何看待小秦对于“好的笔记”的定义？

2. 为什么小秦的笔记记录方法不好？

3. 如果小秦在下课后及时总结老师的思路，结果又会怎么样？

4. 你认为小秦是否会在下课后评估她的笔记？你认为她是否会复习这些笔记？

5. 你会给小秦一些什么样的建议？

案例评析：

记笔记是我们的基本学习方法和基本能力之一，不管你是在校学习听课，还是在工作中接受信息，如听报告、听讲座、阅读自学等等，好的笔记永远是自己学习和记忆的好帮手。

首先，好的笔记记录的是认真听并摘取的重要信息，而不是写下所有听到的东西。

其次，只顾埋头写会干扰你的听讲和理解。在写之前要倾听并思考，琢磨老师讲解的信息。

再有，笔记应该是简练的短语而不是完整的长句子，可以以提纲的形式展现讲座的结构。

最后，在下课前，确定笔记完整并可以理解，在下课后尽可能快地、积极地复习你的笔记。

评估：你是否具有了自我评估学习风格的能力

学完了本节的内容，现在看看你是否具有了自我评估学习风格的能力。请你认真完成下列几个问题：

1. 列出你已经学到的专业课程、技能，包括核心能力和业余兴趣。

2. 指出你应用的资料、学习方式和学习成功的经验。

3. 通过行动要点审核，工作评价和考试，指出你已经实现了的学习目标。

第二节　分析原因 不断提高

目标：从见招拆招到整体提高

自我学习能力的提高是一个系统工程，不可能一蹴而就。前面我们介绍了自我学习风格认识与把握的知识和方法，掌握它有助于提高学习效果。除了风格类型外，学习效果的获得还在于这些风格的基本元素：智力因素和非智力因素的作用发挥问题。系统了解影响学习效果的心理原因，可以从见招拆招，逐步达到整体提高学习效果的目的。

通过本节的学习和训练，你将能够：

1. 较为全面地分析影响学习效果的智力因素和非智力因素。
2. 根据自身智力因素和非智力因素状况，制订提高自己学习能力的方案。
3. 调整学习心理，提出自己今后进一步努力的方向。

记住：

内因是事物变化发展的根据，外因是事物变化发展的条件，外因通过内因起作用。

示范：追求全“心”全“力”的学习境界

清代学者王国维，博学多才，治学严谨，勤于创作，著作颇丰。他曾提出著名的“治学三境界”说，王国维认为：古今之成大事业大学问者，无不经过三种境界：“‘昨夜西风凋碧树。独上高楼，望尽天涯路’。此第一境界也。‘衣带渐宽终不悔，为伊消得人憔悴’。此第二境界也。‘众里寻他千百度，蓦然回首，那人却在灯火阑珊处’。此第三境界也”。第一境界是：做学问成大事业者首先应该登高望远，鸟瞰路径，了解概貌，“望尽天涯路”；第二境界是：做学问成大事业不是轻而易举的，必须经过一番辛勤劳动的过程，“为伊消得人憔悴”，要像渴望恋人那样，废寝忘食，孜孜不倦，人瘦带宽也不后悔。第三境界是：经过刻苦努力，功到自然成。

王国维的“三境界说”实际上也是智力与非智力结合的学习境界，既有“独上高楼，望尽天涯路”的智力投入，也有“憔悴无悔”的意志配合，只有全心全力，才能成就大的学问，才能获得成功。

查找影响学习效果的原因的方法有哪些

达到“踏破铁鞋无处寻，得来全不费功夫”的境界，是必须要“费功夫”的。

准备：了解智力与非智力因素结合的学习模式

影响学习效果的主要因素是智力因素和非智力因素。智力，是学习者学习的心理基础，它们的差异直接影响着学习效果的高低。智力因素包括观察力、注意力、记忆力、想象力、思维力等。非智力因素，指人的动机、兴趣、情感、意志、性格等方面，作为一个整体，对学习的作用主要表现在动力、定向、引导、维持、调节和强化等方面，而且这些方面是依次推进、密切联系的。

> 在工作和学习潜力上，人与人之间的差别大致是：智力和特殊能力占50%–60%，勤奋刻苦和有效的学习方法占30%–40%，环境因素与机遇占10%–15%。

好的学习效果的取得需要智力因素与非智力因素相结合，上海燕国材先生提出过智力与非智力因素结合的学习模式，主要由六个部分组成：

一、创造气氛

1. 基本涵义　学习者要调动自己全部心理活动的积极性，使情智进入学习准备状态。就是说，要创造这样一种学习气氛：学习者不仅可以接受知识信息，而且还乐于接受知识信息，智力与非智力因素结合，情智交融。

2. 具体方式　学习者要了解某一学习的重大意义，既包括社会意义，也包括个人意义。可以暗示自己，在此次学习活动中，必将获得很多的趣味与快乐。也可以提醒自己，只要认真努力，一定能够取得成功。在开始学习前，可以听听音乐、哼哼歌曲，喝点水，甚至闭目养神，以调适心情；回忆某些与此次学习有关的知识，乃至某一种曾激动人心的事件等。

> 开始学习前，可以听听音乐、哼哼歌曲，甚至闭目养神，以调适心情。

3. 注意事项　学习者要从自己当时的实际情况出发，切切实实去做，切勿流于形式。这一环节通常在学习前几分钟内进行，但不能让这种气氛局限在头几分钟内，而必须使良好的气氛自始至终，保持在整个学习进程之中。

二、确立目标

1. 基本涵义　目标包括总体目标与具体目标，这里着重指后者。即学习者应根据自己的已有发展水平和客观可能性等，来确定每一次学习所要掌握的内容及其所要达到的标准。它既包含知识、技能具体的掌握程序，也包含智力、非智力因素的发展水平。

2. 具体方式　首先，要对自己的知识技能、智力因素和非智力因素的水平与现状有所了解。其次，把握学习的总体目标，并据此提出每次学习的具体目标。最后，按照具体目标，制订相应的学习计划。

3.注意事项　确立学习目标时，应注意处理好两对关系：总体目标与具体目标的关系；具体目标与现有水平的关系。其要求是，应使具体目标服从于总体目标；具体目标的确定要考虑现有水平，但又略高于它。这样才能有效地促进知识技能的掌握与智力、非智力因素的发展。

三、自我激励

1. 基本涵义　每次学习的具体目标确定以后，学习者应以良好的心理状态，激发自己对特定内容的好奇心、求知欲、学习热情等，并使之转化为内在学习动机。同时，还要创设一定的外部条件，形成良好的学习气氛，以激发外在学习动机。

自我激励应当贯穿整个学习过程。

2. 具体方式　自我激励的方式很多。主要有：分析每一次学习的意义，包括社会意义与个体意义，亦即认识其必要性与重要性。了解前次学习的结果，通过反馈来自我激励。利用想象来激励自己，如想象以前每次学习成功后喜悦的心情，使自己好像处于该次学习的具体情境之中，体验当时的感受，力求超越自己与超越他人等等。

3. 注意事项　自我激励应当贯穿整个学习过程，而不要把它仅仅局限在本阶段之内；在自我激励的同时，不排斥他人激励。自我激励的过程中，应该将自我评价、期望与他人评价、期望结合起来。

四、仔细研读

1. 基本涵义　对所要学习的内容进行认真、细致的阅读钻研，以获得一个详细、全面的认识。它是操作程序的主要组成部分，前面的"确立目标"、"自我激励"，最终都得落实到"仔细研读"这一步骤上来，而且研读的效果也直接影响到后面的几个学习步骤。

2. 具体方式　首先要了解大意，在阅读的过程中掌握其核心内容。然后再逐段分析，从整体到局部，以掌握其具体的内容。最后是贯通全部，即把全文联系起来，以求融会贯通。

3. 注意事项　一是研读应有针对性，要在重点、难点上多花些精力。二是在研读过程中要勤于思考，加深理解。三是对一些一时难以弄清楚的内容，应适当地做些记录，以备今后查找有关资料或向他人请教。

五、质疑提问

1. 基本涵义　就是将仔细研读过程中所发现的问题，善于向自己或他人提出，并加以条分缕析，寻求问题的解决。

2. 具体方式　可以互相讨论，以便集思广益，收到良好的学习效果。也可以向他人请教，请求他们的指点。还可以查阅参考文献、辅导材料等。

3. 注意事项　所提问题必须具体明确，切勿抽象笼统、模棱两可。与他人讨论问题时，应当以互尊、互助为基础，在和谐友好的气氛中进行。在向他人请教的过程中，必须保持虚心、诚恳的态度。

六、温习反馈

1. 基本涵义　为了巩固并加深刚学过的知识技能，必须有计划地加以温习，及时反馈。这里所说的温习，包含有复习、练习和实习等几方面的涵义。反馈的主要意思是让自己了解学习的结果，以便扬长避短、补偏救失。而温习与反馈又是密不可分的，即通过温习收到及时反馈的效果，通过反馈以提高温习的成绩。

> 学而时习之。
> ——孔子

2. 具体方式　大而言之，有上面所说的复习、练习和实习三大基本形式。小而言之，则可根据学习者本人的实际情况，灵活地采取适当的具体方式，如熟读、复述、反复阅读与尝试记忆相结合、自我测试、自我评估、整理学习笔记等等。

3. 注意事项　温习既要经常，又要及时。反馈的主要目的是为了促进今后的学习，不应仅仅停留在对前阶段学习的评价上。温习反馈的具体方式与课程特点、学习者的知识经验、智力、非智力因素水平等相适应，不可千篇一律，流于形式。

行动：寻找走向成功之路

活动一：分析蔡元培先生学习的成功与遗憾

·案例·　**学界泰斗的自省**

蔡元培是我国著名学者、教育家，曾被毛泽东誉为“学界泰斗，人生楷模”。其治学经验当可著书立说，然而他却谈起自己的教训来：“我自十余岁起，就开始读书，读到现在，将满六十年了。中间除大病或其他特别原因外，几乎没有一日不读点书的；然而我也没有什么成就，这是读书不得法缘故。……我的不得法，第一是不能专心：我最初读书的时候，读的都是旧书，不外乎考据词章两类。……然而以一物不知为耻，种种都读，并且算术书也读，医学书也读，都没有读通。所以我曾经想编一部《说文声系义证》，又想编一本《公羊春秋大义》，都没有成书。所为文辞，不但骈文诗词，没有一句可存的；就是散文，也太平凡了。到了四十岁以后，我始学德文，后来又学法文，我都没有好好儿坐那儿记生字，练文法的苦功。……在德国进大学听讲以后，哲学史、文学史、文明史、心理学、美术史、民族学，统统去听，那时候这几类的参考书，也就乱读起来了。后来，虽勉自收缩，以美学与美术史为主，辅以民族学；然而他类的书，终不能割爱．所以想译一本《美学》，想编一部《比较的民族学》，也都没有成书……第二是不能动笔：我的读书，本来抱一种利己主义，就是书里的短处，我不大去搜寻他，我注意于我所认为有用的或可爱的材料，这本来不算坏；但是我的坏处就是……往往为这速读起见，无暇把这几点摘抄出来，或在书上做一点特别的记号，若是有时候想起来，除了德文书检目特详，尚易检录外，其他的书，几乎不容易寻到了。……我因从来懒得动笔，所以没有成就。”

（摘自《清华名师告诉你怎样学习》一书，原作者刘国生）

一、思考与讨论

1. 蔡元培先生是学贯中西，功盖文坛，却仍能反思自己“读书不得法”，除了敬佩一代文化巨人谦逊的品质外，我们还可以从中感悟到什么？

2. 蔡元培先生总结自己学习方面的不足“第一是不能专心”，“第二是不能动笔”，这些原因属于本节所讲的什么因素？

3. 分析你的学习活动，有哪些因素影响了学习效果。

二、案例点评

蔡元培先生（1868—1940）是我国教育史上的一代宗师。他出身科举，却追求科学，早年留学国外，对西方的教育和文化有精深的研究。曾任北大校长，并被孙中山先生任命为南京临时政府第一任教育总长。他倡导科学救国，成为我国现代科学事业的奠基人，他先进的教育理念，对中国近代文化思想的发展产生过重要影响。

蔡元培一生贡献卓著，却仍然清醒地分析自己读书学习方面的不足，一方面显示出他胸怀的博大和品格高尚；另一方面也说明他很注重学习方法的总结改进。我们不光要勤于学习，也要善于学习，而善于学习就需要订立明确的目标，采取有效的措施，也需要经常对自己的学习活动“盘盘点”，看付出有多少，收益有多大，有无低效或无效劳动，有哪些因素对学习效果构成了影响，然后有针对性地加以改进，学习水平就会“更上一层楼”。

活动二：如何按照智力与非智力结合学习模式去学习英语

中国人自学英语确实是让人花费脑筋的问题，假如借鉴智力与非智力结合学习模式，应该怎样设计自己的学习呢？

请想想：

1. 创造气氛阶段：____________________________________

____。

2. 确立目标阶段：______________________________

____。

3. 自我激励阶段：______________________________

____。

4. 仔细研读阶段：______________________________

____。

5. 质疑提问阶段：______________________________

____。

6. 温习反馈阶段：______________________________

____。

提示：

1. 各阶段的注意事项，一定要“注意”。
2. 要结合自己的实际情况进行设计和操作。

评估：你认为自己能够不断改进学习吗?

学完了本节内容，现在看看你是否掌握了从见招拆招到整体提高的要点。下面请你认真思考这样几个问题并试做一下第5题：

1. 你现在如何评估自己的整体智力和非智力程度?
2. 你在智力的五方面因素中，哪些方面较弱? 你在非智力的因素中，哪些方面较弱? 为什么?
3. 你在智力和非智力因素较弱的方面如何去改进?
4. 你想在智力和非智力因素较强的方面去改进吗?
5. 两个小时后，参照智力与非智力因素结合学习模式给自己设计个改进方案。

怎样进一步改进自我学习的方法

作业目的：

能够掌握智力因素与非智力因素的内容，学会用智力与非智力因素结合的学习模式制订改进方案。

单元综合练习

活动一：参照下列计划模式，做一份自己追求卓越的训练计划

参考计划模式：

1. 树立每天仅以一点点的时间，研究自己在哪些方面、用什么方法使自己每天进步一点点。

每天进步一点点的内容与方法是：

____。

2. 下定比任何人都努力的决心，抱着这种态度对待每天的学习和生活。

决心记录：

____

____。

3. 树立无止境追求完美的观念，在学习和工作中养成这种习惯。

养成习惯的措施：

____

____。

怎样全面评估自己的学习观念与能力发展

4. 选定一个竞争对手，研究他，并想方设法超越他。

选择的方案及措施：

____

____。

5. 将自己的学习目标订出年计划、月计划和日计划，并努力实现计划。

月计划和日计划摘要：

____

____。

活动二：结合你就业学习的具体实践，为自己做一份经验总结，分析一下你的优势在哪儿，不足是什么？由此是否可以判断你属于何种学习风格

怎样举一反三，促进能力迁移

II

信息处理能力训练

第一单元　获取信息

能力培训测评标准

在信息处理过程中——

根据工作任务的不同需要去搜寻、获取信息。

在获取信息时，能够：

1.明确工作任务及其所需要的信息。

2.确定信息搜寻可能的范围，并列出信息资源的优先顺序。

3.通过阅读、观察、寻访，或通过网络（使用搜索引擎）查找信息资源。

4.从所获得的资源里发现并选择重要的信息。

5.防止计算机受到病毒侵害，确保安全操作和保护环境。

（摘自《职业核心能力培训测评标准〈信息处理能力单元〉》中级）

在田地里拔萝卜不难，在稻田里除草就难些了，到山中采草药就更难了。获取信息的工作同样也是如此，随着任务的复杂，范围的扩大，所需要信息就没有那么容易得到了。上引的国家职业核心能力培训测评标准中级，在获取更复杂的信息资料阶段，有以下能力点：

1.定义复杂的信息任务。

2.确定搜索范围。

3.列出信息资源的先后顺序。

4.使用询访、观察法搜寻信息。

这四个能力点我们将在本单元的三节课程中进行训练，第一节训练定义复杂信息的任务，第二节综合训练第 2 、第 3 个能力点，第三节训练两种人文方法搜寻信息的能力。希望你能够认真学习，大胆实践，掌握信息处理技能中的前提性能力——获取信息的能力。

第一节　定义复杂信息任务

目标：学会处理复杂的信息任务

在职业工作场所面对复杂事情的时候，我们往往需要首先迅速准确知道：我所要的信息任务是什么？我需要获得哪类信息？从而能够很好地指导自己完成信息处理工作。

通过本节的学习，你将能够：

1.进一步提升定义较复杂的信息任务的能力。

2.通过目标分析研究，能确定收集信息的具体目标，了解对信息收集的具体需求，确定收集内容。

怎样分解复杂的信息任务
列出行动计划

示范：弄清楚究竟要做什么

当信息收集涉及多内容、多环节和多种技术的时候，或者任务本身复杂不清时，这就是复杂的信息收集任务。这时候，要清楚知道：

我们的任务是什么？需要什么信息？如：

> 金马软件公司总裁办公会决定给公司每个员工订做一套高级工作服。会议决定：总裁办负责落实服装置办工作，要求服装式样能使大家满意，选择厂家，量身订做。
>
> 会后，总裁办主任安排小王负责公司服装添置方案制订的相关信息收集。小王接到这个任务后，想了想，他至少需要收集下列相关信息：
>
> ☆ 公司大多数员工喜欢什么样的高级工作服（品牌、式样、面料）？
>
> ☆ 公司员工（男160人、女55人）的服装规格有哪些？
>
> ☆ 现在市场比较流行的男女高级工作服的品牌有哪些？
>
> ☆ 有哪些服装生产企业可以邀请参与竞标？

这就是比较复杂的信息收集任务。它需要收集多个维度的信息：“本公司员工的需求”，“目前市场流行的高级工作服信息”，“生产厂家的信息”等等；也需要采用多种搜集信息的手段和方法：电子手段收集，问卷调查，现场观察，访谈了解等等，同时有的信息收集还涉及多个环节，如员工中大多数人对式样、品牌的选择意向信息，需要先了解市场 → 推荐品牌 → 问卷收集大多数员工的意向信息等等。

准备：弄清基本概念　掌握方法

复杂问题　对每个人来说并不一样。对甲是复杂的问题，对乙可能就是简单的问题。因此，并没有统一的标准。如果你不能很直观明了地知道需要什么样的信息，或是你对事情不清楚的时候，都可以称之为复杂问题。

有效判断　一个有效判断包括对事情本身清晰的认识，知道需要什么信息，明确需要采取哪方面行动和进行何种决策，以达到有效、高效地获取信息。

怎样分解复杂的信息任务
列出行动计划

行动和决策　任何信息处理工作都不仅是为信息而进行的。它一定是支持某项行动或为某项决策而进行的，这就是信息处理工作的目的性，离开了信息处理所涉及的具体目的，信息处理就失去任何意义。

分析工具　每个行业和专业对本行业和本专业的问题有很多分析工具，它们能够帮助和指导你分析问题，作出有效判断。一般方法有：

1.关键词法

把信息收集任务的关键点、关键环节和目标用简短的词语标示。突出了关键，信息收集的任务也就一目了然了。

2. 图示法

把任务的收集信息点、技术路线和流程用图示的方法表示。图示法可以帮助你分解任务，抓住关键（如图2-1）。

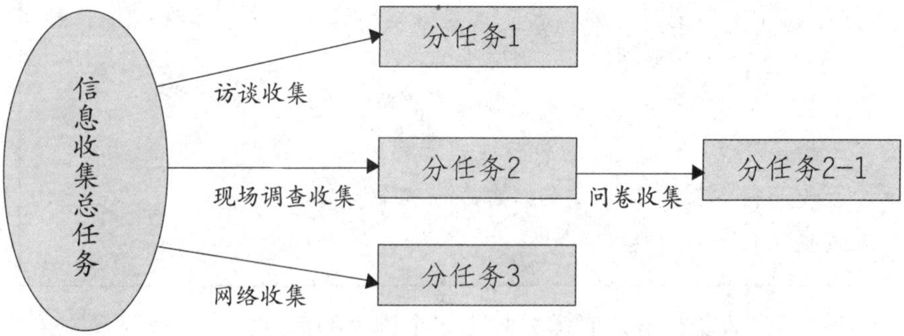

图2-1　信息收集任务分解

行动：学会定义复杂信息收集任务

活动一："金马鞍"项目(1)——金马公司服装置办方案信息收集

我们把小王要完成的信息收集任务叫做"金马鞍"任务。好马鞍不仅骑马者感到好，马也满意，这就是双赢。小王的信息收集既要做到公司员工们对高级工作服满意，生产厂家愿意让利承做，领导也要满意……

现在你就是小王，请你在接到主任交代的任务后行动，完成"金马鞍"的信息收集任务。

我们将以这个任务贯穿我们中级能力训练的全过程，这个项目叫做"贯穿项目"，项目名称：金马鞍。

下面我们开始行动——定义"金马鞍"项目及任务分解。

方法1：我们可以用关键词法定义这个复杂的信息收集任务：

服装品牌；服装展示；员工选择档次意向；厂家招标；量身订做。

方法2：我们也可以把主任下达的任务分解为：

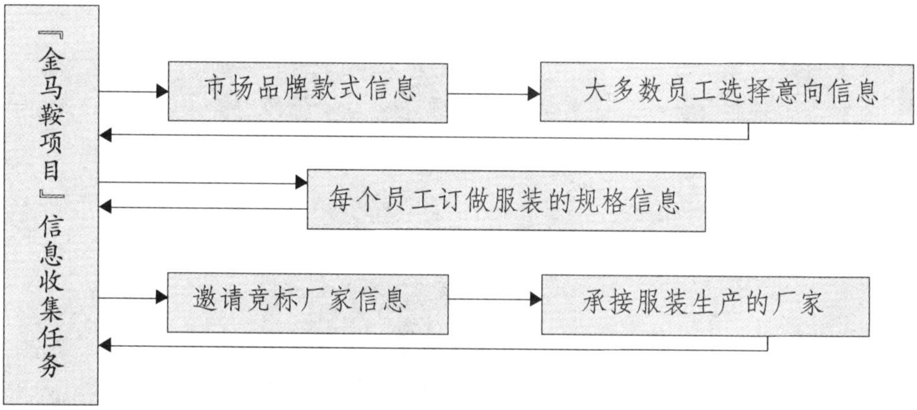

图2-2 "金马鞍"信息收集任务分解

活动二：分解王经理的信息需求，帮他作抉择

·案例· **经理的选择**

王经理年轻有为，二十多岁就已经成为一家大公司的部门经理，虽然工作很辛苦，压力也很大，但王经理却干得很出色。然而，近一二年公司所在行业普遍不景

中

气，许多公司陆陆续续开始裁员，如果市场不复苏的话，王经理所在的公司也无可避免地要进行裁员。最近已经有传言说公司要裁员了。

上午的会议证实了这个传言。公司决定裁掉一些部门，无可避免地就要裁掉一些员工。对于被裁掉的员工，公司会给予较高的补偿，尤其是管理岗位的员工，将获得大笔补偿金。而王经理的部门就在被裁之列。

下班前，张副总来到王经理办公室，告诉他，因为公司认为王经理是一位难得的人才，公司想要留他，但希望他能跟公司共渡难关，薪酬要有较大幅度的下调。张副总描绘了行业和公司的未来发展，认为当前的困难只是暂时的，公司和整个行业一定会在不远的将来重新辉煌起来，希望王经理有信心，留下来。王经理说，他会认真考虑的，明天会给公司答复。

张副总走后，王经理站在窗前，望着华灯初上的繁华都市，心里感到了一阵轻松和茫然。传言终于证实了，大家都不用再瞎猜了。但是，他想——

离开公司？可能是一个不错的机会。这几年干得实在太累了，王经理一直想有机会再去国外进修管理，拿个MBA文凭，这次公司补偿金刚好可以用作学费，一两年的生活不成问题，以后再回来竞争力就更强了。

去找其他工作？也是个不错的主意，毕竟现在经济发展这么快，以王经理的条件，再找一份工作也不是件困难的事情，机会也就这么几年，要是读书回来，可能就错过了。

留下来与公司共渡难关？毕竟工作多年，在公司一直工作得不错，与公司共患难渡难关也是应该的。

一下子，王经理面前摆了三条路，"我该选择哪条呢？"王经理陷入了沉思。

请你做：

王经理有几个选择？

1. ________

2. ________

3. ________

4. ________

王经理要弄清哪些信息？

1. ________

2. ________

3. ________

4. ________

如果你是王经理，你怎样选择？你需要知道哪些信息来帮助你进行选择？参照"准备"中的方法，你可以用另外的图示方法分解。

如图2-3。

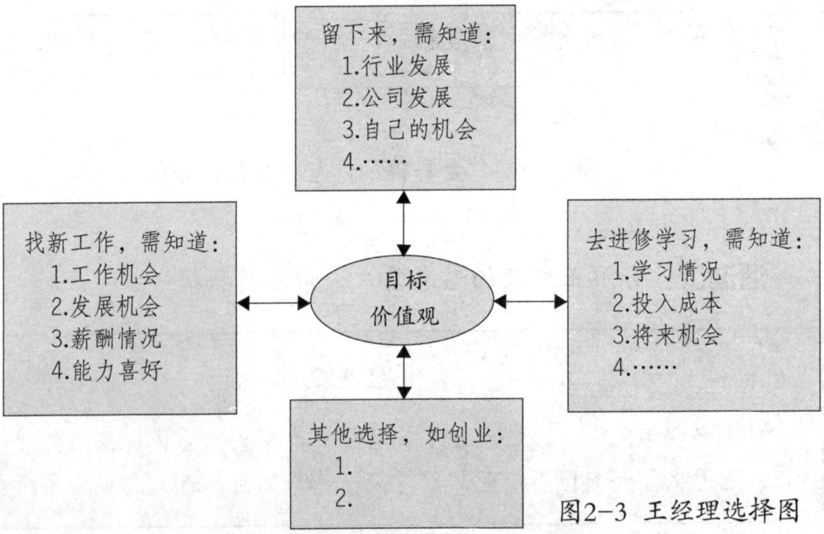

图2-3 王经理选择图

活动三： 公司决定“五一黄金周”组织员工旅游，公司要你作一个大家都能接受的出游方案——“野马行动”，作方案之前，你将如何收集信息？

提示：

1.定义任务：至少要收集哪些信息？

☆ 大家出游目的地意向信息:国内/国外/……

☆ 出游方式信息：自助游/集体旅游/……

☆ 出行工具信息：飞机/火车/汽车/游轮/……

☆ 价位比较信息

☆ 其他有价值的信息等等

2.使用“关键词法”或“图示法”解析你收集的信息内容与方法（途径）。

评估：你是怎样分解复杂信息收集任务的

一、课堂评估

1.分组展示每位学员“行动”中活动三“野马行动”方案的信息收集任务分解图，互相评论，可以对每个方案打分，如“优秀，良好，达标，不达标”等等，每组推荐一个优秀方案在全班展示。

2.结合你自己的工作实际，列举一个你定义复杂信息任务的实例。要求有实用性、综合性、复杂性，涉及信息收集的各个环节和行动。提交你所选项目的任务分解表，在课堂介绍你的项目。

二、继续完成下列任务，评估一下自己定义复杂信息任务的能力：

1.复杂信息收集的特点有哪些？请列举。

____

____

____

____

2.有什么方法能帮助分析复杂信息收集的问题？请举出两个。

3.遇到复杂的问题，你是怎么处理的？举一个例子说明。

第二节　确定搜寻范围　列出资源优先顺序

目标：学会如何确定搜寻范围和先后顺序

如果存在多种渠道和多种资源获取信息，我们要能够针对不同的目标和现实的条件，判断优先次序，选择最合适的渠道和资源获取信息。

通过本节的学习，你将能够：

1.在限定的条件下选择合适的渠道和资源获取信息。

2.并对获取信息的各个渠道和资源进行排序。

示范：确定范围，排列优先次序

怎样确定信息搜寻范围

知道要获取什么信息是信息处理的第一步，也就是定义信息任务。信息处理的第二步是确定获取信息的范围，即确定获取信息的渠道和各种获取信息的资源。我们获取信息总是在一定的前提和限定条件下进行的，比如，常常会受到时间、财力、人力、物力的限制；另外，获取信息的目的和要求重点也会有不同，有的要求准确，有的要求及时，有的要求全面。因此，在确定搜索范围的时候，对于各种渠道和资源的选择会有所不同，对于从不同渠道获取信息的顺序要有一个排列。如：

> ·金马鞍项目·
>
> 小王分析了完成主任交办的“金马鞍项目”方案需要收集哪些信息，但下一步小王得考虑：从哪里知道市场的职业装品牌？怎样了解员工的需求意向？怎样找到好的厂家参加竞标？另外，哪些信息先收集，哪些信息后了解？

准备：了解信息获取的渠道与资源

一般来说，企业获取信息的渠道和资源主要有：

外部途径

国内信息途径

- 政府信息网络：文件、公报、网站等
- 大众传播媒介：即网络、微信公众号、报刊、广播、电视、出版等部门 构成的信息渠道
- 社会专业信息机构：如图书馆、情报机构、档案馆、信息中心、咨询中心等
- 国内各企业、各大专院校、各专业的学会、研究会、协会及科研机构
- 各种形式的会议
- 本企业在全国各地的销售网点或代理机构
- 各种生活娱乐场所：如电影院、剧院、宾馆、饭店、餐厅、舞厅等
- 文书：包括来文、指示、报告以及各种内参、快报、简报等

国外信息途径

- 国外各种有关的网站、报刊、影视、出版物等
- 国外各种有关专家组织、企业集团、国际金融机构、公关咨询等
- 国外各有关代理机构
- 各类专业性的国际会议
- 外国公司、商社、科研机构、院校等
- 国际组织及外国驻华使（领）馆、办事机构及新闻发布等
- 与友好人士、团体的交流等

内部途径

- 本单位的计划与总结
- 本单位的经营策略和经营预测、决策资料
- 本单位的经济活动分析资料。如财务活动分析、生产情况分析、销售情况分析等
- 本单位的各种数字记录。如会计记录、统计记录
- 单位内部简报、微信公众号或通讯等

其他分类方法：

信息收集的范围：

- 组织信息
- 法律政策信息
- 市场信息
- 客户信息
- 贸易信息
- 金融信息
- 社会活动信息
- ……

收集渠道：

- 大众传媒
- 图书馆
- 商业客户
- 服务对象
- 信息机构
- 社会关系
- 现场调查
- ……

获取信息的原则：

- 准确性原则
- 时效性原则
- 适用性原则
- 全面性原则
- 经济性原则

优先次序的选择：

通过上面的简单罗列，我们知道，获取信息的范围宽广、渠道众多。但是，对信息的获取有许多限制条件。从信息获取者本身来讲，主要是时间和成本的限制；从信息的角度来讲，就有时效性、准确性、全面性等各种不同的要求。因此，在获取信息时，必须确定搜索范围，并对各种资源和渠道排出一个优先次序，才能在限制条件下完成获取所需信息的目的，从而为决策和行动提供有用的信息支持。

怎样列出信息资源优先顺序，比较优势和限制条件

行动：学会走合理的路径

活动一： “金马鞍项目”（2）——确定范围，列出搜集信息的先后顺序

在定义“金马鞍项目”后，针对各项任务需要搜集的信息，我们需要考虑：从哪里获取信息？哪些渠道最佳？先从哪里开始？按照难易和方便程度，我们开始行动：

一、确定范围：

领导与员工要求信息 → 在公司内部获取

款式、品牌等信息 → 熟人、专家、现场了解、广告等

服装生产企业等信息 → 大众传媒、新媒体、广告宣传、实地考察等

图2-4 信息收集范围

二、确定“金马鞍项目”信息收集的方式和排列出先后次序：

第一步：市场实地观察和访谈：了解高级职业装（男装品牌和女装品牌）。

第二步：向员工展示样板服式样，对员工作问卷调查，收集员工选择的意向信息。

第三步：网上收集竞标生产厂家的信息，筛选3-5家。

第四步：实地观察，了解生产厂家实力信息。

第五步：竞标。收集竞标厂家信息，供领导决策。

第六步：中标厂家给每个员工量身，确定所有工作服规格信息等。

至此，行动计划已经作出，请你画出行动计划流程图。

活动二： 为制定《社区文明公约》收集相关信息

为了规范人们行为，让大家生活在一个文明、安定、祥和的环境之中，有必要制定《社区文明公约》。制定前，要分别听取各方的意见，广泛征求各种建议；制定完成后，还要倾听人们的反馈。如果这个任务就交给你们小组，你如何落实信息收集的各项任务？请拟出一份信息收集的工作计划，请老师和同学、或者请社区管委会的同志评估是否可行。

下面是某网站关于“你获取育儿信息的常用渠道是什么”的调查结果（目前网友的总投票数为425票）：

选项1：电视上的育儿节目	[73票]	得票率：占17.2%
选项2：有关育儿的书籍杂志	[117票]	得票率：占27.5%
选项3：网站上的育儿站点	[149票]	得票率：占35.1%
选项4：向亲朋好友获取经验	[72票]	得票率：占16.9%
选项5：其他渠道获取信息	[14票]	得票率：占3.3%

请你做：

1.根据这个网上调查显示，从便捷的角度看，获取这类信息常用的渠道应该依次是

________，________，________，________，________。

2.这个次序说明什么问题？

3.请你推断投票人是哪种类型人，他们获取信息的主要渠道是什么？

活动三： 确定“野马行动”信息收集渠道和信息来源有哪些，完成依次获得信息的顺序。

提示：

1.当你知道了需要收集什么样的信息后，想一想，有哪些资料和来源有你想要的信息，把它们全部都列出来。

2.对这些列出来的渠道和资源进行一个先后次序的排列。

评估：你会选择了吗？

一、课堂评估

在课堂上展示大家的“野马行动项目”信息获取的渠道选择方案和行动计划，比较各自特点，评估最优方案。

二、继续完成下列任务，自我评估确定搜寻范围、列出资源优先次序的能力

怎样培养职业信息敏感

1.列出你所知道的获取信息的常用渠道、范围和资源。

2.思考一下有哪些因素影响你对获取信息的渠道、资源的选择和范围的确定？

3.你在工作和生活中获取信息的五个主要渠道是什么？请对它们做一个优先排序。

4.对面临求职择业的毕业生来说，最关心的莫过于能及时得到更多的就业信息，就业信息搜集的渠道一般有：

- 直接与用人单位联系就业信息
- 利用社会实践、毕业实习或业余兼职获取信息
- 通过各种社会关系获取信息
- 有关新闻媒介
- 各级、各类“双向选择”、“供需见面”招聘会
- 学校的毕业生就业办公室（或指导中心）等等

假设你是一名高校毕业生——

（1）请将上述不同渠道按你认为的信息收集的优先次序重新排列。

（2）说说你这样排序的理由。

第三节 用询访法和观察法搜寻信息

目标：了解获取信息的方法

用询访法和观察法搜寻生活或工作中的信息，主要是用耳听和用眼看，这是不受太多物质条件限制，具有强烈亲历现场真实感的信息获取方法。但是，会听和会看需要掌握正确的方法，才能获取到有用的信息。

通过本节的学习，你将能够：

1.用询访法收集信息。

2.用观察法收集信息。

示范：掌握用眼、耳获取信息的能力

怎样用询访法搜寻信息

先看这个例子：

> 昂得希尔的手下偷偷地在商店里穿行，假装清查存货。他们跟踪目标，不管顾客停留多久，多少次回到同一件商品前面，他们总是紧紧跟进，一边用照相机拍摄，一边用红笔在本上画出每个顾客的购物路线。纽约全国零售业联合会定期邀请昂得希尔向联合会的许多成员展示他拍摄的照片，他们给很多商店提出了许多实际的改进措施。例如，他们用一卷胶片拍摄一家主要是青少年光顾的音像店，发现这家商店把磁带放在孩子们拿不着的很高的货架上。昂得希尔指出应把商品放低18英寸，结果,销售量大大增加。

这种获取信息的方法叫观察法。除了文献、阅读法之外，这种方法也是人们获取信息的主要方式。再如：

> ·金马鞍项目·
>
> 小王知道需要收集哪些信息，从哪里知道市场的职业装品牌，需要了解员工的需求意向，知道怎样找到好的厂家参加竞标等等。
>
> 但用什么方法收集到信息呢？他需要采取询访法和观察法获取相关的信息，这

是最简捷方便的获取信息的方式，它充分运用自己的眼、耳、口，通过看、听、说来获取需要的信息。

准备：掌握应用的原则和注意事项

询访法 是信息收集中最为常用的方法之一，它是指信息收集者通过提问的方式，请对方作答来获取信息的一种方法。一般来说，收集简单的、时间性强的信息，以电话询访为好；收集涉及面广、深度要求高的信息，则以面谈为佳。

询访法分为：面谈询访、电话询访、书面询访。

观察法 是一种收集社会基础信息或原始资料的方法。它通过直接感知和记录的方式，获得与研究目的和对象有关的社会现象和行为的资料。它主要依赖视觉获取信息，运用听觉、触觉等作为辅助。同时还通过书面记录、录音、拍照、摄像等手段获取信息。

询访法的应用原则：

1.注意及时。
2.注意适用范围。
3.注意经济性。

观察法的注意事项：

1.观察的场所
2.观察的内容
3.观察的时间
4.观察的方式
5.观察的程序
6.观察者的角色

中

·参考案例·　　科学管理的诞生

工人们有一个可以磨洋工的优势：他们的监工对一项工作应该持续多长时间没有概念，没有人想过要去衡量工人工作的本质情况。泰勒不能忍受这样猖狂无效率的现象存在，决定有所行动。他手持一个秒表，详细观察测量工作中每一个活动所需要的时间。泰勒猜测，按分钟测量工作任务可以帮助观察者了解执行工作的最优方式，也许就可以建立起唯一的一个可优先考虑的、有效率的完成任务的方法，并在未来将这种方法坚持下去。泰勒计算出，如果以最有效率的态度进行工作，从理论上来说，一位名叫施密特的生铁铲运工每天可以装运47吨，而普通工作量则为12.5吨。

沃特唐军工厂引进泰勒的思想后，将浇注一个驮鞍前桥的人工成本从1.17美元降至54美分。制造6英寸炮架的人工成本从10229美元降至6950美元。

思考：

泰勒(Taylor.F.w 1856-1915)是美国的发明家、工程师、科学管理理论的代表人物，被誉为“科学管理之父”。他是使用什么方法收集信息，为自己的管理理论提供依据的?

怎样用观察法搜寻信息

行动：利用询访法、观察法收集信息

活动一："金马鞍项目"（3）——用询访法和观察法收集相关信息

一、用观察法搜寻市场上高级职业装的信息

提示：

1.可到较大的商场、超市现场观察了解高级职业装的品牌主要有哪些，收集相关信息。

2.到类似行业、公司观察同行所采用的高级职业装有何特点，可拍摄相关式样的照片资料，收集相关信息。

二、用询访法调查收集员工对高级工作服的要求和意见

如果准备对公司215名员工做关于订制工作服的意见抽样调查，你需要考虑以下问题：

1.应该抽样调查哪些人？

2.使用哪种询访法合适？

3.从调查中要获得哪些信息？

根据上面的思考，请设计出一个询访提纲。

提示：可以询访公司的领导，中层、基层的代表，注意性别区分。可以使用面谈询访、书面询访；应重点获得大家关于服装品牌、式样、面料需求的信息等。

> 没有调查就没有发言权。
> ——毛泽东

活动二：运用观察法提升商场服务质量

运用下面的《伪装购物观察记录表》观察一家商场，请作好记录，并提炼问题，提出改进商场服务质量的建议。

表2–1 伪装购物观察记录

1.观察时间:9:00—12:00（ ）； 12:00—16:00（ ）

16:00—18:30（ ）； 18:30以后 （ ）

2.经营部代号（ ）；售货员姓名（ ）

3.购物行为：(1)购物（ ）；(2)非购物（ ）；(3)退还货物（ ）

4.顾客等多久才得到售货员服务：

(1)几乎没等(半分钟之内)（ ）；(2)等候短时间(2分钟之内)（ ）；

(3)等候长时间(5—10分钟)（ ）；(4)等候很久((10分钟以上)（ ）。

5.顾客找售货员时，他们在做什么：

(1)在售货位置上（ ）；(2)在忙于其他事务（ ）；
(3)无所事事（ ）；(4)在和同事攀谈（ ）。
6.售货组长是否在场：
(1)在（ ）；(2)不在（ ）。
7.售货员是否热情为顾客服务：
(1)马上过来问候（ ）；(2)过了一会儿才过来（ ）；
(3)过5分钟才自行过来（ ）；(4)在同事示意后才过来（ ）。
8.售货员的举止如何：
(1)非常友好(面带微笑)（ ）；(2)一般(不声不响)（ ）；
(3)态度不好(说粗话)
9.你对售货员外表印象如何：
(1)非常有教养(穿戴表率)（ ）；(2)教养一般化（ ）；
(3)显得无教养（ ）；(4)显得非常无教养（ ）。
10.你对售货员提供的知识咨询看法如何：
(1)良好咨询(主动提供)（ ）；(2)较好咨询(随问随答)（ ）。

活动三： 看看我们社区的人口与环保状况如何？

不管是城市还是乡村，我们每个人都生活在一定的社区，社区的自然环境、文化状况都跟我们的生活息息相关。请你对你所居住的社区作一次“人口与环保”的信息收集工作，为撰写一份改进社区人口管理与环境治理的报告梳理好相关信息。

提示：

1.先作出信息收集的计划：收集的内容、范围、渠道、先后顺序等。

2.运用询访法调查社区的人口状况，收集相关信息。

3.运用观察法考察社区环保状况，收集相关信息。

4.根据收集的目的梳理相关信息。

活动四： 完成“野马行动”方案中用询访法搜寻信息的任务。

提示：

1.“野马行动”方案中哪些信息的收集需要用询访法？

2.使用哪种类型的询访法效果较好？

评估：你能眼观六路，耳听八方吗？

一、课堂评估

在课堂上展示大家的“野马行动”项目用询访法获取信息的活动成果，比较各自特点，课堂点评。

二、继续完成下列任务，评估自己运用询访法、观察法的能力如何。

1.总结你用询访法、观察法获取信息的经验。

2.你在工作和生活中运用询访法、观察法主要获取哪方面的信息？

3.在上班和下班的途中注意观察一次，记下你获得的有用或特别的信息。

4.用观察法对本节课的讲授效果作出评价。

怎样用阅读法搜寻信息

怎样用电子手段搜寻信息

第二单元　开发信息

能力培训测评标准

在信息处理过程中——

根据工作任务的不同需要，去探究开发和产生新的信息。

在开发信息时，能够：

1.确定信息的用途。使用复制、粘贴或插入文本、图像和数据等手段收集信息。

2.进行信息分类，筛选信息；并通过定量把握，建立目录、索引、文摘、简介类信息。

3.辨别错误信息及其原因。

4.根据任务需要将整理到一起的相关信息进行运算和分析，并预测信息变化趋势。

5.以文本文件、图像和数字格式加工整理信息，如建立小型电子表格和小型数据库等，利用数据库制作报表、图表等。

6.生成新的信息（如比较来自不同的渠道的信息并得出一个结论）。

（摘自《职业核心能力培训测评标准〈信息处理能力单元〉》中级）

信息是一种资源，其中蕴含了使用的价值。开发信息就是根据信息的用途归类整理后，对信息进行定量分析，重组再生，把信息中隐藏的内容和可利用的价值开发出来。

本单元中级水平的整理信息的能力点，主要有4个：

1.能够确定信息用途，定量筛选有效的信息。

2.能够分类综合信息，形成信息检索和摘要。

3.能够根据信息资料，生成新的信息。

4.能够用计算机加工整理信息。

学习掌握这些能力点，我们分四节完成。在整理信息的中级阶段，各项技能十分有用，希望你积极动脑动手，勇于实践应用，相信熟练地掌握这些能力，会对你的工作有很大的帮助。

第一节　定量筛选有效信息

目标：定量筛选有效信息

我们常常用“大浪淘沙”，“披沙拣金”来形容人们的选择行为。信息处理也需要这种选择，在信息收集和整理过程中，需要对大量信息进行辨识、归类、去粗取精，找到真正有价值的信息。

定量选择信息，按质筛选信息，是一项较复杂的技能，面对大量的资料，需要我们学会分析信息，判断其中的内涵与外延，找到它的真正价值。通过本节的学习，你将能够学会：

定量筛选有效信息。

示范：挑挑拣拣是人的本事

信息不是越多越好，而是越有用越好，能解决问题的信息才是有效信息。我们需要能够对信息资料进行有目的的探究和发掘，筛选出有效的信息。如：

怎样选择信息内容，收集信息

> · 金马鞍项目 ·
>
> 小王通过看、听、问和其他各种渠道，应用各种方法获取了很多关于制作工作服的信息，但是，并非所有的信息都有助于小王工作任务的完成，有些信息可能是多余的。小王必须从中筛选出真正有用的信息，用于决策参考。
>
> 那么，定什么样的标准筛选信息？如何筛选信息呢？这是小王当下面临的任务。

面对大量的信息，我们必须掌握筛选的常用方法。

准备：用“笔记法”、“文件夹法”筛选信息

笔记法是查阅文献资料、记录资料、筛选信息常用的方法。

> 淘尽黄沙始见金。

使用笔记法形式多种多样，如何筛选信息，首先取决于收集的目的和用途，有时也取决于资料的类型、性质以及个人习惯等等。

掌握并恰当运用所学的方法，你已经成功了一半。

笔记法的形式主要有以下几种：

写批语或做记号。所谓批语，就是在所读著作的空白处写上自己的见解，或者评语，或者解释，或者质疑。而记号，是读者对重点、难点、精彩之处或自己感兴趣的内容画上的各种标记。如直线、双线、曲线、红线、圆圈、箭头、括号、着重号、问号、感叹号等等。这些记号代表什么意思可自己规定。注意：使用此法，仅限于在自己的书籍上进行。

做摘录。即记下原文重要处、精彩处的内容，以作为今后写作时论证、引证之用。摘录时应注意不要断章取义，不要改动原文的字句和标点。此外，还要注明出处，包括书名或论文题目、作者姓名、出版单位、版本、出版时间（期刊年号、期号；报纸年、月、日）等等，而且要查对无误。

做提要。所谓提要，就是把原文的基本内容、主题思想、观点、独到之处或其他数据，用自己的话加以概括（或引用原文也可以）。做提要时必须注意，概括一定要忠于原文作者的观点。

做札记。做札记就是在笔记本上随时记下自己读书时的心得体会和各种想法。这也是古人治学特别注重的一种方法。

做文献综述。综合多份文献的信息，简要叙述。

以上几种笔记方法，除了写批语做记号外，其余皆可写在笔记本上。但笔记本有一个缺点，不便于资料的归类、整理、使用，因此，很多学者主张使用卡片做笔记。

网络时代，计算机、平板电脑、智能手机应用很普及，在计算机上建立"文件夹"保存学习研究资料、拷贝存贮信息资料很方便，利用"文件夹法"可以十分便捷地做有效信息的分类存贮。

文件夹法 把计算机硬盘分成一个一个区间，把需要保存的资料按照收集的目的和应用的方便，分成一个一个的文件夹，分类放在硬盘各区间或手机上。计算机网络功能的不断强大，收集文字、数据、图片、照片、音频、视频等资料十分便利。通过计算机摘选下载、手机拍照上传等手段筛选有用信息，定量筛选后可以有效保存。

行动：完成项目任务，动手筛选信息

活动一："金马鞍项目"（4）——定量筛选有效信息

第一步：确立筛选的标准。

怎样定量筛选有效信息

我们收集到的各类资料在录入整理的时候，必须先立标准，依据标准进行定量选择。

标准的确立，取决于我们对项目的熟悉和专业程度。在“金马鞍项目”中，我们需要筛选市场调查的品牌（如数量、价位、式样、用料等）的信息，需要筛选邀请竞标的厂家的信息。筛选这些信息的标准是什么？ 如果经常完成同样的任务，对目标要求比较熟悉，比较专业，标准就比较容易确定，但如果是第一次筛选，标准的把握就需要斟酌。

你必须明白，你如果不是最后的决策者，这就决定了第一次的筛选是一次初步的处理，你可以制作一个“筛子”。领导和员工意向一致的部分将是进行选择的重要决策依据。譬如选择邀请竞标的生产厂商，就需要重点考虑：价格、制作工艺、制作周期、售后服务等因素的信息。

图2-5　筛选信息

第二步：根据恰当的标准，去掉多余的信息资料，选留有用信息。

活动二：办公室应常备哪些信息材料

> 现代网络发达，手机普及，网上交换信息，功能强大。万事上网查询，点开手机客户端应用软件APP，基本都能得到自己需要的信息。但办公室秘书每天的工作活动中都要跟信息打交道，该怎样做，才能做得更好？

步骤一：分析思考

1.办公室应该准备好哪些常用的信息资料？

2.如何快速筛选信息？

不妨把你的想法写在下面的横线上：

____

____

____

____

____

步骤二：要点评析

1. 办公室常备的信息资料

参考书：工作用参考书、手册、百科全书、字典、年鉴；

报纸、期刊；

与本部门相关的国内外的资料；

地图集；

档案，包括各种文字、图表、声像及其他各种方式和载体的历史记录；

内部文献；

人名地址录；

有关政府出版物、法律法规汇编；

广告材料和宣传品等；

电脑上专业网站；手机常用的APP。

2. 阅读筛选信息资料的方法

留意标题；

剪裁、复印；

摘记；

标记说明。

步骤三：小结

管理信息的工作其实是一件有准备的工作，定量筛选信息是在一定范畴内进行的，信息管理工作人员必须根据工作特点常备一些信息资料或与一定的信息源保持较密切的联系，使阅读、筛选变得快捷。

多动脑，勤动手，是好秘书的法宝。

活动三： 继续完成“野马行动”方案，定量筛选“出游目的地”、“旅行社”等有效信息。

提示：

1.确定“野马行动”筛选信息的标准，你要从领导和同事那里获得这样的标准——他们的意见，如倾向的地方、时间、价格等。

2.根据确定的标准，把那些不符合标准的信息除去，剩下的是不是就是有效信息呢？你也可以直接根据标准把有效的信息挑选出来。

评估：你会披沙拣金吗?

一、课堂评估

在课堂上展示大家的“野马行动”项目中定量筛选有效信息的活

怎样核验信息真伪，收集可靠信息

动成果，比较各自特点，评估最优。

二、继续完成下列任务，评估自己筛选信息的能力如何

1.秘书小王要写年终总结，他应该如何筛选一年内的主要工作，重要业绩？办公室有哪些信息可以直接利用？

2.请阅读本地市的某一种报纸，对你目前的工作而言，最有价值的信息主要集中在哪些版面？

3.阅读一些菜谱，找出不同菜系的特点。

4.通过上网查找或者去商店实地调查，列举四五件大学生适用的多媒体新产品的信息，完成下表的填写。

表2–2　多媒体产品信息表

产品名称	主要功能	市场价格
MP4		

第二节　整合信息　形成检索

目标：整合信息　形成检索

信息资料经过系统处理之后，就像是有了门牌号，一目了然。但是要做到这一点，必须根据实际需要，采取一些灵活、有效的方式方法。

本节我们学习对信息进行以检索为主的再加工技能。通过本节的学习和训练，你将能够：

整合信息，开发形成目录、索引、文摘、简介类的信息。

示范：　给信息加个门牌号

日本最大的城市东京有两千多万人口，加上白天的流动人口，密度很大。能让这个大城市的交通畅通，最大的功臣就是地铁。东京的地铁总共有10条线，分别用10种颜色来代表，车身的颜色和地图支线的颜色吻合，车票也采用同样的方式，以颜色来区别价格和路线，使人一目了然。复杂的交通线路、管理、服务信息加上了不同颜色的门牌号，区分起来就简单了。

信息利用必须讲求效率，为提高各种信息的利用率，需要对信息进行整合，并且按照一定的原则与方法编排，使之方便查找使用。

怎样进行信息分类，整理信息

信息的整理是整个信息工作的重要环节。

> ·金马鞍项目·
>
> 小王通过定量筛选获取了大量的有用信息，为了更方便和快捷地利用这些信息，需要对其进行整合，以方便下一步的利用。

准备：了解基本概念

下列几种检索的工具是整合信息的基本形式：

目录　是指按一定的规则记录图书文献的基本特征，并将这些记录按容易查检的方法编排组织成体系的检索工具。

索引　是将文献所含的具体内容（如篇名、主题、人名等）分析、摘录出来，注明出处，按一定的规则著录，并组织编排的检索工具。

文摘　是对文献基本事实与结论的简要叙述，不加说明或评注。它不仅记录文献的基本书目信息，而且提供文献的内容梗概，是系统报道、积累和检索文献的重要工具。

行动：试做信息的分类整理

活动一："金马鞍项目"（5）——整合信息形成检索

根据搜寻获取的信息，我们已经掌握了不少，筛选出来的信息也仍然很多，并有各种形式，不便于领导和同事审阅、参考、决策，也不方便我们自己查找运用，因此，需要求选择不同的方式进行整合分类，形成索引。这些需要整合的信息包括：服装图文册，员工量身数据库，厂家招标信息等。

怎样整合信息，形成检索

我们先做服装品牌信息整合，按品牌影响力收集的信息进行分类，列表归类，列入表头的信息类别一定要符合信息收集目的，具有使用的价值。如：

表2-3：国内具影响力的知名服装品牌/企业

分类	品　牌	型号（略）	价格（略）
男装	庄　吉		
	雅戈尔		
	报喜鸟		
	罗　蒙		
	红　豆		
	七匹狼		
	杉　杉		
女装	斯尔丽		
	白　领		
	凯　撒		
	哥　弟		
	影　儿		
	歌丽思		

你还可将方案需要的信息分类整理，形成一个目录，以便供领导决策使用。

活动二：学会用颜色管理文件

文件的管理是办公室人员经常性的工作。怎样才能将文件进行整合，并能够用非常方便实用和有效的方式进行收藏、查阅、使用？用颜色进行检索，是管理文件的方案之一。

具体操作

利用不同颜色的文件夹，分开不同类型的文件，例如：公司外销部门客户管理中，东北亚的用红色卷宗、东南亚的用蓝色卷宗、中东的用白色卷宗、欧洲的用绿色卷宗、北美的用紫色卷宗等等，并以斜线贴纸标示每份文件的时间顺序及特性（如红贴纸代表信用状、金色代表往返书信、蓝色代表订单、绿色代表押汇文件……），如此一来，便可快速地找到所需文件，并可清楚地看出有没有文件被取出。

真的是很方便吧！

另外，“批阅”卷宗里，红色代表机密件、黄色代表急件、青色代表一般件，高级主管在有限的时间内，可对批阅的顺序做出取舍。

分析点评

这个方案对于文件夹的管理是相当实用的，尤其是不大的公司。也就是说，信息的开发并不一定要按照文献或档案的方式进行组织编排，只要方便适用，什么方法都是可行的。

检索的分类方式有很多，颜色是很形象、直观、方便的一种。

活动三：完成“野马行动”中的整合信息任务，形成信息检索

提示：

1.给“野马行动”筛选出的有效信息做一个目录。

2.把有效信息进行分类，按关键词制定索引。

评估：你会整合分类信息吗？

一、课堂评估

在课堂上展示大家完成“金马鞍项目”和“野马行动项目”的整合信息，形成检索任务的成果，比较各自特点，课堂点评。

二、继续完成下列任务，评估自己整合信息的能力如何

1.编一份个人藏书目录。

2.做一份重大事件的新闻摘编。

3.为公司的文件管理建立一种较方便的管理索引。

第三节　综合信息

目标：综合信息

在信息处理过程中，根据已知的信息，运用逻辑推理而得出新的结论；透过具体的信息，通过综合分析能得出较抽象的理论，能提供一种有信息资料依据的参考意见。这些都是十分重要的本领。通过本节的训练，你将能够学会：

1.对信息进行整体概括。

2.在信息中发现问题，以作为决策时的参考。

怎样综合信息

示范：发掘信息的价值

> 1991年海湾战争期间，路透社记者奎琳·弗兰克在1月16日空袭开始前一天，发现并记下了多米诺饼屋在晚上10至凌晨2点之间给白宫送了55个比萨饼的信息。她知道，平时这个时段内平均数量是5个。而这时，五角大楼也订购了100多个，国务院订购了75个。通过这些微不足道的信息，她推断出战争已箭在弦上，一触即发，并发表了《美国的战争策划者有多紧张？只要数一数比萨饼》的文章。

信息无处不在啊！往往缺少的是发现信息价值的眼睛。

这个例子告诉我们，对信息进行综合分析和整理，往往能获得很多有价值的东西。再如：

> ·金马鞍项目·
>
> 小王完成对制作高级工作服信息的整合并形成检索后，他还需要把相关的资料和信息综合到一起，按类别集中，并作出初步的判断和建议。

准备：信息综合的三方面

对信息进行综合整理一般从三个方面着手：

充实内容。对零碎、肤浅、杂乱而有用的信息，弄清楚它的性质、范围、意义和发展趋势，充实、丰富它的内容，使之成为完整、深刻和系统的信息。

从总体上进行系统的归纳、分类，作出定性、定量的分析和判断。通过综合分析，往往能发现有规律的变化和倾向性的问题，对领导掌握整体情况，指导工作，预测未来具有重要的参考价值。

提出意见。在综合分析的基础上，提出相应的处理意见，给领导参考。

怎样综合信息，形成述评与计划书

行动：学会综合分析

活动一：“金马鞍项目”（6）——综合信息

在我们对收集到的高级工作服品牌信息分类整合之后，可以选择基本符合领导要求和员工意向的服装信息，作进一步的特征综合，以便供领导和员工选择参考。如表2-6：

表2-6　服装信息分类表

方　案	男　装	女　装	特　　点	价格（套）
第一套：深圳芊服装			注重工作的舒适性，适合手臂的工作活动角度，长时间穿没有压肩感。女装裙衩部位采用特殊工艺制作，牢固坚韧。	3000元左右
第二套广州风服装			通过了广州制服企业生产加工质量保证“AAA”资格证和阿里巴巴“诚信通”第三方华夏认证。	2800元左右

对其他邀请竞标的企业信息，请自己综合，形成书面的建议。

活动二：对问卷调查进行综合分析

对某企业进行开放式问卷调查后，有3个整理好了的问卷数据表，表2-4、5、6：

信息决策。数字分析是管理者必须掌握的一种基本技能。

表2-4 吸引员工进入的原因

原因	百分比（%）
企业规模	21.49
企业形象	15.38
上班地点	13.12

表2-5 最令员工满意的三件事

原因	百分比（%）
工作环境	21.30
福利	14.58
同事间相处	14.58

表2-6 最令员工不满意的三件事

原因	百分比（%）
薪水	16.07
休假	10.07
组织气氛	8.87

请对它进行综合分析。

步骤一：分析各表数据特点，提炼倾向性观点。

____

____

步骤二：综合后形成建设性意见反馈

____

____

步骤三：参考结果：

1.参与问卷调查的员工多数认为吸引同仁进入企业的原因是企业规模及企业形象。

2.最令员工满意的前三项是工作环境、福利与同事间的相处。

3.薪金最令员工不满意。

4. 建设性意见：工作环境、主管领导、组织沟通与福利制度是该企业应该继续发扬和总结的主题。但薪水制度在该企业将是值得注意的重点。

活动三：分析数据，概括特点，综合信息

阅读这份来自“中国时尚品牌网”的关于2005年全国前30名连锁企业经营情况统计数据资料，文章分析了2005年连锁企业的发展状况和前景。请再用简练概括的语言作进一步的综合，完成右栏的练习。

根据商务部商业改革发展司的调查，2005年全国前30家连锁企业共实现销售额4910.4亿元，比2004年同期增长30.9%；店铺总数为16665个，比2004年同期增长20.7%（其中，直营店的销售额为4099.6亿元，占销售总额的86.9%）。所统计的14家企业的税前利润总额比去年同期增长31.4%。百联集团有限公司（商业连锁部分）以720.7亿元销售额、6345家店铺的业绩稳居第一，销售额与店铺数分别比2004年同期增长7.2%和15.4%。北京国美电器有限公司、苏宁电器集团、大商集团股份有限公司、北京华联集团投资控股有限公司分别以498.4亿元、397.2亿元、301.2亿元和208亿元的业绩排名第二至五位。

2005年前30家连锁经营企业的发展呈现出以下几个突出特点：

从总体规模看，2005年前30家连锁企业销售额占全社会消费品零售总额的比重为7.3%，比2004年提高了0.2个百分点。其中销售额超过200亿元的有5家，超过100亿元的有19家，分别比2004年同期增加1家和4家。2004年排名第30位的连锁企业销售额为45.8亿元，而本次排在第30位的连锁企业销售额已经达到54.3亿元。排在前30名的企业在国内连锁经营业绩显著，且大部分保持稳定。

从单店规模看，各主要业态的平均单店销售额均有不同程度上升，其中百货店平均单店销售额最高，为33207.2万元，同比增长9.2%；其次是专业店，为8439.3万元，同比增长60.7%；超市为3118.6万元，同比增长1.5%；便利店为249.1万元，同比增长35.6%。

与2004年相比，2005年前30家连锁企业销售额和店铺数的增长速度分别下降了2%和3.1%，其中销售额增速快于店铺数增速10.2个百分点，较2004年加快了1个百分点。在30家企业中，销售额增幅超过店铺数增幅的企业所占比重为60%，表明连锁企业发展日趋成熟，扩张更加理性。

专业店势头强劲。与2004年相比，专业店销售额和店铺数的增幅分别高达60.7%和50.8%，居各业态之首。专业店销售额占30家企业总销售额的比重接近30%。2005年家电专业企业扩张势头尤为强劲，前30家企业中，5大家电专业企业（北京国美电器有限公司、苏宁电器集团、上海永乐家用电器有限公司、江苏五星电器有限公司、山东三联集团有限责任

中

一、阅读以下3段话的内容，用一句话概括：

____

____

二、阅读以下5段话的内容，用一句话概括：

____

____

公司）的总销售额比去年同期增长66.8%，店铺数增长61.0%，其中北京国美电器有限公司的销售额和店铺数分别比去年同期增长108.7%和87.7%，增幅高居家电专业企业第一。

百货店逐步复苏。在前30家连锁企业中，百货店的销售额与2004年同期相比增长了25.7%，增幅较上年提高了11个百分点，占30家企业总销售额的比重也从2004年的14.9%上升到15.6%；店铺数则增长了13.4%，比2004年同期相比下降了8.4%。表明百货业态的连锁不是单纯地求数量，而更注重质量。目前百货店的平均单店销售额最高，为33207.2万元，并实现9.2%的增幅，扭转了去年以来增幅下降的局面。

便利店增速放慢。2005年前30家连锁企业中，便利店的销售额和店铺数与2004年同期相比分别增长了35.6%和11.3%，但增幅较去年有明显回落，分别下降14.1和8.9个百分点。

超市仍居主导地位。2005年前30家连锁企业中，超市（包括大型超市和仓储会员店）的销售额与2004年同期相比增长了19.4%，占30家企业总销售额的45.2%，店铺数增长了17.6%。但与去年相比，增长速度和所占比重同步下降，分别为13.4%、7.7%和4.1%，表明国内零售业态之间竞争激烈程度加剧，超市业态所占市场份额逐步缩小。

除了以上四大业态以外，其他业态的发展也不可低估，前30家企业中，其他业态的销售额增长30.1%，店铺数量增长20.7%。

目前，直营连锁的销售额占绝对优势。前30家连锁企业中，直营店销售额4099.6亿元，同比增长35.2%，占销售总额的比重从2004年的83.3%升至86.9%；直营店店铺数7987个，同比增长20.8%。前30家连锁企业中近一半企业全部采用直营连锁方式。受众多中小企业青睐，特许经营发展加快，店铺数量持续上升。和2004年相比，加盟店店铺数增长19.3%，占店铺总数的比重达47%，较去年提高4.7个百分点，且仍有上升之势。

三、用一句话概括这段话的内容：

____

____

前30家企业中，外商投资连锁企业有7家，包括苏果超市有限公司、家乐福（中国）管理咨询服务有限公司、上海永乐家用电器有限公司、中国百胜餐饮集团、好又多商业发展集团公司、华润万家有限公司和锦江麦德龙现购自运有限公司。2005年，7家外资连锁企业销售额合计为967.9亿元，比2004年增长了21.2%，占30家连锁企业销售总额的19.7%；店铺数为4182家，比2004年同期增长了19.7%，占30家店铺总数的25.1%。和2004年相比，7家外资连锁企业的销售总额和店铺总数的增幅分别回落了13.4%和1.5%，其中中国百胜餐饮集团、苏果超市有限公司、好又多商业发展集团公司的销售额增幅均比去年有不同程度下降。

四、用一句话概括这段话的内容：

____

____

参考答案：

一、经营规模持续增长，企业扩张更加理性

二、四大业态各具特色
三、直营连锁优势明显，特许经营发展加快
四、外资连锁企业增势略有减缓

活动四： 完成“野马行动”的信息综合工作，提出有建设性的建议，供员工们作表达选择、供领导决策。

提示：

参考本节“金马鞍项目”的综合表，制作一个“野马行动”的综合分类表，并把自己的初步调查意见和建议填入表内。

评估：会综合信息了吗？

一、课堂评估

在课堂上展示大家的“野马行动项目”的综合信息分类表，比较各自特点，课堂点评。

二、继续完成下列任务，评估自己综合信息的能力如何

1.阅读一份经济类的报纸，研究一篇数据分析类的文章，找出数据与结论之间的关系。

2.统计5–10个电视台黄金时段（晚8点左右）的节目性质，分析其共同点和不同点，并提出一些合理化建议。

3.可进行一些比较性项目的研究，内容可根据个人爱好或专业自定。

4.阅读以下材料，提出你想发布的信息主题。

·材料1·

2004年12月26日凌晨，印度洋底发生了一次9级大地震，震波猛烈撞击海水，迅速形成一圈圈的惊涛骇浪，向远处狂奔而去。几个小时内，印度洋沿岸的印尼、斯里兰卡、泰国、印度、缅甸、马来西亚等12个国家先后遭袭，甚至远至东非的索马里和坦桑尼亚。由于适逢圣诞节旅游旺季，丧生者中包括许多外国游客。从苏门答腊岛发生强震到海啸抵达印度海岸，大约需要90分钟时间；如果印度政府及时得到警报，完全可能减轻灾难的损失。不幸的是，印度和斯里兰卡都没有加入“太平洋海啸警报中心”。

· 材料 2 ·

1976年7月28日3时42分54秒，在河北省唐山、丰南一带(东经118.0度，北纬39.4度)，发生了7.8级强烈地震，24万人在地震中丧生。这次地震震中区烈度11度，地震波及天津市和北京市。地震发生在工矿企业集中、人口稠密的城市，极震区内工矿设施大部分毁坏，主要表现为厂房屋顶塌落，围护墙多数倒塌，高层建筑和一般民房几乎全部坍塌。震区内普遍发生铁路路基下沉，铁轨弯曲变形；公路路面开裂；桥墩错动、倾倒，梁体移动及坠落等。

第四节　用计算机扩展生成信息

目标：利用电子表格或数据库处理数据

经常与数字打交道的人都知道，使用表格或数据库是高效快速综合信息的一种行之有效的方法。

通过本节的学习和训练，你将能够在计算机上：

1.重组数据调整表格，通过数据生成图表。

2.选择记录或字段，利用数据库制作报表。

3.使用公式计算总数或平均数。

示范：用电子方式重组数据得到新的信息

怎样用计算机编辑、生成并保存信息

收集到信息后，常常需要利用计算机生成电子图表。如：

· 随着职业教育的蓬勃发展，有一所兴业技术学校招生数量逐年增加。学校希望统计最近三年的招生录取及报到情况，用电脑绘制招生情况的图表。你会做吗？

如表2-7和图2-7：

表2-7　兴业技术学校近三年招生情况表

年　度	计划录取	录取人数	报到人数	录取率	报到率
2014年	1000	846	823	85%	97%
2015年	1200	1072	1024	89%	96%
2016年	1600	1425	1403	89%	98%

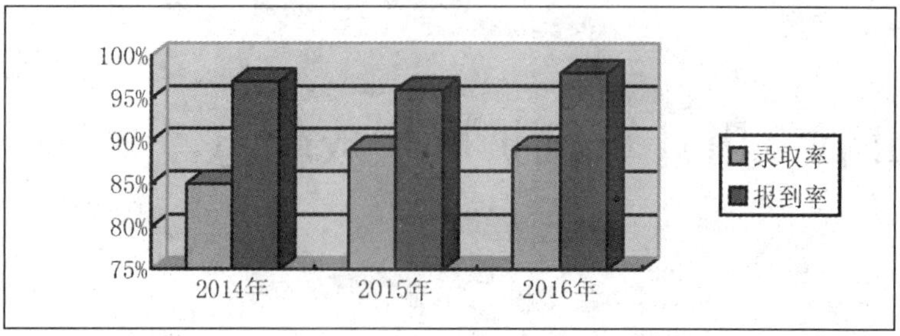

图2-7　兴业技术学校近三年招生录取率与报到率

● 在即将过去的一年里，某公司经过全体员工的努力取得了良好的效益，经理决定按出勤情况计发奖金：全勤的足额发放，病事假5天以下（含5天）的按80%发放，15天以下（含15天）的按60%发放，超过15天的按20%发放。此决定如何在电脑上快速实现？

● 蓝海公司用Access来管理日常数据，每月均需要用进货和销售情况打印出销售利润报表，供决策部门参考。如何实现？

·金马鞍项目·

计算机是处理信息的强大工具，并且有很强的展示表现信息的能力，是信息处理中重要的工具和手段。小王要通过计算机把金马鞍项目的数据进行处理并展示出来。

准备：了解基本概念

Excel2000是美国微软公司开发的电子表格软件，具有强大的功能，如：具有友好的用户界面；操作简单、易学易用；引入公式和函数的数据计算功能；自动绘制数据统计图和绘图功能；有效管理、分析数据的功能；增强的网络功能；宏功能和自嵌的VBA(Visual Basic for Application)等。

数据库　是与特定主题或目的相关的数据的集合。在Access2000关系数据库中，大多数数据存放在各种不同结构的表中。表是有结构的数据的集合，每个表都拥有自己的表名和结构。在表中，数据是按行按列存储的，相当于由行和列组成的二维表格。在表中，一行数据称为一条记录，每一列的列头称为一个字段。

用户在对数据进行分析的时候，为了能够更加直观地表示结果，会经常用到图表和图形。

报表对象　在传统的关系数据库开发环境中，程序员必须通过繁琐的编程实现报表的打印。在Access2000关系数据库中，报表对象允许用户不用编程仅通过可视化的直观操作就可以设计报表打印格式。报表对象不仅能够提供方便快捷、功能强大的报表打印格式，而且能够对数据进行分组统计和计算。

行动：使用计算机作图表和统计数据

活动一：“金马鞍项目”（7）——用计算机扩展生成信息

怎样用计算机扩展生成信息

我们在统计了公司中层员工的量身数据后，可以用Access2000做一张报表。利用电子表格生成员工量身数据文件。

步骤一：打开Microsoft Excel，新建一个工作簿。

步骤二：输入每人的肩长、袖长、身长、胸围、裤腰、臀围、裤长、直裆、裙长数据，以一文件名保存。如图2-8：

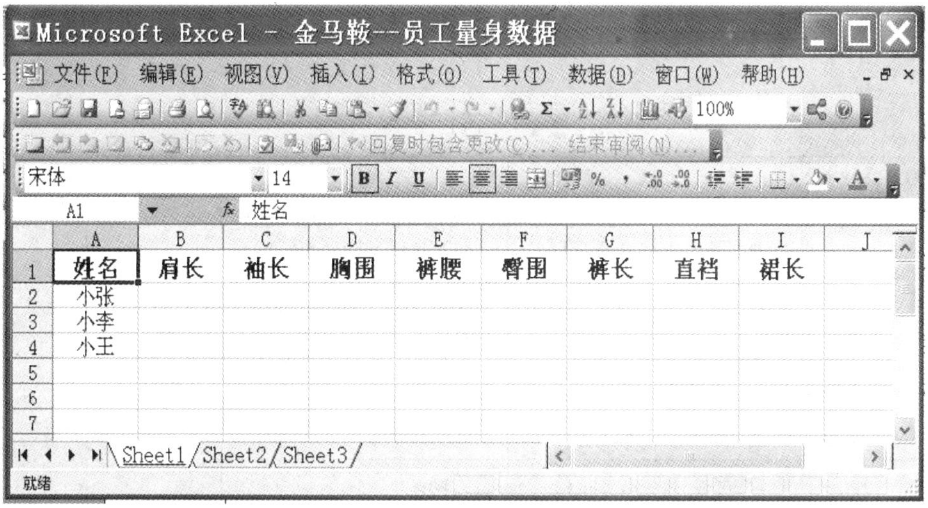

图2-8　员工量身数据电子表格

活动二：利用Access数据库生成员工量身数据报表

步骤一：打开Microsoft Access2000，打开该数据库。

步骤二：导入上面做的员工量身数据Excel文件。

步骤三：选择查询对象，用选择查询向导新建报表文件。

步骤四：选择报表文件，打印报表。

活动三：用计算机生成“野马行动项目”中各出游目的地的信息表

提示：

这些信息可以包括：旅游地、旅游天数、交通工具、住宿条件

（宾馆星级）、用餐、办证费用等。

评估：会使用计算机生成图表吗？

一、课堂评估

在课堂上展示大家的“金马鞍项目”和“野马行动项目”以及自己练习的用计算机扩展生成信息成果，比较各自特点，课堂点评。

二、继续完成下列任务，评估自己计算机处理信息的能力如何

怎样用计算机网络生成新的信息

1.试着用Microsoft Access建立一个小型家庭信息管理系统，包括你的藏书，通讯录，收入和支出等信息。

2.用支出情况表绘制出图表，直观地表示家庭各类支出的比重。

3.下面是新联总公司各分公司在几周内销售品牌电脑的情况，请根据要求完成下列任务。

表2-8　新联总公司各分公司销售产品情况统计表

公司名称	周次	星期	品牌	数量(台)	单价	总价
公司一	1	星期一	TCL	200	5850	
公司二	1	星期二	联想	158	6190	
公司三	2	星期三	TCL	160	5850	
公司四	3	星期四	TOSHIBA	85	6350	
公司五	4	星期五	七喜	128	5650	
公司六	2	星期六	Dell	96	6350	

（1）单价、总价的格式为货币格式，并且保留两位有效数字。

（2）利用公式计算出每个公司的销售总价。

（3）以“总价”为关键字，按从高到低的顺序进行排序。

（4）分别按照周次、品牌进行汇总，然后分别把汇总的结果复制另一张工作表，名称分别为：周次、品牌。

第三单元　展示信息

能力培训测评标准

在信息处理过程中——

根据工作任务的不同需要展示组合的信息，其中必须包含至少一个文本、一个图像、一个数据方面的信息。

在展示信息时，能够：

1.在各种讲座、会议和讨论等活动中，使用合适的多媒体音像、幻灯和白板等辅助手段。

2.选择使用适合的版面编排来展示组合信息（如文本、图形、图像、表格和电子表格的编排与设置）。

3.用规范的方式展示文本信息（如文本的段落、图像、编排和设置）。

4.根据自己的任务和信息类型（文本、图像、表格）来显示相关的信息（如突出某些信息来强化效果，优化版面编排以适合任务需要）。

5.确保展示的信息清晰和明白（例如：校对、使用拼音检查、征求他人意见），并妥当保存（例如使用适当的文件夹、路径和文件名，以避免丢失）。

6.遵守版权和保密规定。

（摘自《职业核心能力培训测评标准〈信息处理能力单元〉》中级）

文本、图像、数据构成信息基础，我们通过大量的工作收集整理在一起，最终要把它们呈现出来展示给信息的使用者。这种呈现一定要尽可能做到主题鲜明，叙述清晰。要能够借助一些现代的技术平台和手段加强这种呈现的效果。在信息处理“展示信息“的阶段，有4个重要的能力点：

1.能够用演说的形式最直接地“告诉”受众。

2.掌握不同类型的展示技巧，并能综合使用。

3.能够使用多媒体辅助展示。

4.用计算机编辑加工展示。

本单元四个能力点我们用四节来学习。本单元对媒体技术的掌握要求较高，这些技术的掌握主要靠比较多的实际操作，而不是单纯的啃书本，因此要多动手实践，反复练习。

第一节　用演说传递信息

目标：掌握当众讲话技巧

现代社会，利用口头发布信息成了我们今天生活和工作的重要技能。如管理者的竞选或就职演说、工作报告、述职报告，学生干部的竞选演说、论文答辩，开业庆典中的讲话，商品进入市场时的宣传，以及欢迎客人时发表的欢迎词、祝酒词等等。演说是现代人的重要能力，它可能会直接影响你的成功。

学会用演说的形式交流，你可以参加“与人交流”核心能力模块的培训和一些演讲的专门训练。当众用口语发布信息，要做好并不容易。本节只简要介绍几种常用的技能。通过本节的学习，你将能够：

1.用集中的方式口头传达信息。

2.掌握会议发言、口头汇报、致辞和讲授的基本知识和技巧。

示范：三寸不烂之舌，强于百万之师

众目睽睽之下，能够从容镇静地讲话，有声语言和态势语言都运用得恰到好处，这是人人都羡慕追求的本领，它是人生发展不可或缺的重要技能，在工作中十分重要。比如：

怎样用口语方式传递信息

> ·金马鞍项目·
>
> 小王完成对“金马鞍项目”工作信息的开发综合后，需要向领导和同事展示，推介说明。他必须向领导进行汇报，也可能需要通过演说，向同事们传递工作情况的信息，以便获得反馈，推动工作往下进行。

准备：了解基本要领

一、会议如何发言

会议是一种集体处理问题或事务的交流沟通形式。在现实工作中，任何一个人都会出席会议，在会议上讲话，发表意见。在会议上镇定自如、清晰简约地阐发思想，是一种能力，尤其是领导者或管理者应具备。

在你进行会议发言之前，请首先弄清楚以下问题：

1.会议讲话的特点

（1）内容严谨、务实，或侧重于指导（指示），或侧重于汇报，或侧重于表态，或侧重于研讨，都以工作实践的事例作为讲话的依据。

（2）语言朴实明了，不尚浮华藻饰，用口头语体中的独白体，兼具书面语体的某些特征。

2.会议讲话的要求

会议讲话，综合反映一个人的思想理论水平、知识水平和语言文字水平。须做到以下几点：

（1）主旨明确，条理清楚

会议讲话，首先必须主旨明确，切合会议主题。其次，需要条理清楚，中心突出。

（2）内容切实，言之有据

“实干兴邦，空谈误国”已成为举国上下的共识。因此，会议讲话要“切实”，符合实际情况，讲实事，说实话，提实招，求实效。不随心所欲，不放空炮。提出观点，必须言之有据。

（3）语言朴实，简洁周密

会议讲话要求用生动、简短平易的口头语体来表述，切忌套话、空话。讲话开头对背景的讲述，不要限于如“在……指导下，在……领导下，在……配合下……”之类的套话；要去掉溢美不实之词，注意把握分寸，正确运用诸如“关键”、“全面”、“重点”、“首要”、“很好”、“极大”、“较差”、“大多数”、“少数”、“个别”、“左右”、“大部分”这些表示事物的程度、数量的词语。

要用适当的手段强调自己的重要观点。

要注意控制时间，在有限的时间内表达完整自己需要阐述的内容。

二、如何口头汇报工作，传递信息

汇报是下级向上级，或者上级向群体报告工作的一种信息传达形式。口头汇报工作，传达整理的信息，是工作中常常需要运用的技能。专题性的口头汇报一般分为工作汇报和调研情况汇报两种。口头汇报时需注意以下几点：

1.目的明确，拟订提纲。

汇报前，汇报者和听取汇报的双方一般会确定主题和时间，地点，主题非常明显，汇报的目的非常明确，因此，汇报时只能围绕主题作准备，起草好提纲，准备相关的资料。

2.切合主题，突出重点。

口头汇报时，只能围绕主题展开，不能跑题偏题。汇报的时间一般有限，要突出重点，要言不烦，留给听者深刻的印象。工作请求汇报时，要抓住要害，突出要点。

3.内容恰当，语言得体。

汇报的内容要注意恰当，总结工作时要实事求是，既总结成绩，也提出问题和分析困难；分析问题时，要注意辩证，观点要鲜明，事实要清楚。切忌说大话、空话，切忌讲假话。

汇报时要不卑不亢，语言得体。口头汇报是当面进行的信息交流，汇报时要使用口语体交流，切忌照稿宣读。

4.控制时间，获取反馈。

汇报者使用的时间一般要控制在约定时间总量的一半左右，要留出一定的时间给听取汇报的上级点评，作指示，获得指引。工作汇报一般要解决一定的问题，更需要获得上级听取汇报后的信息反馈，以便于进一步作好下步的工作。

三、如何致辞

在现实生活中，有许许多多的社交礼仪活动。人们的生老寿诞、婚丧嫁娶，亲朋好友间的迎来送往，同窗同事的毕业晋升，节假日的聚会志庆，以及祝捷庆功、工程奠基、大厦落成、公司开业等等庆典，一般都有一定的礼仪活动形式。在这些仪式上，为了表示祝贺、慰问、哀悼而进行的讲话，就是致辞。随着社交活动日益广泛和频繁，礼仪致辞在社会生活中越来越成为交际的重要内容。通过致辞，人们传达情感信息，加深相互了解，密切相互关系。同时，通过致辞，也能展示个人的社交能力、文化修养和气质风度。

怎样用演说传递信息

1965年，美国作家路易斯·斯特朗80大寿，周恩来总理在上海为她举行祝寿活动，周总理在致辞中说："今天我们为我们的好朋友，美国女作家斯特朗女士庆贺40公岁诞辰。（大家听到总理用"40公岁"这个新名词都笑起来，斯特朗也哈哈大笑）40公岁，不是老年，而是中年。斯特朗女士为中国人民和世界人民做了大量的工作，写了大量的文章，祝贺她永远年轻！"周总理的这一则致辞，简洁，幽默，堪称典范。

谦虚和幽默是社交最适合的品德！

在你致辞之前，必须弄清楚以下的问题：

1. 致辞的概念

致辞是指在各种社交礼仪活动中，为了表示祝贺、慰问、哀悼等作的讲话。

2. 致辞的内容

社交礼仪致辞，从交际目的来说，或是对已取得的成就（成绩）表示庆贺，或是对即将做的事情表示祝愿，或对人们给予的恩典表示感谢，或对别人的不幸表示慰问等。除了为交际目的所决定，受氛围所制约外，还要切合自己的身份并注意与应邀者的关系等。关系不同，身份不同，内容措辞也不同。

3. 致辞的要求

（1）热诚恳切，言由衷发

待人以诚，是社交之本；以诚相见，必须通过言辞抒发真挚的感情。无论在什么主题的礼仪活动上的致辞，均必须尊敬对方，态度热诚、言辞恳切、言由衷发。“感人心者，莫过于情”。这种感情应是衷心的美好的祝愿。同时，感情的表达应该适度，应受理智的驾驭，受自己的身份与相互间关系的制约。

（2）褒德扬善，协调氛围

人们总是向往美好充实的人生，追求幸福光明的未来。礼仪致辞应注重褒扬人们的这种思想感情和美德。致辞离不开对事实的陈述或事理的阐述，否则情无所依，词徒其形。致辞哪怕再简短，也必须紧依礼仪的主题，引证主题有关的事例，选择那些最能体现思想美、道德美、知识美、行为美的言行、功绩、成就作为陈述和阐发的依据。切忌谈及人们的过失和不幸，也要避开引发人们对缺点、遗憾联想的话语。这样，才能与礼仪的氛围相协调，与交际目的和交际情境取得和谐统一。

（3）简短精练，风趣典雅

简短精练的致辞最为人们所称道，为人们所欢迎。正如培根所说：“冗长的话语是最乏味的东西，很少有人会聆听他们的。”短则三五十秒，长则三两分钟，这是常规。在这样的场合，最忌侃侃而谈，更忌板脸说教。致辞中还必须运用典雅的礼貌语言，如对人的尊称、祈使句中的敬词、陈述句中的祝颂语以及对一些文言词语的运用等。在致辞中适当运用幽默的手法也能使言语生辉，取得好的效果。

四、怎样讲授

上面提到的礼仪致辞属于演讲，确切地说，属于社会生活演讲。随着社会的发展和进步，演讲的种类越来越多，发展至今，有人把它分为五大类：社会政治演讲、学术演讲、法庭演讲、社会生活演讲和宗教神学演讲。在学术演讲中，又分为讲授、学术报告、论文答辩。

讲授是广泛应用的一种以独白为主体的口语形式，它是系统传授信息的重要手段。演讲是专门的艺术和技能，这里只简要介绍几点：

1.讲授的基本要求

（1）目的要明确，要有计划，具有系统性。

（2）了解听众，有的放矢。

（3）理论联系实际，深入浅出，通俗易懂。

（4）讲究方法，善于调动听讲人的主动性。

2.讲授的主要方法

(1)认真准备，写好讲授材料。

(2)设计好导语，通过良好的导入语吸引听众注意力,激发听众的兴趣。

(3)内容要注意充实，主次分明，重点突出。条理清晰，逻辑性强，语言要生动活泼，通俗易懂，言简意赅。同时，要注意有声语言技巧（发音、吐字、重音、停顿、节奏）和无声语言技巧（仪表、风度、表情、眼神、姿态、手势）的运用。在讲授中，以讲授为主，配合问答、讨论互动，加上一些演示方式，会使讲授活泼生动。

(4)最后要对本次讲授内容、重点、要点作归纳、总结和提示，让听讲者形成总结性的记忆存储。

行动：练练你的口头表达

活动一：“金马鞍项目”（8）——用演说传递信息

为了收集公司大多数员工对高级工作服置办的意见和建议，公司决定让小王在公司中层以上员工会议上，就收集到的市场服装品牌信息和拟邀请竞标的生产厂家信息，作专门的口头汇报。假如你是小王，你该怎么办?

提示：

发言前要做好周密细致的准备，内容集中，问题明确，思路清晰，方案具体，准备好相关的信息资料，包括品牌的样品、图片等。

不妨先写一个发言提纲，发言时按提纲讲；或者先打好腹稿，要胸有成竹，才能侃侃而谈。

发言时做到自然大方，从容镇定。

活动二：模拟某公司开业典礼，请你致辞

提示：

致辞内容应包括标题、称谓和正文等。标题可直接说“贺词”，或“给×公司开业的贺词”等。称谓要具体、准确。正文一般分开头、主体、结尾三部分：开头应简略地说明祝贺的原因，并说出贺

语；主体部分应充分肯定、赞扬对方，阐发祝贺事由的积极意义；结尾提出希望，并预祝将来取得更大的进步与成功。

致辞时要求做到：情感真挚、热烈、不矫揉造作；主题鲜明突出，但篇幅不能过长；语言简洁、明快、层次感强。

你可以先把致辞写出来，熟练时，可以脱稿从容地讲，不熟练时，可以照稿讲。多练多讲，熟能生巧，到一定时候，你也可以出口成章，应对自如。

活动三：用演说的形式完成“野马行动项目”中的向公司同事传递出游方案的设计信息任务

提示：

可以按照旅游时间顺序、日程安排，介绍各个方案的具体情况。

评估：你能侃侃而谈吗？

一、课堂评估

在课堂上分组模拟项目方案介绍的演说，相互点评，推选最佳演讲者在全班示范。

二、继续完成下列任务，评估自己口语形式传达信息的能力如何

1.面对大家，谈谈交通事故日益增多的原因。

2.以“网络多奇妙”为题，谈谈网络的出现、发展给我们生活带来的变化。

3.以自己亲身经历的一件事为例，说说用口语准确传递信息在工作生活中的重要性。

第二节　用文字与图表展示信息

目标：学会图文并茂

有人从实验中发现：人们从文字上获得的信息量为13%，从影视上获得的信息量为23%，而从图片上获得的信息量可达52%。人们从图形图象上获得的信息快捷，而且不受读者文化程度及语言差异的影响，特别适应当今社会的快节奏。

用文字和图表等多种形式来传达信息，具有丰富、生动、简捷的效果。

通过本节的学习和训练，你将能够：

掌握文、图、表等多形式传达信息的基本方法，使用文、图、表等多形式传达信息。

示范：一图纳千言

使用文字和图表传递信息更加直观、简练和丰富。使用文字、图表的形式传递信息，在工作中经常使用。如：

怎样用书面方式传递信息

> ·金马鞍项目·
>
> 小王收集整理信息后，除了需要向领导进行口头汇报和向同事演说、推介说明外，在传递信息过程中，他还需要使用图和表等多种形式来展示信息，以使大家能够一目了然，并在最短时间内让接受者以直观的形式掌握资料。

准备：掌握要领　一目了然

将信息转换成文字、符号、图像传递给信息接受者，这种方式可以避免信息失真变形，实现远距离多次传递，便于利用和存储。日常工作中，文字传递信息的主要表现形式是文本、表格、图表等。人们可以利用这几种形式编发各种信息简报、报告、统计报表及市场快报等传递信息。

一、文本

文本是大多数信息的传递形式。为了增强文本的影响力和清晰度，可以运用一些文字处理，如：

- 对标题和重点内容的字体加粗或画重点线
- 对各要点加上序号或符号
- 使用艺术字
- 使用文本框，突出部分文本
- 使用不同字体和字号显示信息等等

二、表格

表格是用于对特定的、标准的信息进行展示的。在表格中系统地排列信息，更简洁直观，信息容量大。运用表格传递信息要做到：有完整的标题；体现一定的目的，项目信息简明；项目排列要按逻辑顺序布局（如表2–9）。

表2–9　邮件收领登记表

收到日期	投递方式	收件人	来　自	签　领

三、图表

统计信息以图表的形式传递，更易表达和理解。基本的图表有柱状图、饼状图、折线图等。使用何种图表取决于传递信息的类型。图表的制作可以借助Excel完成，在网络上键入“柱状图”、“饼状图”、“折线图”等关键词，你可以获得制作的辅导。这里只介绍几种图表的特点。

柱状图　柱状图中的信息用坚实的柱子标示，多用于统计数字的比较，容易理解。如每季度的产品销量、每月的电话费、一年来的销售量比较等等（见图2–9）。

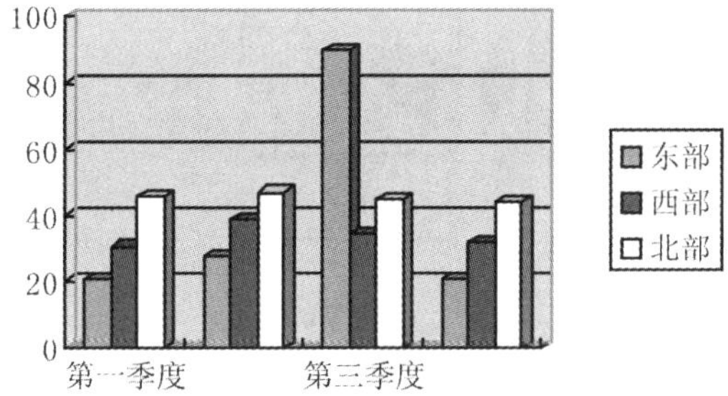

图2-9 东、西、北部汽车销售数量

饼状图 饼状图是用环形的形式来展示信息，其中的圆环被分成几个区域，每个区域信息在整体中占一定的百分比。

饼状图传递信息应做到：标题完整；每一区域用不同的颜色或阴影表示；按比例划分每一区域；注明信息来源。用于表示整体内各部分之间的比较，如表示月份的销售量分别在整体中占的比例（见图2-10）。

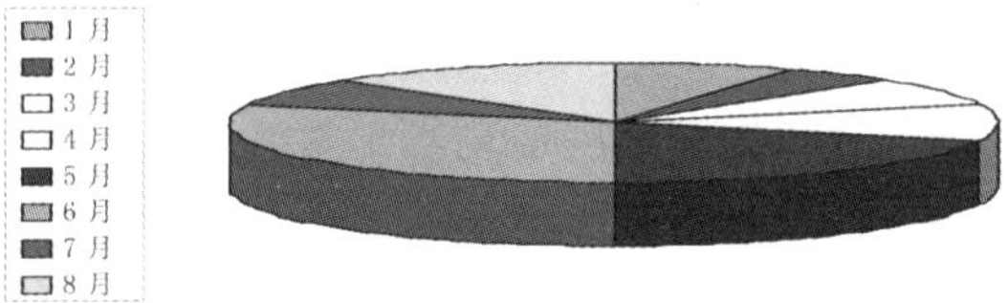

图2-10 天地公司1—8月份商品房销售情况

折线图 用于表示趋势及比较性信息的图表。如一定时期产品销售量、产品价格(见图2-11)。

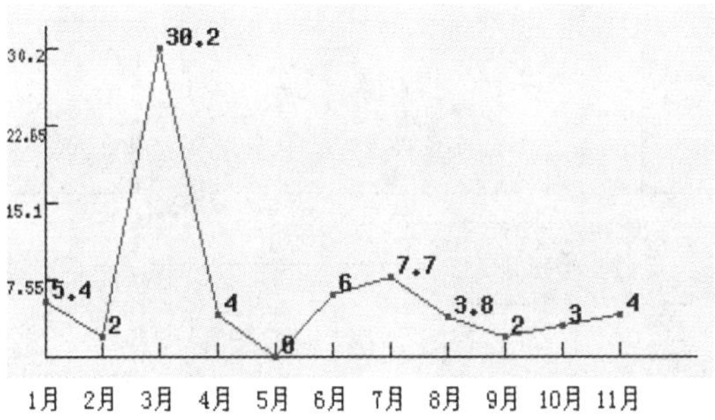

图2-11 海天商场2016年洗衣机销售量

框图 框图是用图解的形式来表示信息。它一般分流程图和组织图两种。

流程图以简单直观的图解表示做某项工作的程序，用于分析任务的逻辑进程。任务常常用方框表示，用箭头连接，箭头表示信息或任务的流向（如图2-12）。

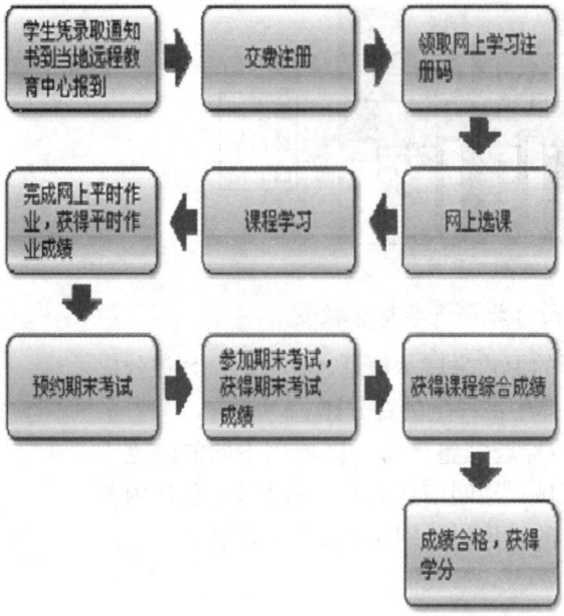

图2-12　网上学习流程图

组织图显示一种线性、隶属及层级关系（如图2-13）。

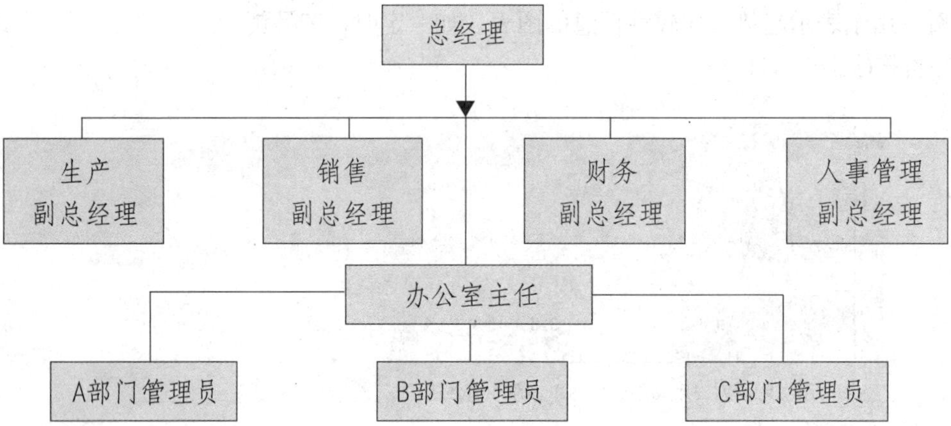

图2-13　组织结构图

行动：用图和表传递信息

活动一：“金马鞍项目”（9）——使用文图表形式发布信息，征求反馈意见

在征求员工对服装的选择意见时，可以做成图文宣传资料，形象直观，放在内网上，供员工选择款式（如表2-10）。

怎样用新闻方式发布信息

表2-10　品牌分类投票表

品牌	深圳芊	广州风	上海仑	北京威
男装				
女装				
投票（打√）				

活动二：请你用表格重新呈现下列文字信息

由于天气突然降温，河东市场蔬菜价格出现上涨。银田农批市场信息中心价格监测显示，目前蔬菜总平均价1.58元/斤，比降温前上涨了11%，主要是叶菜类上涨，叶菜平均价0.78元/斤，同比上涨50%。

叶菜类涨幅较大的主要原因是，河东地区突然降温，受寒流影响，叶菜生长受阻，市场供应量不足。其中菜价涨幅较大的有：菜心每斤1.2元、芥兰1.5元、小白菜0.8元、上海青0.8元、西洋菜0.7元、麦菜0.8元、芥菜0.7元，分别涨0.6元、0.7元、0.3元、0.4元、0.3元、0.3元、0.3元。瓜豆类、食用菌类价格尚未受这次寒流影响，基本平稳。

提示：

表格为3列8行，第一行从左至右分别是“菜名”、“价格”、“涨幅”。

活动三：利用图和表把收集到的“野马行动”出游的信息展示出来，征求公司员工的意见

提示：

表格包括：旅游方案、路线介绍、交通工具、住宿条件（宾馆星级）、用餐、费用等信息。

怎样用电子手段传递信息

评估：会制作图表了吗？

一、课堂评估：

在课堂上展示“野马行动”项目使用文图表多形式展示信息的成果，比较各自特点，评估最优方案。

二、继续完成下列任务，评估自己利用图和表展示信息的能力如何

怎样用文字与图表展示信息

1.展示上述三种活动完成的材料文本；互相评议，选出最佳文本。

2.请你用同一地点不同时间的两张图片，配以简洁的文字，表达某种信息（或者是同一人不同年龄的生活相片）。

3.调查10人的月薪及某月伙食、交通、电信、娱乐、运动、应酬等开支情况，并用表格的形式表达出来。

第三节　用计算机编排版面展示信息

目标：优化展示信息，并实现信息资源共享

学会用计算机排版，强化重要信息，突出主要信息，优化信息内容，十分重要，十分实用。不管是办公中处理文件、还是做广告宣传的文本、产品展览的展板，或者是自己建的博客、微博，传递自己的文章、图片，用PPT演示工具辅助演讲等等，独特的表现形式可以收到意想不到的效果。

通过本节的学习和训练，你将能够：

学会使用计算机编排版面，展示信息。

示范：优化版面

计算机是信息处理能力十分强大的工具。我们平常手工能做到的版面设计，计算机都能实现，而且更快、更好、更优美。在展示信息时，使版面优化，是我们工作时比较基础的实用性很强的技能。如：

怎样用计算机编排版面展示信息

> ·金马鞍项目·
>
> 小王在向领导和同事进行汇报时，需要使用PPT，用文字、图表、视频等多种形式来展示信息，准备时就少不了利用计算机的强大编排美化功能，以便更好地突出主要信息，优美地展示信息。

准备：掌握基本操作方法

一、格式设置

创建和打印的每一篇文档都需要不同的页面设置。可以将文档打印在标准尺寸的纸张（例如16开、32开或信封）、国际标准尺寸的

纸张，或者可以接受的自定义尺寸的纸张上，从而获取所需的打印外观。也可以将几页文档打印在一张纸上。还可以选择适合整篇文档或所选内容的打印方向。

为了美观和便于阅读，文档与纸的边缘必须有一定距离，从纸的边缘到文档的距离叫页边距。

段落的缩进就是段落的行相对于左、右页边向版芯缩进的距离。段落的缩进有以下几种类型，它们是：首行缩进、左缩进、右缩进和悬挂缩进四种形式，标尺上有这几种缩进所对应的标记。

页眉是打印在每页顶部空白处的文本。页脚是打印在每页底部空白处的文本。通常页眉和页脚都包括姓名、文档标题、文件名、打印日期和页码。如果你将文档分成几章，则你可以为每一章创建不同的页眉和页脚。

怎样用平面方式展示专题信息

报纸样式的分栏可以给新闻稿和手册增添更好的外观。将整篇文档、所选文本，或者个别章节分栏要在页面视图上进行。如果需要，Word可以插入分节符，然后平衡这些分栏。

要编辑页眉和页脚、调整页边距和处理分栏和图形对象，应选择页面视图。在页面视图中，文档或其他对象会出现在它们的实际位置上，与打印效果一样，也就是我们平时所说的所见即所得。

行政公文的制作版式有规范的格式，你如果需要，可参考国家质量技术监督局1999年12月17日发布的国家标准《国家行政机关公文格式》等相关的学习资料。

二、字体、字号的选择

1.公文类文档的字体与字号选择

公文类的文档有规范统一的格式，内容的表达要求规范、严谨，因此，字体字号的选择一般也有统一的规范。如行政公文正文一般用3号仿宋体，标题字用2号小标宋体，这些字体比较规整、严谨，在公文、科技文体的排版中，一般不用隶书、魏碑体及其他行书、草书等带有艺术性的字体。

其他类型的文档，如论文、商业计划书等比较正式的文件资料，正文可使用宋体、仿宋体；标题字可使用宋体、楷体、黑体、方正正中体等，以突出强调提示信息点。

2.宣传广告类文档的字体选择

除正式、严肃的文件资料外，其他的宣传板报、广告类的文档，可以使用艺术感强的字体，如隶书、魏碑、草书、行书、微软雅黑、琥珀体、幼圆体等，可以加些艺术的修饰，进行字体的变形，以强化重要的信息，美化版面。在电脑Windows环境下处理word文档时，“工具栏”中的很多按钮可以提供给你特殊效果的选择。

三、演示文稿PPT的制作要求

PPT是Power Point的简称。随着电脑的普及，越来越多的人在做演讲或者在介绍公司产品的时候，都会用到PPT，使用人群非常广泛。

制作PPT，涉及文字、图片、视频、音响等资料的运用。在一个平面上设计，总的原则是：丰富鲜明、美观和谐。基本的要求是：

1.每屏文字不宜多，字号不能太小。一般情况下，每屏文字不要超过8行。除了个别的重要段落外，一般只把关键词和需要听众记住的重要语句放在PPT上，要让观众一目了然。

2.字体稍变换，颜色不能杂。一般黑体厚重、宋体庄重、楷书、雅黑清秀、魏碑有力、隶书柔和，其他艺术字体各有不同的感受。这些可以根据表达的需要，形成对比就可以了。字体的颜色可以有些变化，配色要简洁，不能太杂太花哨，一般每屏的颜色不要超过3个。

3.标题要醒目，前后要一致。标题字体要醒目，字号要稍大。同级的标题前后保持一致。

4.母版要相配，文字与底色对比鲜明。母版选择的颜色要与内容一致，一般红色热烈、蓝色沉静、橙色激情，绿色生机，白色纯粹中性。母版与文字的颜色要有反差，比如，深色底用浅色字，或者浅色底用深色字，要有强烈的对比，字才能突出。

5.图片辅助说明，动画不能喧宾夺主。在PPT里配上适当的图片，能够让PPT的效果大大提升。图片主要是辅助说明的工具，一种是佐证性的真实图片资料，包括链接的视频资料。另一种是说明性的图片，主要是卡通、漫画、动画，用以诠释文字的概念信息，丰富的图片有利于内容表达，但不能喧宾夺主，特别是一些动感性的卡通和底版装饰图，演讲时看完后及时关闭，不能影响听众的注意力。

现在有一些专门做PPT的工具图，各种不同的概念结构表达的模板，如流程、结构、比例、图表等等，很精美，很好用，你可以应用在自己的PPT中。

6.插入音频视频，丰富展示内容。把需要链接的音频或视频放到一个文件夹里，然后，进入PPT的操作界面，点击插入命令下的声音或影片，然后，在出现的菜单中找到刚才建立的文件夹中的音乐或视频文件，点击确定就可以了。注意：要插入的音乐或视频文件一定要和PPT文件放到同一个文件夹中，这样才能在其他电脑上正常播放。

行动：编排展示信息

活动一：“金马鞍”项目任务（10）——展示信息

在信息搜集和反馈过程中，利用公司局域网进行网上咨询和投票，在公司主页上展示相关信息，写成相关的方案向领导汇报等等，都有使用计算机编排版面信息的过程，请你利用前面我们所学到的技术，优化美化你的文档版面。

活动二：完成“野马行动”中使用计算机编排展示信息任务

评估：掌握版面编排技巧了吗？

一、课堂评估

在课堂上展示大家的“野马行动”项目的计算机编排展示成果，比较各自特点，评估最优方案。

二、继续完成下列任务，评估版面编排的能力如何

1.请比较报纸上的几种文体的排版技术，如新闻版、理论版、艺术文体版、时尚版的文章在排版上有何不同，各用了哪些字体？

2.用计算机排版制作你的项目的展览板，并打印提交。

第四节　用多媒体手段辅助信息传达

目标：学会使用多媒体

现代社会信息传达的媒介越来越丰富，技术越来越发达。互联网时代是一个可视化传递交换信息的时代，人们常常同时用文字、图形、图像、声音、动画、活动影像等多种媒体来传播信息，越来越方便，效果越来越好。

在教学、演讲、产品宣传等职业活动中，运用多媒体手段辅助信息的传达，能产生形象、生动、丰富、互动等效果。

通过本节的学习和训练，你将能够：

1.了解多媒体的含义、特点和作用。

2.学会运用多媒体手段辅助信息传达。

示范：君子善假于物

怎样用多媒体手段辅助信息传达

先看这个案例：

> 刘芳华是色彩公司的形象顾问，为白领女性进行个人形象设计，包括服饰搭配、日常化妆、色彩选择等。开始时，她经常通过否定顾客原来的形象来提供建议，顾客不太愿意承认自己没有品位，因而，她的建议不太容易被顾客采纳。后来，刘芳华的先生给她出了个主意，让她运用多媒体手段，通过与顾客自身条件基本一致的电脑模特来向顾客提供改变自我形象的展示，刘芳华一试，果然奏效，这种形象直观，快捷方便的手段帮助了刘芳华，使她成了顾客离不开的知心朋友。

刘芳华运用多媒体有效地与顾客沟通，获得了事业上的成功。

这个案例说明了什么？再如：

> ·金马鞍项目·
>
> 小王除使用图表等形式展示信息外，当然还需用声、像、图综合在一起的多媒体手段展示信息，直观生动。

准备：熟悉多媒体的特点，掌握其用法

一、多媒体的含义、特点和作用

含义：多媒体又称为交互媒体或超媒体，指能同时对文字、图形、图像、声音、动画、活动影像等多种媒体进行编辑、存储、播放并能同时对它们进行综合处理的多功能技术。

特点：一般是以电脑为一个综合中心，利用文字、图形、影像、动画、声音等不同的媒体信息，在不同的界面上组合及流通，使得此媒体信息可以在电脑上存取、转换、编辑、同步化等，以达到电脑与使用者的双向交互式、多样化操作环境。

作用：形式生动活泼，交互手段丰富，多媒体资料存储在光盘介质上便于携带，只要有电脑就可以播放，方便快捷。

二、多媒体辅助手段传达信息的基本步骤

一般可按照以下步骤进行：

（一）根据传达信息的目的确定用多媒体辅助的内容。

在我们的“金马鞍”项目中，如果为了征求员工们对高级工作服选择的意见，传达信息的内容应该是展示服装的式样，应给公司的员工传达几种品牌的式样、色彩和质感等方面的信息。

（二）根据表达的内容确定制作多媒体的具体方法。

制作多媒体资料可以使用powerpoint、Authorware、AutoCAD等软件实施，具体的制作步骤需要专门的学习，你可参看相关的教材，或进入相关的网站学习。这里只介绍功能的要求：

1. 多种功能的发挥。在使用Authorware5.0软件制作多媒体资料时，可以应用该软件的一些特点：

（1）交互作用能力。为了适应员工查询的需要，在多媒体资料中，使用按钮方式、热区方式、热目标方式等多种交互作用响应类型。

（2）多样化的文字处理能力。根据说明的内容，利用软件中的文字处理工具，使他们组织版面更容易。

（3）较好的图像处理功能。Authorware5.0既能较好地进行各项图像的处理，还支持多种音频、视频和数字电影文件，可以将背景音乐、录制的声音文件与动画有机地结合在一起，使设计的画面具有真实的效果。

研读案例
举一反三
你就是高手！

具体来说，多媒体光盘技术资料，采用模块化设计方法，整个应用程序除了片头、片尾，可按不同需要分成各个子模块，各个子模块

单独设计。应用程序的框架建好后，重点是收集相关资料，准备相关素材。图片资料的准备比较容易，利用一些需要的产品照片和其他有关图片，通过扫描仪扫描到计算机里，再利用Photoshop图片处理软件逐张处理就行了。

2.高难技巧的设计。三维模型设计和动画场景的制作难度较大。比如介绍服装使用时，可以使用动画场景，采用较高难度设计，可以直接在AutoCAD环境完成三维模型设计。

当然，你也可根据自己的能力和你所制作的多媒体的内容选择适合你的制作软件，如Powerpoint，这种软件比Authorware操作起来更容易，只是制作的画面没有Authorware生动。

行动：分析案例，动手制作

活动一："金马鞍项目"(11)——使用多媒体形式展示信息

如果领导要求在公司中层会议上作汇报，为让与会人员有更形象、更直观的感受，你可以用Powerpoint软件制作PPT演示文稿，它能帮助你获得好的信息展示效果（如图2–14）。

现在，你完全有能力独自制作一个漂亮的PPT文件，并进行演示。

图2–14　幻灯片

活动二：请你运用多媒体辅助手段做一份产品宣传片，或介绍你们的创业项目

怎样利用网络新媒体展示信息

步骤一：确定产品宣传书的内容及其制作多媒体的要求。

拟订宣传或报告的大纲，基本内容要点。

步骤二：资料准备。

根据步骤一准备图片、音频或视频等资料。

步骤三：制作多媒体。

1.选择多媒体应用软件的开发工具，如Authorware5.0或Powerpoint2000软件。你可任选其一，学习其使用方法，高难度的制作方法请参考相关的教程，也可从网站下载相关的学习教程。

2.具体制作方法与步骤。根据步骤一中需要展示的材料，运用多媒体制作软件完成。

评估：学会制作多媒体演示文件了吗？

一、课堂评估

在课堂上演示大家的“野马行动”项目的多媒体信息展示成果，比较各自特点，评估最优方案。

二、全面评估自己的信息素养

美国图书馆协会和美国教育传播与技术协会1998年在《信息能力：创建学习的伙伴》一书中，提出了信息素养教育的3个部分、9条标准和29项具体指标，请你对照评估一下，评估结果填在后面的横线上。

怎样利用收集的信息预测趋势，创新信息

第一部分：信息素养

标准一：具有信息素养的学生能够有效地和高效地获取信息。

指标1：认识对信息的需求。

指标2：认识到准确和综合的信息是进行智力决策的基础

指标3：基于信息需求而形成问题。

指标4：确定各种潜在的信息资源。

指标5：发展和使用查找信息的成功策略。

怎样收集信息反馈，评估效果

标准二：具有信息素养的学生能够熟练地、批判性地评价信息。

指标6：确定准确性、相关性和综合性。

指标7：在事实、观点和意见中做出区别。

指标8：确定不准确的误导的信息。

指标9：选择适合目前的难题和问题的信息。

标准三：具有信息素养的学生能够精确地、创造性地使用信息。

指标10：为实际应用而组织信息。

指标11：把新信息整合到自己的知识中。

指标12：在批判性思维和问题解决中应用信息。

指标13：用适当的形式制造和交流信息和理念。

第二部分：独立学习

标准四：作为一个独立学习者的学生具有信息素养，并能探求与个人兴趣有关的信息。

指标14：查询与个人福利相关的各种信息，如职业利益与对社区的融入、健康事宜和娱乐追求。

指标15：设计、开发和评价与个人兴趣相关的信息产品和信息资源。

标准五：作为一个独立学习者的学生具有信息素养，并能欣赏作品和其他对信息进行创造性表达的内容。

指标16：成为一个有能力的和自觉的阅读者。

指标17：从被创造性地以不同形式呈现的信息中获得意义。

指标18：开发不同形式的创造性产品。

标准六：作为一个独立学习者的学生具有信息素养，并能力争在信息查询和知识创新中做得最好。

指标19：评估个人信息查询过程和结果的质量。

指标20：设计策略来修正、改进和更新自我生成的知识。

第三部分：社会责任

标准七：对学习社区和社会有积极贡献的学生具有信息素养，并能认识信息对民主化社会的重要性。

指标21：从不同资源、背景、学科和文化中查询信息。

指标22：尊重平等存取信息的原则。

标准八：对学习社区和社会有积极贡献的学生具有信息素养，并能实行与信息和信息技术相关的符合伦理道德的行为。

指标23：尊重智力自由的原则。

指标24：尊重知识产权。

指标25：负责地使用信息技术

标准九：对学习社区和社会有积极贡献的学生有信息素养，并能积极参与小组的活动来探求和创建信息。

指标26：与他人共享知识和信息。

指标27：尊重他人的想法和背景，承认他人的贡献。

指标28：既面对面，也通过技术与他人合作，以确定信息问题并寻找解决方法。

指标29：通过面对面或技术手段与他人合作，来设计、开发和评价信息产品和解决方法。

对照以上标准及指标，检查一下你在信息素养方面已经具备，还有哪些不足，想一想，下一步怎样提高。

请你做：

9条标准中已达到的指标有：	9条标准中未达到的指标是：
1. ______ 2. ______ 3. ______	1. ______ 2. ______ 3. ______
4. ______ 5. ______ 6. ______	4. ______ 5. ______ 6. ______
7. ______ 8. ______ 9. ______	7. ______ 8. ______ 9. ______

III

数字应用能力训练

中

第一单元 采集与解读数据

能力培训测评标准

根据工作任务的需要——

采集并解读来自两种不同渠道的数据信息，其中一个要包括一个图表。

在解读数据信息时，能够：

1. 从不同信息源获取相关信息（如从书面、图形，或从测量观测所得的第一手材料）。

2. 读懂并能编制坐标图、表格、直方图及示意图。

3. 读懂各种形式的数，包括负数（如贸易损失，零下温度）。

4. 估计总量及部分量的比例。

5. 按精度要求读出一些测量设备的刻度（如精确到10毫米或1英寸）。

6. 做出准确观测与统计（如每小时客流量的记数）。

7. 选择合适的方式来获得所需要的结果，包括数据组（例如高度、工资和奖金等）。

8. 将解读数据图表并经过简单计算后得到的数据分类、汇总，以便按工作任务要求解答问题。

（摘自《职业核心能力培训测评标准〈数字应用能力单元〉》中级）

无论是工作还是生活，只要我们生存在这个世界上，就无时无刻不与数字及数字计算打交道。为了更好地生活和工作，我们必须能够读懂数据、处理和分析数据、并根据所得的结果解决实际问题。

上引的培训测评标准是我们在中级数字应用活动中的第一个活动要素：采集与解读数字信息。在这个要素阶段基本的能力点表现为：

1. 从不同信息源（如调查、测量、网上查询、其他资料的查询等）选择合适的方式获取相关数据信息,做出准确统计。

2. 读懂各种形式的数，解读图表上的数据，按要求精度读出一些测量设备的刻度，作出准确观测。

3. 对数据进行分类、汇总及编制图表(坐标图、表格、直方图及示意图)。

为了方便学习，我们把这3个能力点分为两节进行训练,其中第1、2个能力点作为一节,第3个能力点作为一节。

本课程采用行为导向型的教学方法，即用实际的案例分析和任务驱动的教学方法，务求使你分享到数字给你的生活及工作带来的方便和愉悦。通过训练，这些方法和经验将丰富你的知识结构，提升你的职业技能，特别是你的核心能力——数字应用能力。

什么是数字应用能力？
“采集与解读数据”能力中级测评标准及应用

第一节　获取数据　读懂数据

目标：快速、准确获取数据

数据采集与获取是数字应用能力中最重要的一步，也是数据处理的第一步，数据采集的优劣直接影响数据的处理结果，以及对实际问题的决策。

通过本节行为导向的数据采集活动，你将掌握如何确定采集数据的范围，采集数据的方法（实际测量法、调查法、上网查询法、书面资料查询法、图表解读法等），并了解如何核对与判断所收集的数字信息是否正确无误。

通过本节的学习和训练，你将能够：

1. 根据工作任务的目的，能够知道自己需要做什么，从两种不同渠道（图表的与非图表的渠道）获取数据，知道得到的数据是否能满足自己的要求。

2. 了解得到数据的途径、手段、方法，选择合适的方式（实地观测、调查访问或解读图表）得到所需要的数据。

示范：了解所需数据　确定采集方法

·案例 1·

某食品公司的生产经理要求质检员小张抽检每天生产的水果罐头的重量。

根据厂里规定，每瓶罐头的标准重量为600±5克，即每瓶罐头的标准重量为600克，上、下浮动不超过5克。这是因为在销售价格不变的情况下，罐头的重量大于600克导致公司成本上升，罐头的重量少于600克顾客的利益会受损失。因此公司设定出厂罐头的重量标准：每瓶罐头的标准重量为600±5克，即设罐头的重量为x，则$|x-600|<5$（克）的罐头为合格产品。

质检员小张需要做什么？

当我们需要获取数据信息时，会发现必须先要了解以下几方面的问题：
——明确获取数据信息的范围。
——明确需要多少数据。
——确定获取数据信息的方法。
——按要求的精度读出测量设备的刻度（如精确到10毫克）。

在我们的生活和工作当中，会遇到各式各样的问题，解决这些问题时，通常首先需要获取相关的数据信息，而获取信息就要从以上这几个方面去考虑。

从实际需要出发，根据现实条件，事先把需要解决的问题尽可能考虑得仔细和详尽，明确获取数据信息的范围，明确需要多少个数据，确定获取数据信息的方法。这样，根据这些设定好的内容进行测量或查找，所得到的数据就会较全面、准确，就能满足解决问题的需要。

这项任务可使我们知道如何通过测量获取数据信息。

·案例 2·

某公司职员小王现有5万元人民币，他想存入银行5年。小王有几种储蓄方案可选，哪种储蓄方案获利最多?

要解决如何储蓄获利最多这个问题，小王首先应该了解获取数据的范围，并明确需要多少个数据。即小王首先得知道银行的储蓄利率是多少？1~5年期的储蓄利率分别是多少？

其次，小王应确定获取数据的方法。他可以直接到银行去查找，也可以在网上银行或电话银行查找，也可以通过询问亲戚朋友等多种方式了解银行储蓄的利率。

这项任务可使我们知道如何通过文件、图表获取需要的数据信息。

·案例 3·

一家广告公司在某城市随机抽取300人做问卷调查，其中一个问题是“你比较关注哪种类型的广告”，经过统计得到关注各种类型广告的人数的频数分布图（图4-1）。那么，你能否从图中获取关注各种类型广告的人数，以及关注各种类型广告的人数占总人数的百分比。

中

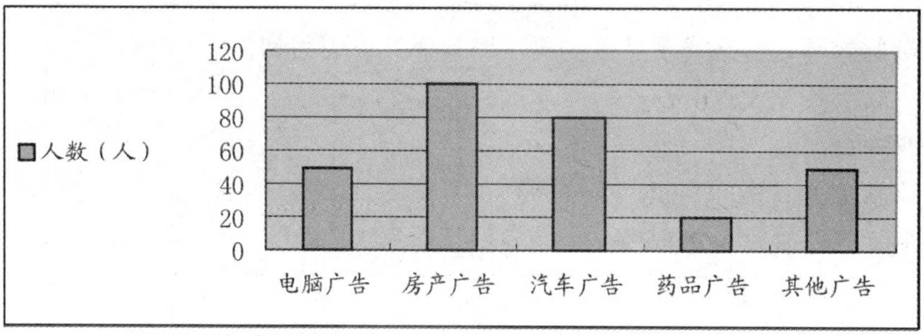

图3-1　关注各类型广告人数

通过此项任务，我们能够掌握如何通过图表解读出我们所需要的数据。

准备：确定数据搜索范围和获取数据方法

怎样确定数据搜索范围和获取数据

从上面的三个任务分析当中，我们可以看出，当我们需要获取数据信息时，首先要明确以下几方面的问题：获取数据信息的范围，需要多少个数据，获取数据信息的方法（实际测量法、调查法、上网查询法、书面资料查询法、图表解读法等）。

在明确所要搜集数据信息的内容和特点后，正确选定获取数据合适的方法是快捷、高效获取所需数据信息的必要条件。

一线人员获取数据的首选方式

1. 实际测量法：凡涉及物品的长度、宽度、高度、面积、体积、容积、重量、温度、湿度等物理特性方面的量，能够通过实际测量的方式得到数据信息的，就采用实际测量的方法。这是真实、可靠、可信的获取数据的方式。

实际测量时需要注意的事项如下：

正确选择测量工具，注意测量工具的精确度，测量的方式要正确，读测量数据时要满足计算精确度的要求。

2. 实际调查：在统计大量的数据信息时，往往需要用到实际调查。例如，要统计商场每小时的客流量，需要调查员在商场门口做现场记录；又如，要统计某个路段上下班高峰时段的车流量，也需要调查员在路口做现场记录；再如，调查某个社区1~3岁婴幼儿的数量，也需要调查员作实地调查。

在收集数据时，所收集数据的全体称之为总体。例如，案例一中每天生产的所有罐头的重量，就是案例一的总体。有时由于总体的数量过于庞大，收集数据有困难，同时也不必要收集如此多的数据，我们可以随机抽取一些数据作为样本，通过样本的数据来推断总体。往往一个好的抽样调查好过一次蹩脚的普查。

一个好的抽样调查的前提是样本能够很好地反映总体，即总体是“搅拌均匀”的，而样本是从中任意抽取的，那么样本具有同总体相同的信息。

随机抽样的方法有：

简单随机抽样：当所抽取物体体形较小，数量不多时，可将这些物体放入一个袋子当中，搅拌均匀，然后不放回地摸取。如：乒乓球、饼干、糖果等。

系统抽样：将所抽取的物体从1开始编号，然后按号码顺序以一定的间隔进行抽取。例如从500件产品中抽取50件进行检验，首先将500件产品从1开始编号，而后根据需要抽取50件这个数量，确定抽取间隔，$\frac{500}{50}=10$，即每隔10个抽取1件。假如首先抽取6号，那么下面抽取16，26，36，46，……496。这样一共是50件。

3. 从文件或图表中读取数据：许多数据可以从相关职能部门、互联网或媒体公布的资料中查找。这些资料中的数据信息往往是以图表的形式对外公布的。

信息量大，内容丰富

图表——指图中反映两个或多个变量之间的关系，符合数学制图要求的图形或图表。例如：函数图像，立体图形，统计图（饼形图、条形图、象形图、频率多边形、直方图、线图），统计表等。

函数图像——指采用坐标形式来表示两个要素关系的数字信息图像。它表示事物发展变化的趋势。

统计图和统计表是我们最常见的图表。统计图表具有信息量大、直观、明了的特点。

找到有价值的信息方式

统计表与统计图是整理、表达和分析数字资料的重要工具，用统计表可避免冗长的叙述，能把有关的数字列在一起，既便于计算比较，又易于发现错误和遗漏。绘制统计图可使数字资料形象化，通俗易懂。使读者在短时间内获得明晰的印象。

统计表的形式多种多样，一般由四个部分组成，即表头、行标题、列标题、主体，必要时可在统计表的下方加上表外附加。表头说明统计表的主要内容，行标题与列标题表示所研究问题的类别名称与指标名称。表外附加主要包括资料来源、指标的注释和必要的说明等。主体部分是数据资料。见图3–2。

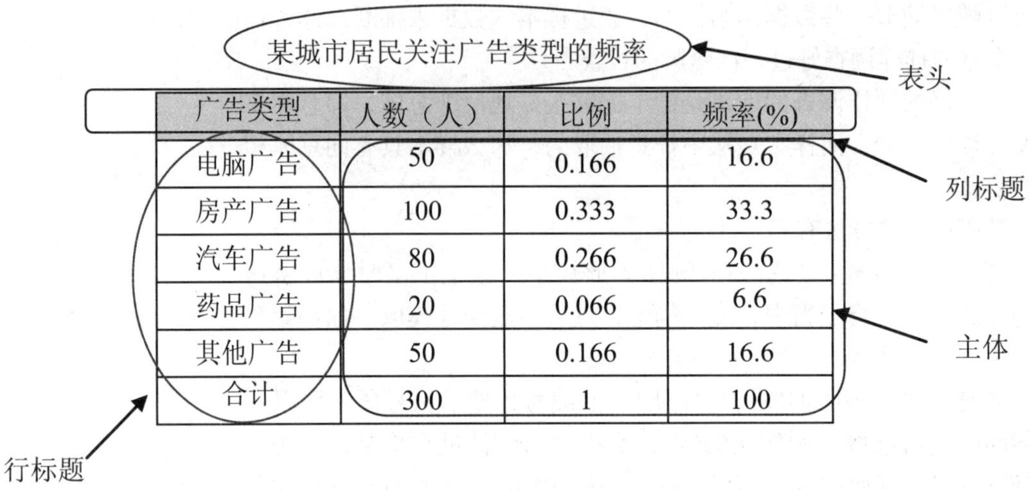

图3-2　统计表结构图

按照案例三所提供的数据做出统计图如图3-3、3-4、3-5、3-6、所示，统计表如表3-1所示：

统计表:

表3-1　广告类型人数

广告类型	人数（人）
电脑广告	50
房产广告	100
汽车广告	80
药品广告	20
其他广告	50
合计	300

条形统计图:

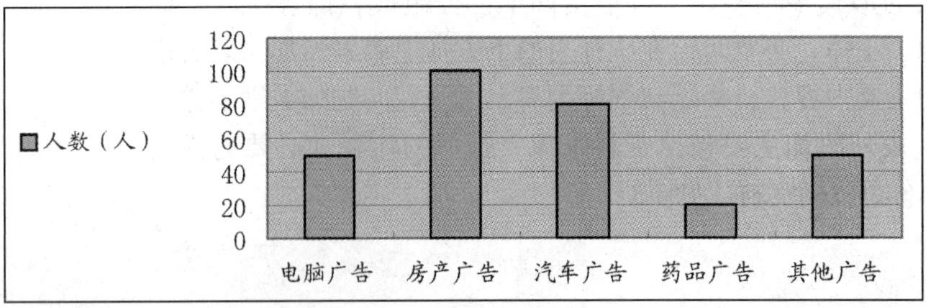

图3-3　广告人数条形统计图

折线统计图:

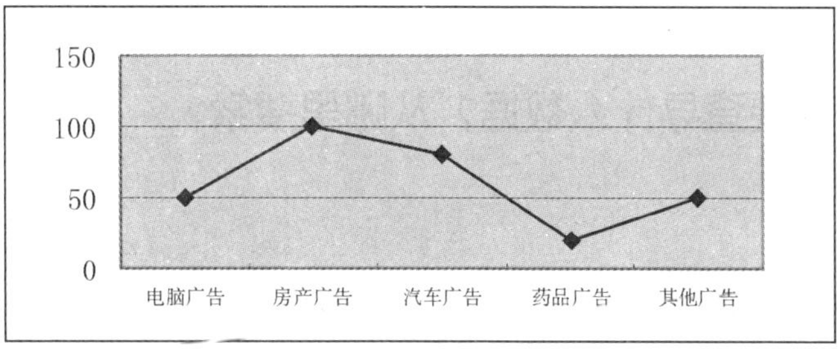

图3-4 广告人数折线统计图

饼形统计图:

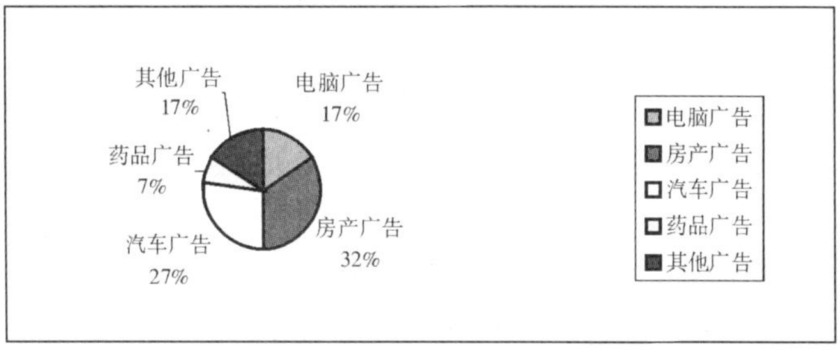

图3-5 广告人数饼形统计图

线图是在坐标平面上用折线表示数量变化的特征和规律的统计图，它的横轴一般为时间，纵轴为指标数据。如：下面是我国人口增长的折线图，从中可以看出，1949年以前我国人口增长缓慢，1949年后我国人口增长迅速，1997年后我国人口增长速度放慢。

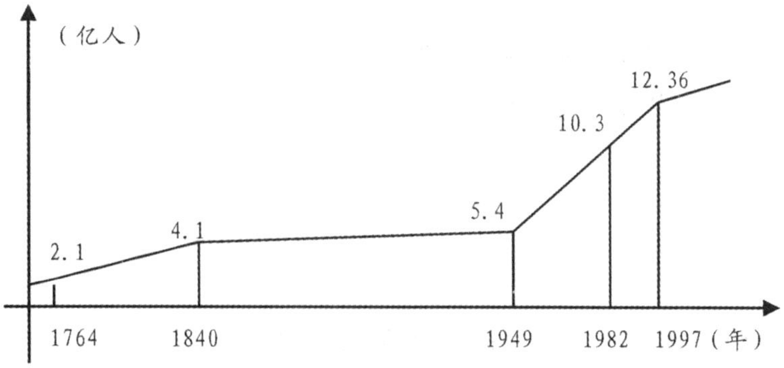

图3-6 我国人口增长速度图

行动：我要查寻什么数据？从哪里搜索？

想一想

某食品公司的生产经理要求质检员小张抽检每天生产的水果罐头的重量。

为了得到每天生产的罐头重量的数据，小张有两种方法可以选择：

一、他测量每一瓶罐头的重量，这样就获得了全部罐头重量的数据，我们将这些数据称为总体，这是最可信的方法，同时也最麻烦，如果公司每天生产的罐头数量很多，这个方法就不可行。

二、他随机抽取一定数量的水果罐头作为样本，通过测量这些样本的重量，从而推断总体的重量的数据信息。

质检员小张所面临的任务是——抽检每天生产的罐头的重量。而他不可能每一瓶罐头的重量都检测，因此他需要每天随机抽取一定数量的水果罐头作为样本，测量这些样本的重量来推断总体重量。

小张获取数据信息的范围是当天的每一瓶水果罐头的重量。假设小张需要抽取的数据信息的个数约为20个，那么根据系统抽样法，将1天的工作时间8小时分成20份，$\frac{8\times 60}{20}=24$，即他每隔24分钟抽取一瓶罐头，这样他一天一共抽取20瓶罐头。

小张选择的测量方法为借助仪器进行测量，通过仪器把随机抽出的每一瓶罐头的重量一一读出。

下面就是小张某天获取的水果罐头的重量数据：

602，601，594，594，597，596，598，601，598，599

600，603，599，597，598，600，603，595，600，600

试一试

活动一： 比较储蓄方案

某公司职员小王现有5万元人民币，他想存入银行5年，小王有几种储蓄方案可选，哪种储蓄方案获利最多？

下面是小王从网上银行查得的利率表：

表3-2 人民币存款利率表——（整存整取）

项　　目	年利率（%）
三个月	1.71
半年	2.07
一年	2.25
二年	2.70
三年	3.24
五年	3.60

活动二：从图中获取新数据

你能否从图3-7中获取关注各种类型广告的人数，以及关注各种类型广告的人数占总人数的百分比。

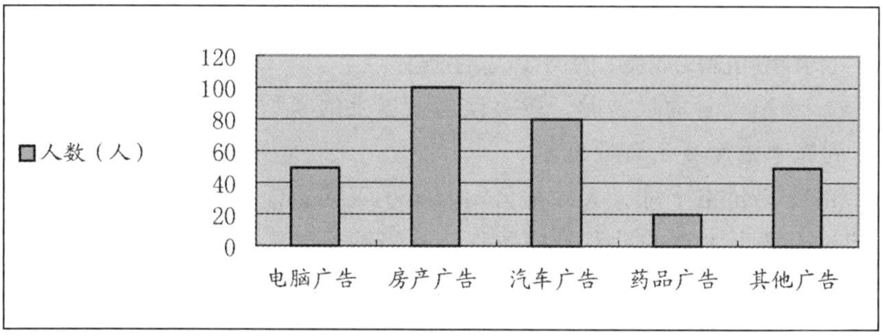

图3-7　关注各类广告人数图

从图中可以看出，横轴表示各种类型的广告，纵轴表示关注各种广告的人数，每一个类别所对应的条形的高度表示关注该类别广告的人数。因而可看出：关注电脑广告的有50人，关注房产广告的有100人，关注汽车广告的有80人，关注药品广告的有20人，关注其他广告的有50人。

同时也可从该结果中初步估计出关注各类型广告的人所占的比例：

关注电脑广告的人占1/6（$\frac{50}{300}=\frac{1}{6}$）。

关注房产广告的人占1/3（$\frac{100}{300}=\frac{1}{3}$）。

关注汽车广告的人占4/15（$\frac{80}{300}=\frac{4}{15}$）。

关注药品广告的人占1/15（$\frac{20}{300}=\frac{1}{15}$）。

关注其他广告的人占1/6（$\frac{50}{300}=\frac{1}{6}$）。

评估：你是否掌握了获取数据的要点

测一测

1. 某铜材厂生产长度为6cm的金属棒，每天生产300根，质检员王良每天抽检金属棒的长度是否符合要求，通常他需要抽样检查20根，请设计出抽样的方案。

提 示：系统抽样法。选取测量的仪器时，能够读出仪器上的小于厘米的刻度。

2. 某食品厂冷冻车间由于产品的需要，车间的温度需保持在0度左右，车间主任要小李记录车间温度数据，小李该怎样做?

提 示：系统抽样法。选取测量的仪器时，能够读出仪器上的零下温度，包括小数，注意到零下温度要用负数表示。

3. 由于国际上大豆的交易价格上涨，天津某公司职员小王接到任务，收集国内主要农产品市场上大豆的批发价格及查询从当地运到天津塘沽的里程。

提 示：小王可以从报纸、杂志、网络等媒体中收集大豆批发价格的信息、从当地运到天津塘沽的里程。

作业目的：能够掌握获取数据的关键要点，即在接受某项任务时，能够独立思考并确定所需数据及搜索范围，能够选取合适的方式获取所需数据。

第二节　归纳、分类数据并编制图表

目标：将数据分类并编制图表

归纳、分类数据并编制统计图表是数字应用能力中数据处理的第二步，也是比较重要的一步。合理地归纳、分类数据并正确地编制出统计图表有利于我们综合分析数据信息，对统计结果进行解释，并对后续数据处理作铺垫。

通过本节的学习和训练，你将能够：

1. 根据数据的特点，将数据归纳分类。
2. 根据数据的特点和类别，编制适当的统计图表。

示范：整理数据　编制简单图表

> ·案例 1·
>
> 上节案例一中，小张抽检某天生产的20听水果罐头的重量。

下面就是小张某天获取的水果罐头的重量数据：

602，601，594，594，597，596，598，601，598，599，600，603，599，597，598，600，603，595，600，600

怎样进行数据的归纳、分类与绘制图表

为了进一步了解生产的情况，小张需要做什么？

当我们需要分析数据信息时，必须先要做以下几件事：

——将数据信息整理、归类、排序

——将数据分组

——计算每组的频率

——制作频率分布表和频率分布图

我们收集数据的目的是要通过数据，分析当天所生产的罐头重量是否符合要求，但由于收集来的数据信息多且杂乱，我们无法直接从数据中看出、推断出生产的状况。因而需要将数据进行整理、归类，编制统计图表。通过图、表、计算来分析数据。

·案例 2·

某超市的总经理为了掌握经营状况，让助理了解其下属36家连锁店5月份的销售额(万元)。

助理调查后得到36家连锁店5月份的销售额(万元)：

167	190	166	180	167	165	174	170	187
185	183	175	158	167	154	165	179	186
189	195	178	197	176	178	182	194	156
160	193	188	176	184	179	176	177	176

助理应该如何向总经理汇报呢?

准备：明确绘制图表的方法及步骤

在得到所需要的数据或数据组之后，需要将数据进行整理(在初级中已有介绍)，做统计图是分析数据的一种基本方法。

做统计图的步骤如下：

1. 分组整理成频率分布表。

2. 制作频率分布直方图。

频率分布直方图中横轴表示统计的数量，如案例一中罐头的重量等。横轴上的每一个间隔都是组距。纵轴表示频率/组距。因此:

每一个小长方形的面积＝组距×（频率/组距）＝频率

怎样绘制频数分布表和用 Excel 软件制作频率分布折线图

频率分布直方图用每一个小长方形的面积来表示每一组数据的频率大小。由于等距分组时，每一组的组距相同，因而，也可以用每一个小长方形的高度来表示每一组数据的频率大小。

频率分布直方图中各个小长方形的面积总和为1。

频率分布直方图　是用矩形的面积来表示频率分布的图形。

频率分布直方图与条形图不同的是：条形图中的条形宽度一致，用长度表示每种类别频数的多少；而频率分布直方图是用矩形的面积来表示每种类别频率的多少，它的长度与宽度都有意义，宽度不一定相同。

频数分布直方图　一般对数据等距分组，用每一个小长方形的高度来表示每一组数据的频数大小。

绘制频率（数）分布直方图时，在平面直角坐标中，用横轴表示数据分组，用纵轴表示频率／组距或频数。

频率（数）折线图 也称为频率（数）多边形图，在频率（数）直方图的基础上，把每个矩形的顶部的中点用直线连接起来，再把原来的直方图去掉，就得到折线图。

需要注意的是在频数折线图中，折线的两个终点要与横轴相交，具体做法是将最左边和最右边的两个矩形的顶部的中点与其竖边中点连接延长到横轴。这样折线图与直方图所表示的频数分布一致。

由于人工绘图比较麻烦，我们也可以利用计算机来绘制统计图，下面介绍用Excel软件绘制。

1. 利用Excel软件将数据排序

方法是：输入数据——选中数据——选择菜单栏中的“数据”菜单——选择“数据”菜单中的“排序”功能——选择“排序”中的升序或降序——点“确定”或“OK”。

2. 利用Excel软件对数据进行筛选

方法是：输入数据——选中数据——选择菜单栏中的“数据”菜单——选择“数据”菜单中的“筛选”功能——选择“筛选”中的“自动筛选”功能——点“确定”或“OK”。

3. 利用Excel软件根据所作的统计表绘出所需要的统计图，如柱形图、条形图、折线图等

方法是：输入统计表——选中统计表——选择菜单栏中的“插入”菜单——选择“插入”菜单中的“图表”功能——选择“图表”中的“图表类型”功能——然后按照“图表向导”对话框的提示操作即可——最后点“确定”或“OK”。

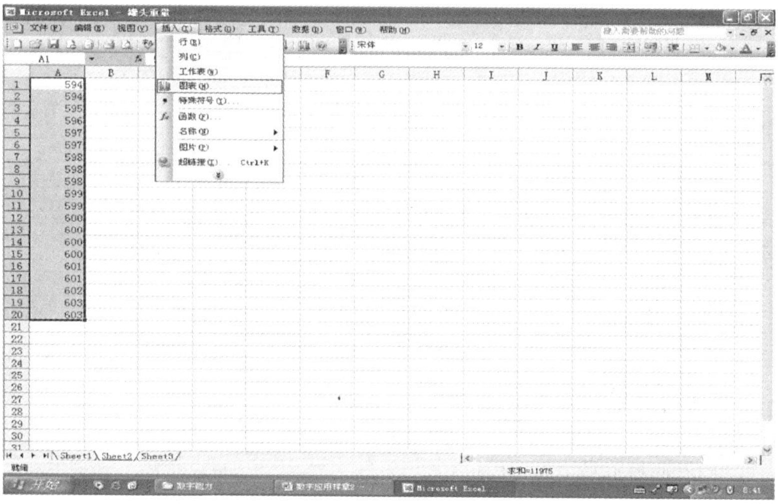

图3–8 Excel 生成图形

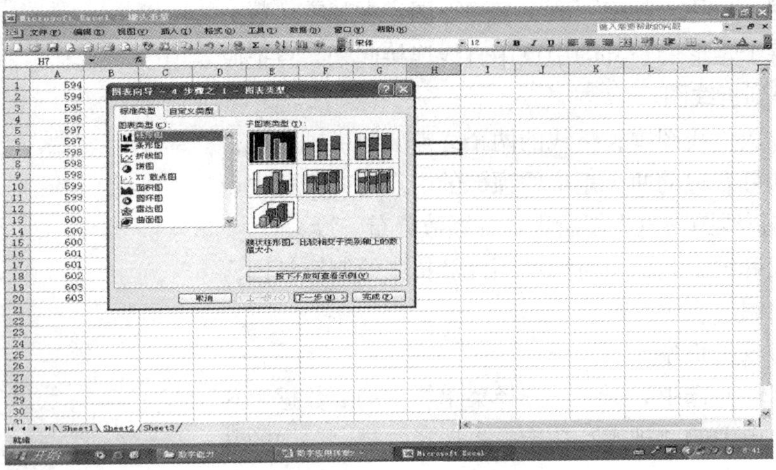

图3-9　选择图形

行动：如何整理数据、编制图表

想一想

由人口统计年鉴，可查得某地1949年至1999年期间每隔5年的人口数据（如表3-3）：

表3-3　人口数据统计

年份	1949—1954	1954—1959	1959—1964	1964—1969	1969—1974	1974—1979	1979—1984	1984—1989	1989—1994	1994—1999
人口数（万人）	4	4.8	5.9	7.4	9.6	13.7	18	22.4	27.1	33.8

对这组数据进行分析，进而对于人口变化情况有所了解。

提　示：根据所给的人口数据，可利用Excel软件做出线图，观察人口的变化情况。

试一试

活动一：整理数据 绘制图表

某罐头厂的生产经理要求质检员小张抽检某天生产的水果罐头的重量。

小张获取数据后对数据进行处理：

练习制作频数分布表和频数分布图

1. 通过Excel对上述数据进行排序，可知

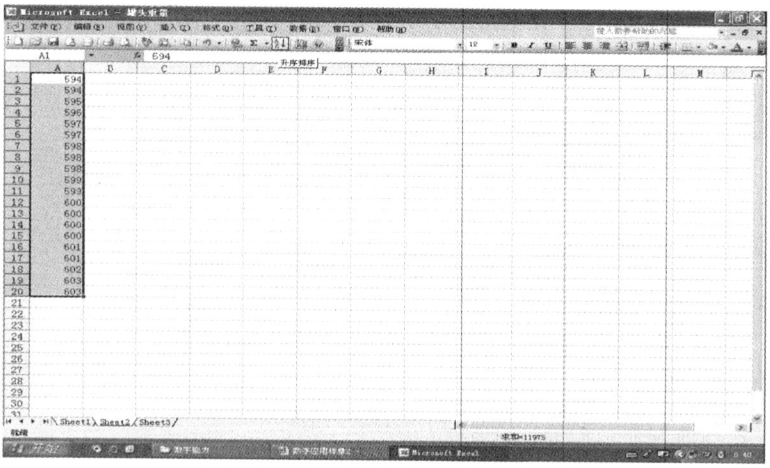

图3-10 用Excel对数据排序

数据按照由小到大的顺序排列如下：

594，594，595，596，597，597，598，598，598，599，599，600，600，600，600，601，601，602，603，603

2. 按照罐头出厂的标准，将数据进行分类

设x为罐头重量，$|x-600|<5$的有17个，$x<596$的有3个，$x>604$的没有。可以看出不符合出厂标准的有三只罐头。

不符合出厂标准的罐头的比率为$\frac{3}{20}=15\%$，

符合出厂标准的罐头的比率为$\frac{17}{20}=85\%$。

3. 为了更详细地分析数据，我们将数据分组处理

（1）极差=603−594=9，根据数据的特点来确定组距为2，则组数为5。

（2）制作频率分布表。

表3-4　某厂某日罐头重量的频率分布表

分组	频数	频率
[594，596)	3	0.15
[596，598)	3	0.15
[598，600)	5	0.25
[600，602)	6	0.3
[602，604)	3	0.15
合计	20	1

（3）利用Excel软件制作频率分布直方图：

方法是：输入统计表——选中统计表——选择菜单栏中的“插入”菜单——选择“插入”菜单中的“图表”功能——选择“图表”中的“图表类型”中的“柱形图”——然后按照“图表向导”对话框的提示操作即可——最后点“确定”或“OK”。

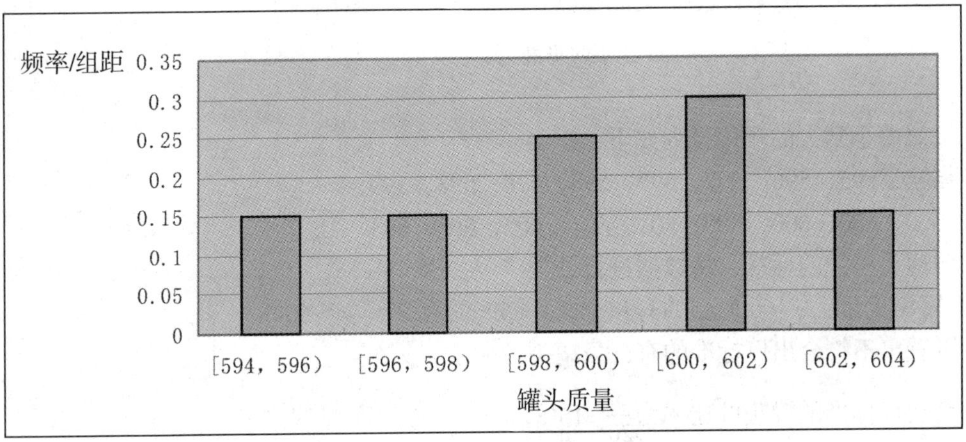

图3-11　罐头重量频率分布直方图

（4）也可利用Excel软件制作频率分布折线图：

方法是：输入统计表——选中统计表——选择菜单栏中的“插入”菜单——选择“插入”菜单中的“图表”功能——选择“图表”中的“图表类型”中的“折线图”——然后按照“图表向导”对话框的提示操作即可——最后点“确定”或“OK”。

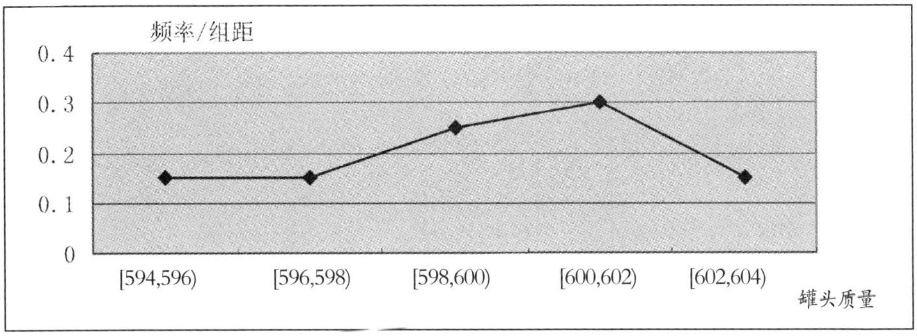

图3-12　罐头重量频率分布折线图

活动二：处理数据

助理为了向总经理汇报36家连锁店5月份的销售情况，对36家连锁店5月份的销售额(万元)数据进行了处理：

1. 将销售额等距分为10组，组距为5，编制频数分布表。
2. 绘制销售额频数分布的直方图，说明销售额分布的特点。

表3-5　销售额频数分布表

销售额	频数	频率（%）
151-155	1	2.7
156-160	3	8.3
161-165	2	5.5
166-170	5	13.8
171-175	2	5.5
176-180	10	27.7
181-185	4	11.1
186-190	5	13.8
191-195	3	8.3
196-200	1	2.7

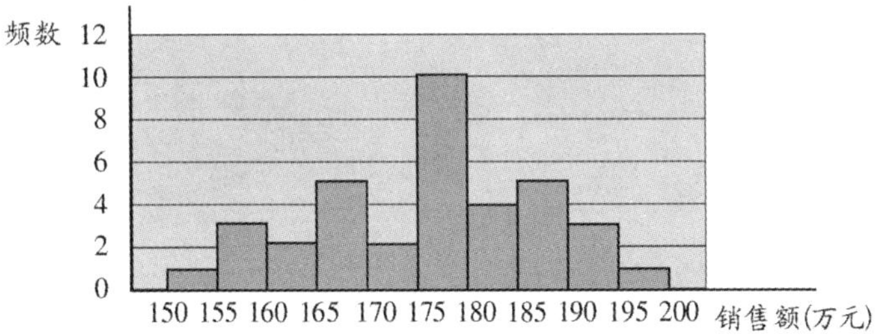

图3-13　销售额频数分布直方图

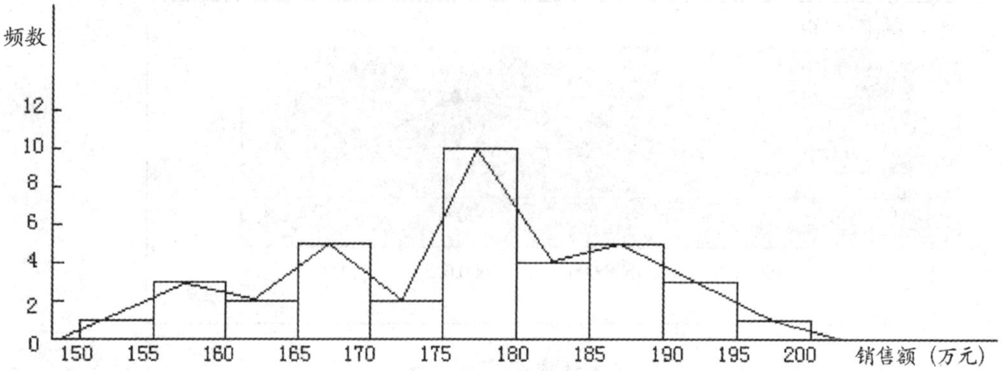

图3-14　销售额频数分布折线图

评估：你是否掌握了整理数据的要点？

测一测

1. 统计某个商店一个月内几种商品的销售情况，对这个商店的进货提出你的建议。

提 示：将不同商品各自作为一组，然后将几种商品的销售量进行排序。求出每种商品的销售量占总销售量的百分数（即频率），据此可以考虑进货时各种商品的量的多少？

2. 测量一下自己所在班级女同学的身高，然后对这些数据进行排序、分组，制作频率分布直方图。

单元综合练习

解读数据信息单元综合练习(1)

一起做

活动一：换汇计算

某企业某年某月某日有一笔 8 万美元的进出口生意需要付汇。现在领导指派小刘去核算当日需要多少人民币才能兑换8 万美元。

提示：通过调查的方式，如网络、银行、媒体或询问朋友、同事获取人民币与美元的换算比率。然后进行计算。

活动二：制作统计图

表3-6是某工厂工人 1 个月生产零件的数量，根据数据表制作统计图，并说明该工厂 1 个月的生产情况。

表3-6 月生产零件数量

452	454	448	481	449	485	475
453	450	440	480	450	480	452
461	480	445	470	470	452	450

活动三：绘制频率分布直方图

一家小商店从一家食品公司购进21袋奶粉，每袋奶粉的标准重量是500克，为了了解这些奶粉的重量情况，称出各袋奶粉的重量（单位：g）如表3-7：

解读数据信息单元综合练习(2)

表3-7 袋装奶粉重量

486	495	496	498	499	493	493
498	484	497	504	489	495	503
499	503	509	498	487	500	508

绘制频率分布直方图。

第二单元 数字运算

中

能力培训测评标准

在数字运算的过程中——

依据所给的数据信息，作简单计算，包括：a.数量和尺寸；b. 刻度和比例（如合格率、出勤率）；c. 统计数据的处理（如均值与方差）；d. 公式的使用。

在进行数字运算时，能够：

1. 清楚地表明计算过程中所用的方法，并给出运算结果的精确度。
2. 进行两步或两步以上任何大小数字间的运算。
3. 在分数、小数、百分数间相互转换。
4. 在不同制式间进行换算（如市制与公制、美元与人民币）。
5. 算出面积和体积（如L型房间的面积，一定容器的容积）。
6. 根据制图的比例，算出图上的实际尺度（如1∶20的比例图）。
7. 使用比例，在恰当的地方用比率进行计算。
8. 比较20项及以上数目的大小（如用百分比的方法，平均法，中位数的方法）。
9. 用排列的方法描述几组数的分布。
10. 理解并使用给定公式（如体积、面积、周期和保险参数等）。

（摘自《职业核心能力培训测评标准〈数字应用能力单元〉》中级）

随着科学技术的发展，我们所面临的问题越来越复杂，仅仅收集必要的数据还不能解决问题，还需要经过各种简单的或复杂的运算，才能得出最终的结果。因此，为了更好地生活和工作，我们必须能够对所得到的数据或数据组进行必要的计算。

上引的培训测评标准是我们在数字应用活动中的第二个活动要素：数字运算。在这个要素阶段，中级的能力点表现为：

1. 能够进行多步骤、任何大小数字间的较复杂运算；在分数、小数、百分数间相互转换；在不同制式间换算；使用比例、比率进行计算。

2. 能够对20项及以上的数据进行比较，能够用排列的方法、百分比的方法、平均数和中位数的方法等进行统计分析。

3. 能够理解并使用给定公式进行计算，清楚地表明计算过程所用的方法并给出运算结果的精确度。计算规则图形(如L型房间、三角形、梯形、扇形等)面积、规则容器(如柱体、锥体、球体等)容积。

“数字运算”能力中级测评标准及应用

为了方便学习，将以上3个能力点分成二节进行训练，第一节包括前两个能力点，第二节是第三个能力点。

第一节　多步骤、较复杂的运算

目标：掌握复杂运算方法

数字运算是数字应用能力中非常重要的一步，离开了数字运算，对数据的分析寸步难行。能否采用合适的计算方法对所获取的数字信息进行运算是解决实际任务的关键。

通过本节的学习和训练，你将能够：

采用常用的计算方法和统计方法解决你日常工作和生活中的问题。

示范：了解运算方法和要点

·案例 1·

上节案例一中，小张抽检某天生产的20听水果罐头的重量,小张获取数据后对数据进行处理。

首先将数据按照由小到大的顺序排列,又按照罐头出厂的标准，将数据进行分类,利用Excel软件制作频率分布直方图。

为了进一步了解生产的情况，小张需要做什么？

当我们进一步分析数据时，还必须做以下几件事：

——找出这组数据的最大值、最小值、中位数及众数。

——计算这组数据的均值、方差及标准差。

·案例 2·

上节案例2中,小王如何储蓄获利最多？

表3-8是小王从网上银行查得的利率表：

表3-8 人民币存款利率表——（整存整取）

项　目	年利率（%）
三个月	1.71
半年	2.07
一年	2.25
二年	2.70
三年	3.24
五年	3.60

常用统计指标和用法有哪些，什么是单利和复利

小王需要怎么做呢？

当我们需要做大型数据运算时，先要了解以下几方面的问题：

——运算要达到什么目的

——运算分几个阶段

——每个阶段要做多少种运算

——运算的精度是多少

小王希望获得最多的利息，那么他应当比较各种储蓄方式的获利情况，包括单种储蓄和组合储蓄的情况。

每一种小王想到的情况他都得通过计算的方式获得最后结果。

在做多步骤、较复杂的运算时，需要根据运算的目的将运算分为若干阶段，然后确定每个阶段的运算内容、运算方法。最后再将各阶段运算结果综合处理。

·案例 3·

小李目前拥有财产18万元，他打算买财产保险，保险公司提供的保险品种如表3-9所示：

表3-9 个人财产保险品种

险　种	保费(每1000元每年)	期限	备　注
A	3元	3年	一次交清，不退保费，续保重新交费
B	25元	3年	一次交清，期满后全额退保费

小李打算投保三年，他应如何选择最合算？

准备：常用运算公式、统计量

1. 掌握平均值、众数、中位数、最大值、最小值、方差或标准差的概念，知道它们描述的是数据组中数据的集中趋势与离散程度。

众数、中位数和平均数是三种常用的数字特征。

设数据组$x_1, x_2, \dots, x_n$,则

平均数(均值)：它是全部数据的算术平均值，也就是算术平均数。即

$$\bar{x}=\frac{1}{n}(x_1+x_2+\cdots+x_n)$$

练习常用统计量的计算

众数：是样本数据中出现最多的那个值。

中位数：是一组数据排序后，处在中间位置的数，如果数据的个数是奇数就取中间位置的数，如果数据的个数是偶数就取中间位置两个数的平均数。

方差：

$$s^2=\frac{[(x_1-\bar{x})^2+(x_2-\bar{x})^2+\cdots(x_n-\bar{x})^2]}{n-1}$$

$$=\frac{1}{n-1}\sum_{i=1}^{n}(x_i-\bar{x})^2$$

标准差：

$$s=\sqrt{\frac{[(x_1-\bar{x})^2+(x_2-\bar{x})^2+\cdots(x_n-\bar{x})^2]}{n-1}}$$

$$=\sqrt{\frac{1}{n-1}\sum_{i=1}^{n}(x_i-\bar{x})^2}$$

标准差越大，数据的离散程度越大，说明数据比较分散；标准差越小，数据的离散程度越小，说明数据越接近平均数。

在刻画数据的离散程度上方差与标准差是一样的。但在解决实际问题时多采用标准差。

一组数据向其中心值靠拢的倾向和程度，可用统计量平均值、众数、中位数来描述；一组数据远离其中心值的程度（离散程度）可用方差或标准差来描述。

在得到所需要的数据或数据组之后，可以利用Excel根据所得到的数据组计算一些统计量进行数据分析。相关统计量：平均数、中位数、众数、标准差、方差、最大值、最小值等。

2. 从网上银行查得的利率表中的年利率含义为：

利率=利息/本金（单位时间：年）

因而储蓄所得利息为：

利息=本金×年利率×存期（年）

利息与本金一共为：

利息+本金=本利和

这种计算利息的方法叫做“单利法”，单利法的特点是无论存期有多长，利息都不加入本金。我国银行目前多数实行单利法，但规定存款的年限越长，利率越高。在国外，有的银行会与顾客签约，约定到一定的时间将利息加入本金,这样利息就可再生利息,这种方法叫做“复利计息法”，即我国民间所称的“驴打滚”、“利滚利”。

行动：如何进行数字运算

想一想

两个水果店1至6月份的销售情况（单位：千克）见表3-10，比较两个水果店销售量的稳定性。

表3-10　水果销售量

	1月	2月	3月	4月	5月	6月
甲商店	450	440	480	420	580	550
乙商店	480	440	470	490	520	520

提 示：考虑平均数、众数、中位数、方差

试一试

活动一：计算相关统计量

案例1中, 小张抽检某天生产的20听水果罐头的重量，小张获取数据后对数据进行处理，计算平均数、方差及标准差，找出众数、中位数、最大值、最小值等。

使用Excel软件计算统计量的具体步骤如下：

1. 选择“工具”下拉菜单

2. 选择“数据分析”选项[1]

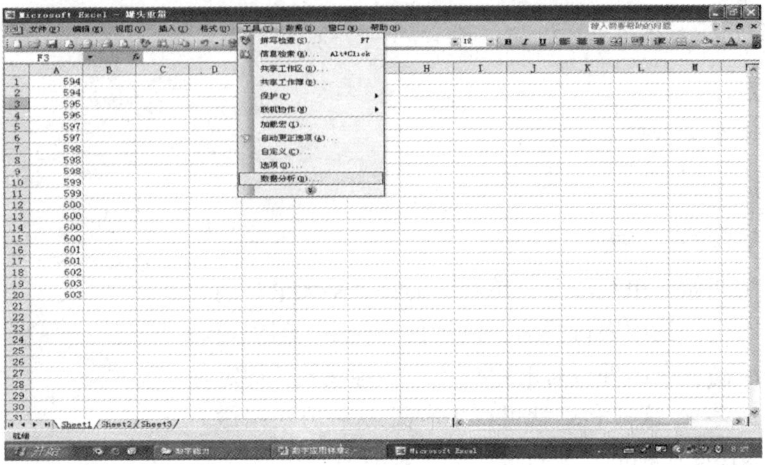

图3-15　选择数据分析

3. 在分析工具中选择“描述统计”

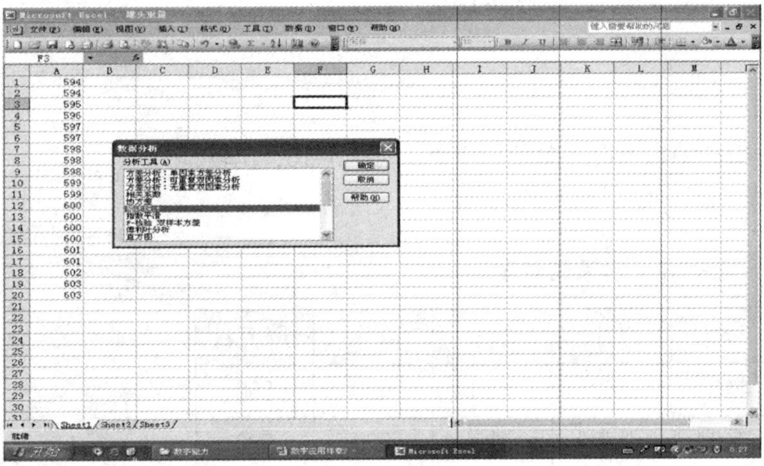

图3-16　选择描述统计

4. 当出现对话框时在“输入区域”方框内键入数据所在区域A1：A20，在“输出选项”中选择结果的输出区域（在此选择“新工作表”），选择“确定”。

就会得到所要的统计量。

① 如果没有此项，就要加载宏。

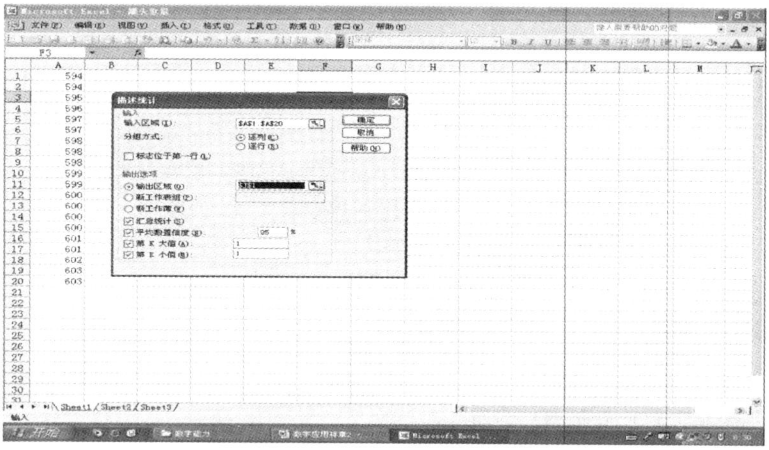

图3-17 选择数据所在区域

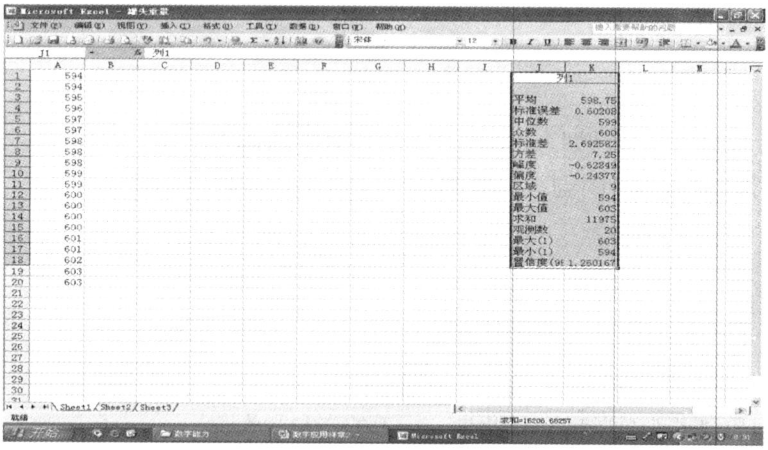

图3-18 生成数据分析结果

表3-11 相关的统计结果

均 值	598.75	从平均值可粗略看出大多数产品是否符合出厂要求
中位数	599	中位数离标准重量600克仅差1克
众 数	600	多数罐头的重量与标准量600相同
标准差	2.692582	从标准差可以知道数据分布的稳定情况，标准差越小，数据越稳定
方 差	7.25	方差与标准差描述同样的结果
最小值	594	最小值与600克相差6克
最大值	603	最大值与600克相差3克
求 和	11975	
观测数	20	

活动二：选择最佳储蓄方案

小王有5万元，想存入银行5年，小王有几种储蓄方案，哪种储蓄方案获利最多？

表3-12是小王从网上银行查得的利率表：

表3-12 人民币存款利率表——（整存整取）

项　目	年利率（%）
三个月	1.71
半年	2.07
一年	2.25
二年	2.70
三年	3.24
五年	3.60

小王有以下几种选择：

1. 连续存5个一年期，到每一年的期末，小王将利息和本金一起再存入下个一年期。这就相当于是复利计息，因而到第5年期末，小王的本利和为：

本利和＝本金×（1＋利率）^{存期}

$5\times(1+0.0225)^5\approx5.58838$（万元）

2. 先存1个两年期，再连续存3个一年期，每一期末小王都将利息和本金一起取出再存入下一期。这样到第5年期末，小王的本利和为：

第二年末　$5\times(1+0.027\times2)=5.27$（万元）

第五年末　$5.27\times(1+0.0225)^3\approx5.633788$（万元）

3. 先连续存2个两年期，再存1个一年期，每一期末小王都将利息和本金一起取出再存入下一期。这样到第5年期末，小王的本利和为：

第四年末　$5\times(1+0.027\times2)^2=5.55458$（万元）

第五年末　$5.55458\times(1+0.0225)\approx5.679558$（万元）

4. 先存1个三年期，再连续存2个一年期，每一期末小王都将利息和本金一起取出再存入下一期。这样到第5年期末，小王的本利和为：

第三年末　$5\times(1+0.0324\times3)=5.486$（万元）

第五年末　$5.486\times(1+0.0225)^2\approx5.735647$（万元）

5. 先连续存1个三年期，再存1个二年期，每一期末小王都将利息和本金一起取出再存入下一期。这样到第5年期末，小王的本利和为：

第三年末　$5\times(1+0.0324\times3)=5.486$（万元）

第五年末　$5.486\times(1+0.027\times2)=5.782244$（万元）

6. 存1个五年期，到第5年期末，小王的本利和为：

$5\times(1+0.036\times5)=5.9$（万元）

对上述几种储蓄法的比较可得，第6种方案获利最多，即直接存一个五年期的定期存款获利多。

活动三：选择最佳保险品种

小李目前拥有财产18万元，他打算买财产保险，保险公司提供的保险品种如表3–13所示：

表3–13　个人财产保险品种

险　种	保费(每1000元每年)	期限	备　注
A	3元	3年	一次交清，不退保费，续保重新交费
B	25元	3年	一次交清，期满后全额退保费

小李打算投保三年，他应如何选择最合算？

提 示：如果小李选择A保险，他需要交的保费为：

$$18万\times\frac{3}{1000}=540元，540\times3=1620元$$

如果小李选择B保险，他需要交的保费为：

$$18万\times\frac{25}{1000}=4500元，4500\times3=13500元$$

三年后，这13500元会退还给小李，小李实际交的保费为这13500元的三年的利息：

$$13500\times0.0324\times3=437.4\times3=1312.2元$$

这样小李选择B保险会节省一笔开支，1620–1312.2=307.8元。他应选择B保险最合算。

精明的小李又算了一下，假如自己手上恰好只有13500元钱买保险，如果选择A保险，交的保费为1620元，留在自己手里的钱为13500–1620=11880元，将这11880元存入银行三年定期存款，三年后自己的本利和为：

$$11880\times(1+0.0324\times3)=13034.736元$$

而如果选择B保险，三年后自己将利息全付与保险公司，保留本金13500元。两者相差为：

$$13500-13034.736=465.264元$$

同样说明选择B保险最合算。

活动四： 绘制频率分布直方图，确定相关统计量

一个小商店从一家食品公司购进21袋奶粉，每袋奶粉的标准重量是500克，为了了解这些奶粉的重量情况，称出各袋奶粉的重量（单位：克）如表3–14所示：

表3–14　袋装牛奶重量

486	495	496	498	499	493	493
498	484	497	504	489	495	503
499	503	509	498	487	500	508

请绘制频率分布直方图，确定平均数、标准差、众数、中位数。

评估：你是否掌握了数字计算的要点

测一测

1. 某大城市的房价节节攀升，有人预测城市郊区的一处价格为21万元的房产，三年后将上涨至27 万元。他决定购买此处房产，他的决策是否正确?

提　示：货币用来投资随着时间的推移会产生效益，从而使货币增加。由于银行的利率是综合经济发展的各种因素而确定的，因此人们总是用将钱存入银行的收益作比较来分析投资是否合算。

如果将钱存入银行三年定期，三年后的本利和为：

$$21万元\times(1+0.0324\times3)=23.0412万元$$

这个结果和27万元相差很大，很显然应当购房。

2. 一对年轻的父母为孩子上大学做教育储蓄，从小孩6岁那年存入一笔钱，到小孩18岁上大学时作学费用，如果大学四年的学费为2万元，那为使在孩子18岁那年存款的本利和达到2万元，这对父母应在银行存入多少钱?（假设银行的年利率不变）

提　示：可先存2个五年期，再存1个二年期。

第二节 使用公式 计算结果

目标：掌握常用的公式及计算方法

生活和工作中很多问题的解决依靠数字运算，而相当一部分的数字运算都是直接使用公式。例如：体积公式、面积公式、数列公式、数列求和公式、三角公式、物理公式、化学公式等等。很多基本公式是需要我们记住的，而另外一些公式我们则可以在需要的时候再查找。

通过本节的学习和训练，你将能够：

1. 使用常用的计算公式解决你日常工作和生活中的问题。
2. 对使用公式计算的结果,给出运算结果的精确度。

怎样使用常用公式计算

中

示范：确定使用哪种公式 制定计算思路

·案例 1·

水葫芦是一种水生漂浮植物，有着惊人的繁殖能力。据报道，现已造成某些流域河道堵塞，水质污染等严重后果。而有研究表明：适量的水葫芦生长对水质的净化是有利的，关键是科学管理和转化利用。

通常在适宜的条件下，1株水葫芦每5天就能新繁殖1株（不考虑植株死亡、被打捞等其他因素）。

1. 假设河面上现有1株水葫芦，请你填写下表：

表3-15 水葫芦生长数

第几天	5	10	15	…	50	…	5n
总株数	2	4		…		…	

2. 假定某流域内水葫芦维持在约33万株时对净化水质有益。若现有10株水葫芦，请你尝试利用数列公式与计算器进行估算研究，照上

述生长速度，多少天时水葫芦约有33万株，此后就必须开始定期打捞处理水葫芦？（要求写出必要的尝试、估算过程）

你需要做什么？

> 当我们需要用公式进行计算时，需要做到以下几方面：
> ——明确采用何种公式
> ——正确使用公式

按照理想状态考虑，在适宜的条件下，1株水葫芦每5天就能繁殖1个新株，也就是每5天水葫芦的数量翻一番，即水葫芦的数量按照2的指数增加，那么水葫芦的生长函数应该是个指数函数。从数列的角度讲就是一个等比数列。

准备：了解常用运算公式

在运算的过程中，一些常用公式，如面积公式、体积公式、数列通项公式、求和公式等会给我们提供很多便利。

1. 数列的公式:

等差数列第n项公式

$$a_n = a_1 + (n-1)d$$

等差数列前n项和公式

$$S_n = \frac{n(a_1 + a_n)}{2}$$

其中d为公差，$n(n=1,2,\cdots)$为项数。

等比数列第n项公式

$$a_n = a_1 q^{n-1}$$

等比数列前n项和公式

$$S_n = \frac{a_1(1-q^n)}{1-q}$$

其中q为公比，$n(n=1,2,\cdots)$为项数。

2. 任何时刻资金的积累额依赖于其所经历的时间。资金的变化是一个积累的过程，对于未来将要支付的资金来说，其所经历的时间是指从所考察的时间到未来支付日的这一段时间。

在不同时刻支付的金额是不能直接进行比较的。因为经历的时间不同，资金金额的变化也不同，这就是所谓的“货币的时间价值”。

通常一个简单的利息问题（复利问题）包括以下四个基本量：

1. 原始投资的本金（或初始贷款金额）P_0；
2. 投资时期（或借期）的长度n（月）；
3. 月利率r；
4. 本金在投资（或贷款）期末的积累值F。

注意：

你必须懂得资金具有时间价值。

那么，按“等额还款”方式有

$$F=P_0(1+r)^n \quad 或 \quad P_0=\frac{F}{(1+r)^n}$$

设月还款额为x，则

$$x=P_0\frac{r(1+r)^n}{(1+r)^n-1} \quad 或 \quad x=F\frac{r}{(1+r)^n-1}$$

行动：如何进行复杂运算？

想一想

高老师准备用住房公积金贷款购房，她首付20万，贷款30万20年还清，按“等额还款”方式，她每月还款额应该是多少？验算表中的月还款额是否正确？

表3-16 个人住房公积金贷款利率及万元还本息金额表（单位：元）

年份	月数	月利率(‰)	年利率(%)	月还款额	利息合计
0.5	6	3.450	4.140	到期一次还本付息	
1	12	3.450	4.140	到期一次还本付息	414.00
2	24	3.450	4.140	434.872617	436.94
3	36	3.450	4.140	295.863039	651.07
4	48	3.450	4.140	226.417566	868.04
5	60	3.450	4.140	184.797680	1087.86
6	72	3.825	4.590	159.154406	1459.12
7	84	3.825	4.590	139.420595	1711.33

8	96	3.825	4.590	124.656369	1967.01
9	108	3.825	4.590	113.205099	2226.15
10	120	3.825	4.590	104.072796	2488.74
11	132	3.825	4.590	96.626911	2754.75
12	144	3.825	4.590	90.445730	3024.19
13	156	3.825	4.590	85.237307	3297.02
14	168	3.825	4.590	80.793076	3573.24
15	180	3.825	4.590	76.960097	3852.82
16	192	3.825	4.590	73.623656	4135.74
17	204	3.825	4.590	70.696021	4421.99
18	216	3.825	4.590	68.108955	4711.53
19	228	3.825	4.590	65.808578	5004.36
20	240	3.825	4.590	63.751786	5300.43
21	252	3.825	4.590	61.903668	5599.72
22	264	3.825	4.590	60.235675	5902.22
23	276	3.825	4.590	58.724208	6207.88
24	288	3.825	4.590	57.349598	6516.68
25	300	3.825	4.590	56.095323	6828.60
26	312	3.825	4.590	54.947398	7143.59
27	324	3.825	4.590	53.893908	7461.63
28	336	3.825	4.590	52.924637	7782.68
29	348	3.825	4.590	52.030777	8106.71
30	360	3.825	4.590	51.204691	8433.69

试一试

活动一：计算水葫芦的生长数

1. 假设河面上现有1株水葫芦，经分析可完成表格如下：

表3-17 水葫芦生长数

第几天	5	10	15	…	50	…	5n
总株数	2	4	8	…	2^{10}	…	2^n

水葫芦的生长函数应该是个指数函数

$$y_n=2^n \quad (n=0,1,2\cdots)$$

从数列的角度讲就是一个等比数列，公比是2，首项$y_0=2^0=1$。

2. 根据上面表格中的数据分析，若首先有10株水葫芦，那么它的生长规律是：

$$y_n=10\times 2^n \quad (n=0,1,2\cdots)$$

设第n个5天时，水葫芦约有33万株，则

$$10\times 2^n=330000,$$

即$2^n=33000$，求n.

两边取对数

$$n\lg2=\lg3.3+\lg10000$$

然后利用科学计算器计算$\lg2$，$\lg3.3$,

步骤为：打开手持科学计算器或电脑中的科学计算器，

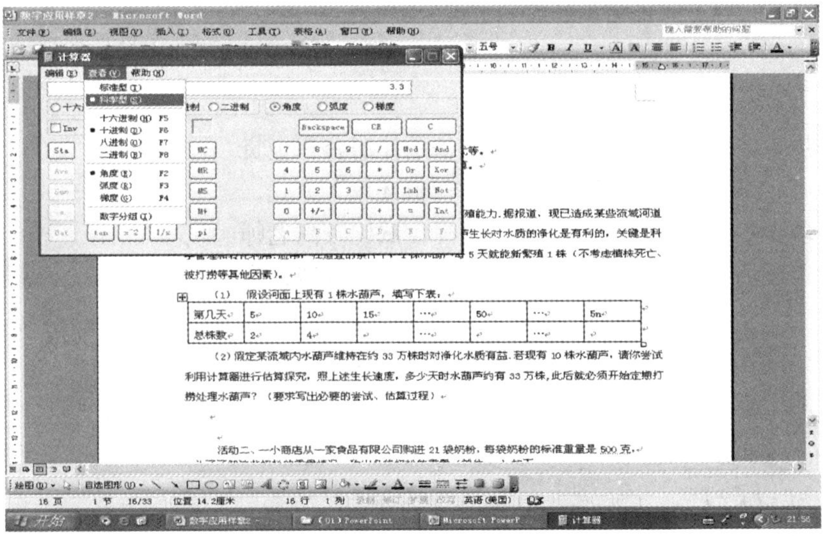

图3-19 电脑中的科学计算器

然后输入2或3.3，

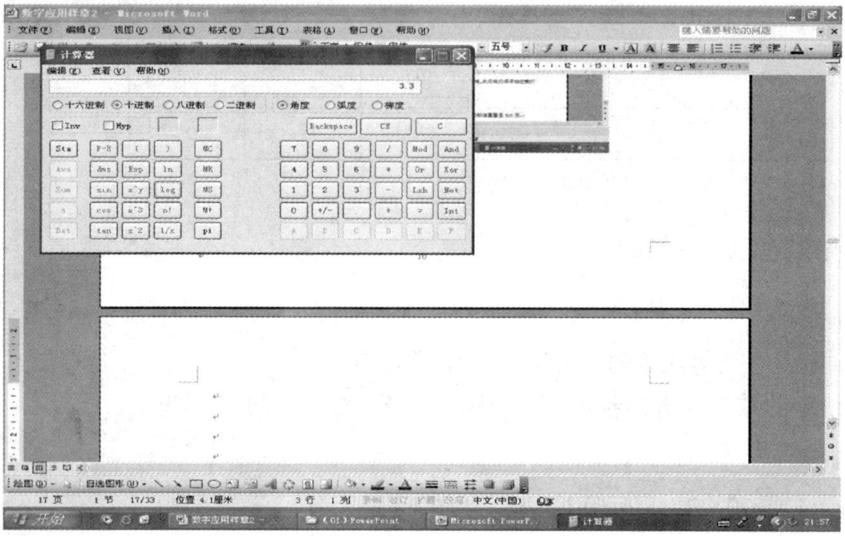

图3-20　利用科学计算器计算

点log键，即可求出$lg2\approx0.3$，$lg3.3\approx0.5185$，

因此有

$$nlg2=lg3.3+lg10000$$

$$n\times0.3=0.5185+4,\quad n\approx15.06$$

取$n=15$

此时经过了大约$15\times5=75$天

照上述生长速度，大约75天时水葫芦约有33万株。

活动二：计算并比较还款额

计算本节“想一想”中的例题，如果高老师准备用住房公积金贷款购房，她首付20万元，贷款30万元10年还清，按“等额还款”方式，她每月还款额应该是多少？验算表中的数字是否正确，试比较高老师的两种还款方式（10年还清和20年还清），还款总额相差多少钱，为什么？

提 示：“等额还款”(或称等额本息还款)方式，即贷款期每月以相等的额度平均偿还贷款本息。

$$x=P_0\frac{r(1+r)^n}{(1+r)^n-1},\quad F=P_0(1+r)^n$$

1. 20年还清每月还款额为

$$x=\frac{300000\times4.59\%/12\times(1+4.59\%/12)^{20\times12}}{(1+4.59\%/12)^{20\times12}-1}=1912.55\text{（元）}$$

表中的月还款额是否正确？表中为什么没有这个数字？

2. 10年还清每月还款额为

$$y=\frac{300000\times4.59\%/12\times(1+4.59\%/12)^{10\times12}}{(1+4.59\%/12)^{10\times12}-1}=3122.18（元）$$

表中的月还款额是否正确？表中为什么没有这个数字？

3. 20年期贷款期末的积累值为

$$F_{20}=300000(1+4.59\%/12)^{12\times20}=749968.54（元）$$

4. 10年期贷款期末的积累值为

$$F_{10}=300000(1+4.59\%/12)^{12\times10}=474331.70（元）$$

高老师的两种还款方式(10年还清和20年还清) 还款总额相差是否为

$$F_{20}-F_{10}=275636.84（元）$$

5. 从表中的数字知10年期贷款每万元利息合计2488.74(元),而20年期贷款每万元利息合计5300.43(元),因此高老师的两种还款方式(10年还清和20年还清) 还款总额相差是

$$（5300.43-2488.74）\times30=84350.70（元）$$

显然与上面（4）中计算的 (元)相差甚远,为什么？

根据资金的时间价值，所贷的款实际上都可以看成是等值的。提前把钱还掉了，就可以少付利息，而少付的钱，正是基于借款人每月多还款的支出。

评估：你是否掌握了运算的要点

测一测

1. 如果细胞每2小时分裂一次，填写下表：

表3-18　细胞分裂数

第几小时	2	4	6	…	20	…	2n
总　数	2	4	8	…	2^{10}	…	2^{n}

提示：$y_n=2^n$（n=0, 1, 2…）。

2. 如果细胞每2小时分裂一次，请你尝试利用计算器进行估算探究，照上述分裂速度，多少小时细胞约有15万个？（要求写出必要的尝试、估算过程）

提示：$y_n=2^n(n=0, 1, 2\cdots)$。

单元综合练习

一起做

活动：计算储蓄的本息金额

某银行为鼓励中小学生养成储蓄习惯，提供一个储蓄计划，参加者可享有较高年息优惠。

表3-19 储蓄计划优惠年息一览表

每月存款1000				
期限（月）	每年复息利率	到期存款	利息	到期本息金额
9	6. 625%	9000	252	9252
12	7. 125%	12000	473	12473
15	7. 375%	15000	759	15759
18	7. 75%	18000	1146	19146
24	8. 00%	24000	2106	26106

提　示：这个储蓄计划是以每月存入定额存款来计算利息；存款期限越长，利率则越高。为了更有效理解表中“到期本息金额”如何计算出来，且让我们设A为每月存款的金额，而$r\%$则为月息利率。且月息利率是由“每年复息利率”除以12而来的。譬如说，存款期限为9个月，从表中得知每年复息利率是6.625%,因此月息利率为6.625%/12，即约是0.5521%。

存款一个月后，到期本息金额是：

$$A_1=A(1+r\%)$$

存款二个月后，到期本息金额是：

$$A_2=(A+A_1)(1+r\%)=A[(1+r\%)+(1+r\%)^2]$$

存款三个月后，到期本息金额是：

$$A_3=A[(1+r\%)+(1+r\%)^2+(1+r\%)^3]$$

以此类推，存款n个月后，到期本息金额应为：

单元综合练习（1）

$$A_n=A[(1+r\%)+(1+r\%)^2+\cdots+(1+r\%)^n]$$

单元综合练习（2）

可计算A_n的公式 $A_n=\dfrac{A(1+r\%)[1-(1+r\%)^n]}{-r\%}$

在知道了上述原理之后，可利用该公式计算

$$A_9=\frac{1000\times1.005521(1-1.005521^9)}{-0.005521}=9252\text{（元）}$$

表中其余的“到期本息金额”留给你试一试，算一算，看看表中的数字是否正确。

第三单元　结果展示和应用

> ## 能力培训测评标准
>
> 在结果展示和应用的过程中——
>
> 依据所给的简单数据信息及计算得出的结论，展示和使用数据信息，至少使用一个表格和图表。
>
> 在结果展示和应用的过程中，能够：
>
> 1. 用适当方法展示数据信息和计算出来的结果，包括使用坐标图、条形统计图，扇形统计图，流程图及示意图等方式。
>
> 2. 设计并使用图表（例如频数表、总额表和现场图），并采用公认的换算来做标识（例如比例标度和轴线等）。
>
> 3. 用计算出来的结果准确地说明工作任务或现状。
>
> 4. 判断计算结果是否与工作任务的要求相一致。
>
> （摘自《职业核心能力培训测评标准〈数字应用能力单元〉》中级）

处理和分析数据的目的在于根据所得的结果解决实际问题。因而对数据分析、运算结果的展示与应用是数字应用必不可少的环节。

上引的培训测评标准是我们在中级数字应用活动中的第三个活动要素：结果的展示与应用。在这个要素阶段基本的能力点表现为：

1. 选取适当的方法展示数据信息和计算出来的结果；设计并使用图表,并采用公认的换算来做标识。

2. 用计算出来的结果准确地说明工作任务或现状；判断计算结果是否与工作任务的要求相一致。

为了方便学习，我们把这两个能力点分为两节进行训练。

“结果展示和应用”能力中级测评标准及应用

第一节　使用适当的方法展示计算结果

目标：使用适当的方法展示计算结果

选用适当的方法展示计算结果，是完成任务最后关键的一步。如果选用的展示方法不当，将直接影响到任务完成的好坏，甚至将会前功尽弃。

展示数据处理、计算结果一般是用图表(如：坐标图、条形统计图、扇形统计图、流程图及示意图等)。

通过本节的学习和训练，你将能够：

1. 根据工作任务的目的，选用适当方法展示计算结果。
2. 设计并使用图表（例如频数表、总额表和现场图等）。

怎样使用适当的方法展示计算结果

示范：了解常用展示方法

·案例 1·

质检员小张抽检某天生产的水果罐头的重量,小张获取数据后对数据进行处理，他选用Excel软件制作频率分布直方图,展示了数据信息和计算出来的结果：

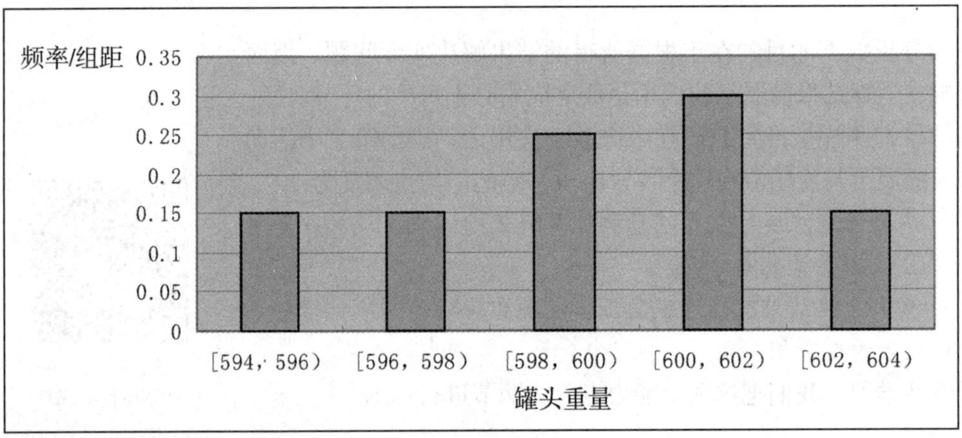

图3-21　罐头重量分布频率直方图

·案例 2·

根据第二单元第二节训练活动二中的计算，得到小王用六种方法把5万元存入银行5年储蓄获利，各种储蓄获利情况小王选用柱形图展示出来，各系列结果尽收眼底，一目了然。

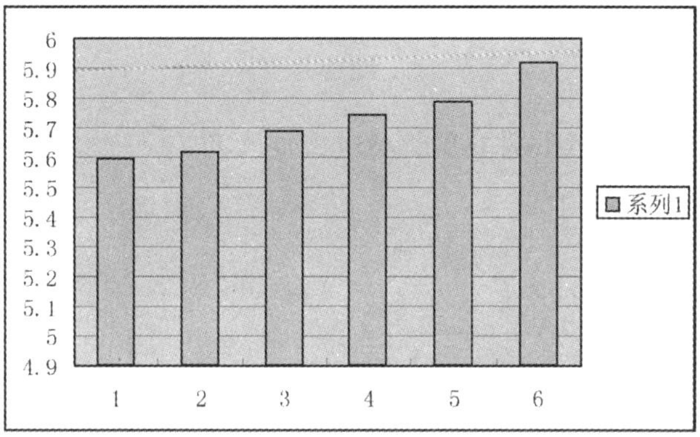

图3-22 储蓄获利图

准备：计算统计量、编制图表

在初级我们已知用不同的方式来显示结果，在中级我们还要知道根据工作任务的目的，选用适当方法来展示计算结果，还要能够根据工作任务的需要设计并使用图表：

一、理解各种图表表达的意义，如坐标图、条形统计图、扇形统计图、流程图及示意图等。

二、设计并使用图表（例如频数表、总额表和现场图）。

三、采用公认的换算来做标识（例如比例标度和轴线等）。

四、会选用适当方法来展示计算结果。

注意：不同的图表表达不同的意义

行动：怎样显示结果？

使用适当的方法展示计算结果练习

想一想

表3-20是两个水果店1至6月份的销售情况（单位：千克），试通过图表展示两个水果店销售量的情况。

表3—20 水果销量

	1月	2月	3月	4月	5月	6月
甲商店	450	440	480	420	580	550
乙商店	480	440	470	490	520	520

提 示：用坐标图或条形统计图。

活动一：用条形图表示2004年1至10月我国钢材进出口情况。

2004年1至10月我国钢材总产量如下：

表3-21 钢材产量

月份	钢材产量(万吨)
1月	2118.34
2月	2262.55
3月	2389.95
4月	2301.54
5月	2105.24
6月	2357.49
7月	2432.05
8月	2542.20
9月	2641.12
10月	2675.68

用条形图表示如下：

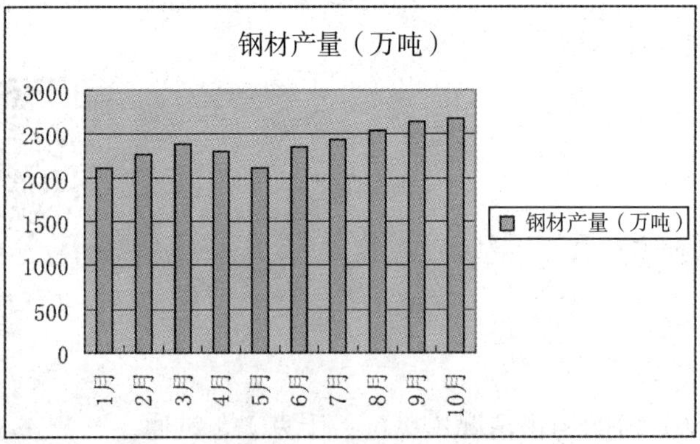

图3-23 钢材产量图

2004年1至10月我国出口钢铁数量如下：

表3-22 出口钢铁

月份	出口钢铁（万吨）
1月	58
2月	40
3月	64
4月	83
5月	101
6月	110
7月	136
8月	140
9月	131
10月	151

用条形图表示如下：

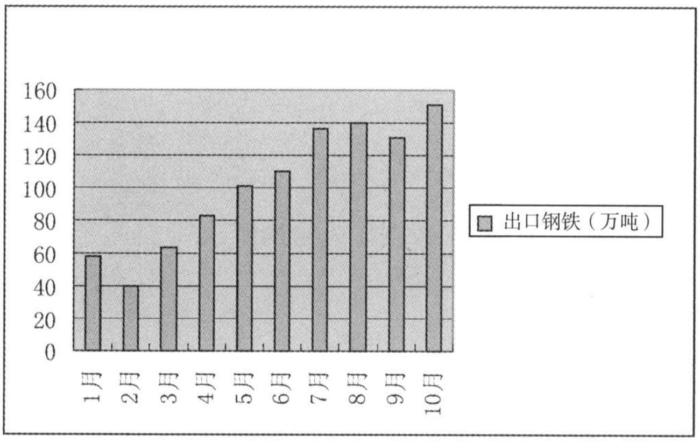

图3-24 出口钢铁图

2004年1至10月我国进口钢铁数量如下：

表3-23 进口钢铁量

月份	进口钢铁（万吨）
1月	325
2月	337
3月	346
4月	339
5月	213

6月	244
7月	223
8月	188
9月	178
10月	163

用条形图表示如下:

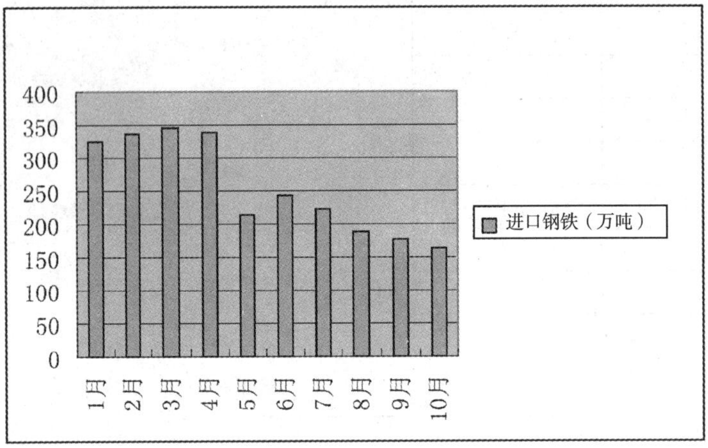

图3-25　进口钢铁数

活动二：绘制线图

1991—1998年我国城乡居民家庭的人均收入数据如表3-24所示。试绘制线图展示。

表3-24　1991-1998城乡居民家庭人均收入　　单位：元

年份	城镇居民	农村居民
1991	1700.6	708.6
1992	2026.6	784
1993	2577.4	921.6
1994	3496.2	1221
1995	4283	1557.7
1996	4838.9	1926.1
1997	5160.3	2091.1
1998	5425.1	2162

资料来源：《中国统计摘要1999》，78页，北京，中国统计出版社，1999。

提 示：绘制线图时应注意以下几点：

1. 时间一般绘在横轴，指标数据绘在纵轴。

2. 图形的长宽比例要适当，一般应绘成横轴略大于纵轴的长方形，其长宽比例大致为10∶7。图形过扁或过于瘦高，不仅不美观，而且会给人造成视觉上的错觉，不便于对数据变化的理解。

3. 一般情况下，纵轴数据下端应从0开始，以便于比较。纵轴数据与0之间的间距过大时，可以采取折断的符号将纵轴折断。

根据表3-5数据绘制的线图如图3-26所示：

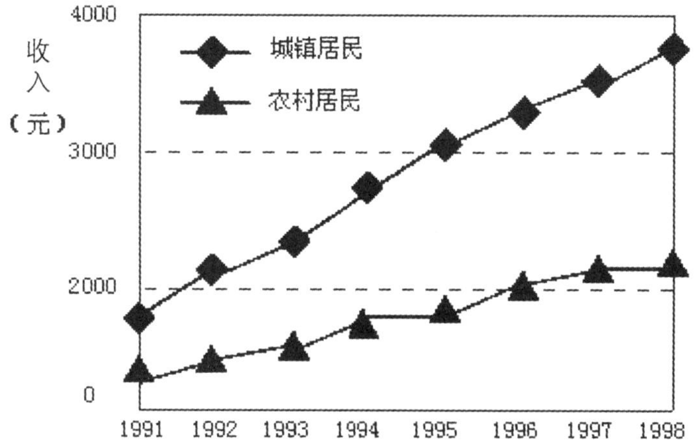

图3-26 居民收入

评估：你是否掌握了展示数据的要点

测一测

1.《北京青年报》举行了一次评分活动，共有156人参加了此次评选活动，到目前为止共给出了63个1分、1个2分、4个3分、3个4分、34个5分、11个6分、6个7分、14个8分、19个9分。请对这些数据给予分析，用统计图展示。

提 示：可以给出直方图，横坐标为分值，纵坐标为人数；也可以给出百分比图，横坐标为分值，纵坐标为百分数，当然要求出每个分值人数所占的百分比为40.38%、0.64%、2.56%、1.92%、21.79%、7.05%、3.85%、8.97%、12.18%。

2. 某集团公司所属的40个子公司2001年商品销售收入(单位：万元)数据如下：

表3-25 商品销售收入

98	109	106	105	89	108	120	128	124	137
96	116	121	117	93	121	138	88	105	160
105	104	103	114	111	119	118	147	108	144
130	114	109	129	125	129	115	122	120	100

根据上述资料编制组距数列，绘制频数分布直方图、折线图。

第二节 应用结果 得出结论

目标：分析结果 得出结论

检查结果是必要的步骤，它能保证运算过程的正确性，保证结论的合理性；应用计算出来的结果准确地说明你的工作任务或现状，这是数字应用能力最终的体现。

通过本节的学习和训练，你将能够：

1. 用计算出来的结果准确地说明工作任务或现状。
2. 判断计算结果是否与工作任务的要求相一致。

怎样运用计算的结果准确说明工作任务或现状，预测将来

示范：如何对结果进行分析

·案例 1·

通过对食品公司小张抽检的当天生产的20听罐头的重量数据进行计算，领导要求小张利用得到的数据计算结果，说明生产现状；再进一步分析，生产线上称重设备的工作状态是否稳定。

质检员小张需要做什么？

当我们验证数据计算结果的正确性以后，还要解决以下几方面的问题：

——判断计算结果是否与工作任务的要求相一致

——根据计算结果对工作任务或现状准确地进行说明

——预测将来的生产状况

·案例 2·

请你完成对2004年1至10月我国钢材进出口情况的统计分析任务。

你需要做什么？

当我们需要独立完成一项任务时，先要了解以下几方面的问题：

——分析资料，处理数据信息
——检查结果，得出结论

准备：明确各种概念的含义

结合前面你所学的获取数据、分析数据的方法，完成这项工作。特别是对数学中的概念、公式，一定要明确它们的意义，否则将无法对实际工作中的问题加以解释和说明，甚至得出错误的结论。例如：均值、方差等，均值反映了系统的系统误差，而方差反映了系统的随机误差。

行动：对计算结果进行描述分析预测

想一想

上节训练活动二中，给出了1991—1998年我国城乡居民家庭的人均收入数据，并绘制线图展示。你通过线图展示能够得到什么样的结论?

试一试

活动一： 分析结果

质检员小张为了说明生产现状，使用Excel软件计算统计量如下：

表3-26　相关的统计结果

均　值	598.75	从平均值可粗略看出大多数产品符合出厂要求
中位数	599	中位数离标准重量600克仅差1克
众　数	600	多数罐头的重量与标准600相同
标准差	2.692582	从标准差可以知道数据分布的稳定情况，标准差越小，数据越稳定
方　差	7.25	方差与标准差描述同样的结果
最小值	594	最小值与600克相差6克
最大值	603	最大值与600克相差3克
求　和	11975	
观测数	20	

称重设备的工作状态是否稳定可以从样本数据的方差或标准差来观察。如果称重设备的工作状态稳定，那么下生产线的罐头的重量就比较稳定，不会出现大幅度的摆动，也就是各个数据与平均值的距离不会太远，因而方差或标准差比较小。如果称重设备的工作状态不稳定，那么下生产线的罐头的重量就不稳定，就会出现大幅度的摆动，也就是各个数据与平均值的距离有可能很远，因而方差或标准差比较大。

小张从统计量的结果可以粗略看出流水线的工作状态还比较稳定。当然，要想得到更准确的结果，还需要进一步做假设检验。

怎样解释数据、应用结果、得出结论分析案例

活动二：2004年1至10月我国钢材进出口情况分析

我国钢材1—10月进出口较去年同期相比有较大的改变，导致这种变化的原因除了本国钢铁产量的飞速增长之外，还有国外钢铁需求大幅增加，以及国外钢铁总体价格偏高。详细分析如下：

总体分析：2004年1至10月产量变化与进出口值

从上节图来看，我国钢材产量5月最低，之后处于逐步增长中。钢材出口量从2月开始是逐步递增的。钢材进口量1—4月处于高位，5月进口量最低，6月起逐步下降。

那么2004年1—10月钢材进出口量占总产量百分比进口量是逐步减少，出口量是逐步增加的。

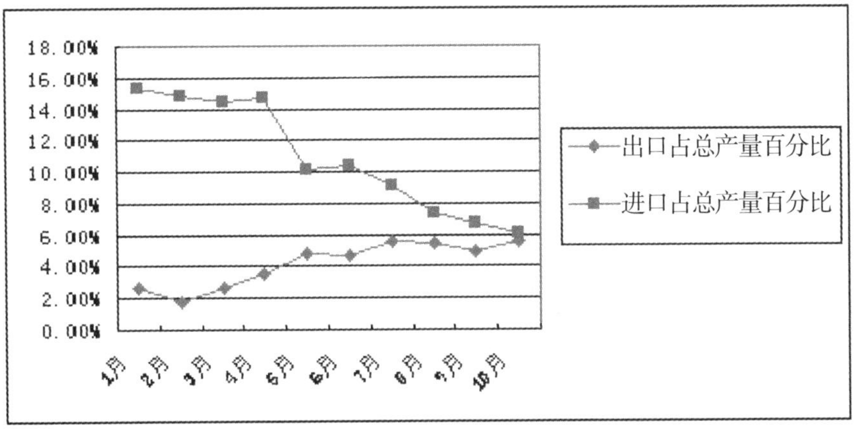

图3-27 进出口占总产量比例

表3-27 进出口占总产量比例

月份	出口占总产量百分比	进口占总产量百分比
1月	2.70%	15.34%
2月	1.77%	14.89%
3月	2.68%	14.48%
4月	3.60%	14.73%
5月	4.80%	10.12%
6月	4.67%	10.35%
7月	5.60%	9.17%
8月	5.51%	7.40%
9月	4.96%	6.74%
10月	5.64%	6.09%

结 论：1—10月钢铁总产量处于稳步递增的趋势，但出口所占比例增加，进口大幅减少，说明国内产量充足，减少进口量，出口增高有可能是因为国内市场产量过剩，也有可能是国际市场价格高，厂商采取出口从而获得更大的利益。这同钢铁产量的总体走势是吻合的。4月钢铁进口量大幅下降，主要是受宏观调控的影响，固定资产投资减少和国家对于投资过热行业钢铁的抑制，所以需求减少，不过也不排除国际市场价格偏高，厂商不得不减少进口的因素。

那么，与上年同期比较：2004年1—10月钢铁进出口值与去年同期比较：

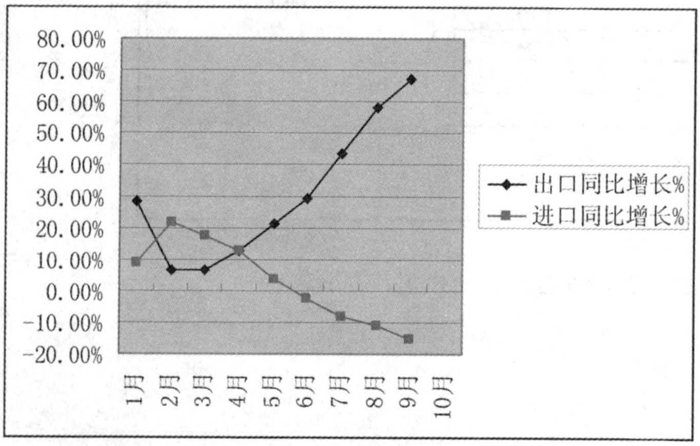

图3-28 进出口同期增长比率

表3-28 进出口同比增长率

月份	出口同比增长%	进口同比增长%
1月	28.40%	8.90%
2月	6.70%	21.50%
3月	6.70%	17.50%
4月	12.90%	12.60%
5月	21.40%	3.90%
6月	29.30%	-2.50%
7月	43.60%	-8.30%
8月	58.00%	-10.90%
9月	67.10%	-15.20%
10月		

结　论：进口与上年同期相比出现大幅下降，有可能是国内钢铁企业产品技术能逐步满足用户的需求，有技术提高的成分。

总　结：总体来说，1—10月钢材进口量逐步下降，出口量逐渐增长。①

评估：你能否分析下面的数据

测一测

练习对计算结果进行描述分析和预测

分析上节评估中的两个题目：

1. 对《北京青年报》举行的这次评分活动数据的分析，你能得出什么结论？

2. 通过对某集团公司所属的40个子公司2001年商品销售收入(单位：万元)数据的分析，试说明数据分布的特征，给出该集团公司所属的40个子公司2001年商品销售收入情况的分析。

① 数据来源于中华人民共和国商务部及中华人民共和国国家统计局。

单元综合练习

一起做

活动一： 绘制频率分布直方图、确定相关统计量并得出结论

一个小商店从一家食品公司购进21袋奶粉，每袋奶粉的标准重量是500克，为了了解这些奶粉的重量情况，称出各袋奶粉的重量（单位：g）如下：

单元综合练习 (1)

表3-29　袋装奶粉重量

486	495	496	498	499	493	493
498	484	497	504	489	495	503
499	503	509	498	487	500	508

请绘制频率分布直方图，确定平均数、标准差、众数、中位数。你对这批奶粉的重量能做出什么结论？

活动二： 分析数据，作频数分布图

一家市场调查公司为研究不同品牌饮料的市场占有率，对随机抽取的一家超市进行了调查。调查员在某天对50名顾客购买饮料的品牌进行了记录，如果一个顾客购买某一品牌的饮料，就将这一饮料的品牌名字记录一次。下边就是记录的原始数据：

单元综合练习 (2)

表 3-30　品牌饮料销售记录

	A	B	C	D	E
1	旭日升冰茶	可口可乐	旭日升冰茶	汇源果汁	露露
2	露露	旭日升冰茶	可口可乐	露露	可口可乐
3	旭日升冰茶	可口可乐	可口可乐	百事可乐	旭日升冰茶
4	可口可乐	百事可乐	旭日升冰茶	可口可乐	百事可乐
5	百事可乐	露露	露露	百事可乐	露露
6	可口可乐	旭日升冰茶	旭日升冰茶	汇源果汁	汇源果汁
7	汇源果汁	旭日升冰茶	可口可乐	可口可乐	可口可乐
8	可口可乐	百事可乐	露露	汇源果汁	百事可乐
9	露露	可口可乐	百事可乐	可口可乐	露露
10	可口可乐	旭日升冰茶	百事可乐	汇源果汁	旭日升冰茶

请根据记录的结果对数据进行分析，并作出频数分布图。

Ⅳ

创新能力训练

第一单元　提出创新需求

能力培训测评标准

在相关工作领域，对不太熟悉的事物，在有限的资源和技术条件下：

提出有创新性的改进意见和具体的改进方案。

在提出创新意见时，能够：

1. 针对事物（不同的方面）提出新的需求和事物的不足之处。
2. 提出改进事物（几个方面）的创新点和意见。
3. 清楚认识到创新改进的可利用的资源以及条件限制。
4. 提出改进事物（至少一个方面）的具体方法。

（摘自《职业核心能力培训测评标准〈创新能力单元〉中级》）

根据人力资源和社会保障部职业技能鉴定中心制定的《创新能力培训测评标准》中级，本单元的能力点有3个：1. 能客观全面分析，提出创新的需求；2. 能提出创新点和改进的意见；3. 能提出创新改进的方法。

本单元分4节训练，第一节“形成创新意识”训练第1个能力点；第二节“突破思维障碍”训练第2个能力点；第三节“把握创新规律”和第四节“运用创新方法”训练第3个能力点。

本单元训练重点是：了解创新意识和创新思维的相关知识；理解并培育基本的创新意识；掌握日常工作生活中运用创新思维的能力。本课程采用行为导向型的教学方法，即用实际的案例分析和任务驱动的教学方法，务求使你分享到数字给你的生活及工作带来的方便和愉悦。通过训练，这些方法和经验将丰富你的知识结构，提升你的职业技能，特别是你的核心能力——数字应用能力。

第一节　形成创新意识

目标：创新到底难不难

话说北京有个小孩，有一次跟随母亲到街上游玩，吃完东西后想找一个水龙头洗洗手，但怎么也找不到，于是他想，如果能有一个水龙头该有多好。可是水龙头会由谁来付水费呢？假如没有专人管理，人们开完水龙头不关又该怎么办？他想来想去，自己发明了投币水龙头，申请了专利。无独有偶，还有一位中国人姜立人，他在一次淋浴时，拿着淋浴喷头为自己冲澡时淋浴器出的水直接喷在他的脸上，他觉得十分舒服，他想，要是平时洗脸时也可以这样喷一喷多好。因为这个小小的想法，他把向下喷水的水龙头简单地改变了喷射方向，发明了“向上喷水的水龙头”。这个产品已经推向市场，远销欧美30多个国家，这些都是满足人们需求的发明创新。

请问你认为上述两个水龙头的发明创新难吗？你有类似的创新点子没有？如果有，请与我们分享一下。

从本节开始，我们训练创新能力，通过本节的学习和训练，你将能够：

1. 理解创新的内涵及创新意识的概念；
2. 学习并努力培养创新意识。

示范：人人都能创新

只要一提起“创新”，人们自然会联想到发明创造，这个在很多人心目中以为都是“高大上”的东西，是非常人所能办到的活儿，常常感觉力不从心。

其实，无论男女老少，无论你从事何种职业，人人都可以创新，都可能成为发明家。我们不妨先看看下面三个发明的小故事：

·案例4-1·　　小学生发明智能温控电风扇

据人民日报报道，你有过夏天开着电风扇睡觉，半夜被冻醒甚至感冒的经历吗？广东东莞市长安镇乌沙小学五年级学生11岁小女孩戴玉环因此发明了一台智能温控电风扇，并在2007年广东省第21届青少年科技创新大赛中获得小学组技术发明类金奖。戴玉环说，发明智能温控电风扇，源于自己一次吹风扇被冻感冒而触发的灵感。"当时我就想，电风扇要是能像空调一样根据温度自动调节就好了。据戴玉环介绍，把风扇的温度控制开关数值设置在20℃—30℃之间，当室内温度低于设定温度时，智能温控风扇就会自动关上，反之会自动运行。

·案例4-2·　　家庭主妇的4项发明

据燕赵晚报新闻报道，2013年，唐山一全职家庭主妇，因家务难题而催生了四项发明。当年41岁的王建慧原在一家金属物资公司做财务工作，25岁那年即遭遇下岗分流，之后曾打过工、在早市上卖过童装，生活忙碌且艰辛。尽管生活压力大，她却"忙里偷闲"搞起了发明。王建慧在做家务时发现，厨房刷锅的炊帚用上一阵就会渍满油污，很难清洗干净，她几乎用遍了超市里买来的各种材质的锅刷，同样的问题一直无法解决。"有什么办法能让锅刷自身易于清洁呢？"王建慧尝试从锅刷的结构上加以改进。她用一个大萝卜削成锅刷模样，在刷头的平面插进一条被弯曲成环形的塑料片，以塑料片外露部分的刮力将锅刷得一干二净，而塑料片本身也极易清洗。可当她找到模具加工厂后，却因为生产有难度而不得不改进外观。经过反复试验，最终将螺旋弯曲的塑料片，改为只有外缘的椭圆形凹槽。2009年，王建慧发明的"易洁锅刷"获得国家发明专利。初试的成功激发了王建慧更大的发明热情，从此一发不可收，接连完成了另外3项发明——手动磨削器、剥栗器、手动灌肠器，均获得了国家发明专利。

·案例4-3·　　农民发明国家专利

据光明网报道，吉林64岁农民8年发明"木牛流马"并获国家专利。吉林省永吉县农民李景阳出生在唐山郊区，只念过小学六年级，但从小就对机械物理非常感兴趣，长大当了木匠，四处干木匠活，为他人打炕柜等家具和盖房子。平时他特别喜欢搞发明，先后利用8年时间成功地研制的高仿真"木牛流马"，并在2015年获得了国家专利，如图4-1所示。随后还研制了两辆花轱辘大铁车、三辆与实际自行车1：1的高仿真木制自行车。

李景阳说，这头牛高1.2米，身长2.16米，宽0.7米，自重300多斤，能拉车，能驼人，车上可坐5个人，牛肚子里还能装200斤粮食，走起来还会摇尾巴。这头牛除耳朵为黄色外，通身褐色，牛头形象逼真……木匠李景阳于2014年8月打造了电动马驹——村民称之为《三国演义》中的"流马"，后来他又制作出了"木牛”。这头牛与真牛相仿，两只大大的牛眼炯炯有神，牛的身体由铁皮包裹，四肢为木质结构，牛蹄由4个滑轮替代，牛尾用线绳纺织而成，远远看去与一头小牛无异。在电动牛的脖子下方，有一根木制的“缰绳”，李景阳说，“缰绳”可以控制牛行进的方向。“木牛”“流马”各拉着一辆由他制作的大轱辘铁车。李景阳说，他制作的电动马驹和电动牛，都是源自对诸葛亮发明的“木牛流马”的神往。

图4-1 李景阳的木牛流马

可以说，上述发明都是由一些十分普通的平凡人所完成的。这些发明者包括小孩、家庭主妇和农民，其中，案例4-1是一个只有11岁的小女孩，案例4-2是一个41岁的家庭主妇，而案例4-3是一位64岁的农民。不仅如此，这些人解决的还是我们日常生活中普通但又棘手的问题，如智能温控电风扇、易洁锅刷。这些发明完全依靠的是他们的创新意识，特别是李景阳农民发明的木牛流马，更是大胆设想，有点异想天开。他们的举动说明，发明没有想象中的那么高深，那么玄乎。

教育家陶行知先生在《创造宣言》中说，“人类社会处处是创造之地，天天是创造之时，人人是创造之人”。发明创新就在我们身边，只要我们有创新意识，敢于去想，也敢于去做，人人都能创新，人人也都是创新者。

准备：怎样去创新

一、什么是创新意识

创新是提出有别于常规或常人思路的见解为导向，利用现有的知识和物质，在特定的环境中，本着理想化需要或为满足社会需求，改进或创造新的事物、方法、元素、路径、环境，并能获得一定有益效果的行为。创新来自大脑的创造性思维，创新意识是人们根据社会和个体发展的需要，引起创造前所未有的事物或观念的动机，并在创新活动中所表现出来的意向、愿望和设想。

一般来说，创新意识主要包括创新动机、创新兴趣、创新情感和创新意志。所谓创新动机是创新活动的动力因素，它能推动和激励人们发动和维持进行创新活动。创新兴趣是促使人们积极追求新鲜事物的一种心理倾向，进而促进创新活动。创新情感是引起、推进乃至完成创造的心理因素，只有具有真正的创新情感才能使创新成功。创新意志是在创新中克服困难，冲破阻碍的心理因素，创新意志具有目的性、顽强性和自制性。

二、如何培育创新意识

可以说，创新意识是人类意识中的一种积极的、富有成果性的表现形式，是人们进行创新活动的出发点和内在动力。人们要进行创新活动，首先需要培育自己的创新意识。一般而言，主要培育如下四种：

1. 求新求异意识

求新求异是指创造出的事物或产品必须要有新颖性和独创性。新颖性主要是相对以往历史而言，达到前所未有的状态。这是一种纵向比较。而独创性是指不同凡响、别出心裁，这是相对其他人而言，是一种横向比较。创造的产品可以是一种新概念、新发现、新理论或新设想，也可以是一种新技术、新工艺或新产品。无论是知识创新还是技术创新，都必须要有新颖性和独特性。

2. 求真求实意识

创新意识必须要做到求真求实。要使创新活动富有价值，很重要的一点，就是要符合客观规律。寻找事物的客观规律，按规律办事，就是求真求实过程。创新离不开求真求实，求真求实本身就是不断创新的过程。

3. 不断求变意识

创新意识不仅要求真求实，更要不断求变，追求变革。我们知道，科学真理并非一经建立就永恒不变的。科学发展追求真理本身就是不断发现错误，排除错误，最后一步一步逼近正确认识的永无止境的过程，是不断破旧立新，推陈出新的过程。因此，创新本身就是一个不断变革的过程，创新求真，其具有的意识必然包含着强烈的求变意识。

4. 问题导向意识

创新往往是一种问题导向的有意识的行为。有良好问题意识的人善于提出新问题，有了新问题，就必须要加以解决。如用已有的途径和现成的答案得不出圆满的结果的话，就必须要用新的方法和理论来加以解决。一旦新的方法被创造出来，新的道理被阐发出来，创新也就水到渠成。因此，培养良好的问题意识是强化创新意识的有效途径。

可以说，培育创新意识是一切创新活动的起点。创新意识是引起创造性思维的前提和条件，创新性思维是创新意识的必然结果。

行动：培养你的创新意识

活动一：寻找对方的变化

一、活动描述：

通过观察对方身体，找出其中发生的改变。

时间：20分钟；场地：室内室外均可。

二、活动程序：

1. 找一个你身边的学员结成伙伴，2人一组；

2. 每组学员先相互观察2分钟；

3. 学员背对背，利用3分钟时间，在身上做3个变化，可以是细微的，但必须是外观上的变化；

4. 时间到，彼此回过头，找找对方的变化；

5. 学员再背对背，利用3分钟时间，再在身上做10个变化；

6. 时间到，彼此回过头，再找找对方的变化，双方都找出10个变化的，请举手；

7.选出其中找的最快的三组学员做分享。

三、注意事项：

鼓励学员做出多于规定的3个或10个的“改变”，特别是要设计出富于个性的“改变”；学员分享也要捕捉一些“有创意”的改变。

提示：通过寻找变化的游戏，让学员体验“变”的快乐，感悟“求新求变”的创新意识。

参考答案：

比如：把头发弄乱；解开衬衫的第一个纽扣的一半；在胸前别了一枚小纪念章；口袋里放的东西漏出一点角；把鞋带解开；把衬衣的一个领尖放入毛衣里；将裤脚挽起一点；改变皮带头的方向；在裤子上画一道粉笔道等等，诸如此类比较细微的变化。

活动二：画出一道美丽的风景线

一、活动描述

用一笔将白纸上的黑点连接起来，画出一道美丽的风景线。

道具：一张带有十个黑点的白纸（每人一张）。

二、活动程序

1. 发给学员一张事先准备好的纸（见图4-2）；

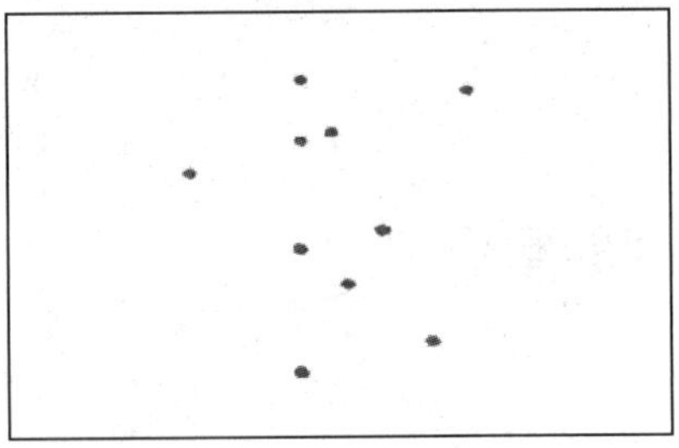

图4-2　带有10个点的白纸

2. 请学员用一笔连接图上所有的点，看谁连接出来的最富有意义。

三、注意事项

有答案是可以画出一个五角星，但是富有创意的结果，远远超出我们的想象。

提示：每个人都有自己的创新能力，要敢于向所谓的“答案”进行挑战，这本身体现的就是一种不断求变的创新过程。

活动三：如何平安渡船过河？

一、背景描述

一个猎人带着1只狼；一个女人带着两个小女孩；一个男人带着两个小男孩，他们要渡船过河。

但猎人离开狼，狼会把所有的人吃掉；女人离开两个小女孩，男孩会打死两个小女孩；男人离开两个小男孩，女人要把两个小男孩打死。

二、限制条件

1. 4个小孩都没有驾驶船的能力；

2. 船只能坐两个人，而且回来的时候必须有一个人要驾驶船回来。

三、解决问题

他们是怎样平安和全部渡船过去的？

四、讨论

这是一个什么类型的创新意识指导？

提示：这是一个“问题导向”的创新意识活动，需要开动脑筋，想出解决问题的办法，需要突破常规去思考，这种思考实际就是创新，有了面对问题的主动思考，就有了创新的意识。

活动四：分析案例

一、网上搜集我国著名的工人发明家，享受国务院特殊津贴专家邹德俊的发明人生的资料，小组讨论：

1. 只有初中一年级学历的邹德俊是怎样成为世界著名发明家的？

2. 邹德俊的主要发明有哪些？这些发明获得了怎样的荣誉？

3. 邹德俊发明的经历告诉了我们什么？创新发明难不难？不难的创新需要什么样的精神？

二、观看中专毕业的邓建军视频资料——《人民英模——平凡岗位铸就传奇邓建军》，小组讨论：

1. 只有中专文凭的邓建军是怎样攻克世界性技术难题——牛仔裤缩水等问题的？

2. 全国五一劳动奖章获得者、新世纪全国首批7个技术能手之一的邓建军的发明创新给你什么样的启发？

平凡岗位铸就传奇邓建军

评估：你有创新意识吗

一、自我评估

1. 你怎么看待“人人都能创新”？

2. 你认为你有创新意识吗？请举例加以说明。

二、创新意识前测

我国创造学教育推广的先行者袁伯伟先生在他的《创新——开发你帽子底下的金矿》教材中，设计了一个培训的测试题，引用如下，见表4–1，你可以用来先测评一下自己的创新意识，在后面的选择栏中做好标记。等到本部分学习训练完后，你再做一次后测，对照两次的答题评估，看看有无区别，从中得到什么启示。

表4–1：创新意识测试题

栏　目	选　项	选　择
对事物的兴趣	像小孩似的，什么都好奇	
	像成熟的汉子，只对某些事物感兴趣	
	老成持重，事不关己，没有兴趣	

对待兴趣的态度	念念不忘，刨根究底，容易入迷	
	适当关注，浅尝辄止，不愿花很多精力	
	似过眼烟云，一闪而过	
对于权威（包括高级领导）	很崇拜，视若神明	
	很尊重，但不迷信	
	不相干，我吃我的饭	
对于常理常规	作为知识储备，照单全收	
	有时会想一下，问个为什么	
	常常会冒出些与众不同的怪问题，引起非议	
遇到问题	首先是找书，找老师	
	喜欢闷头自己去想	
	尽量将问题推给别人，少麻烦	
想问题的方式	有条有理，有理有据	
	无拘无束，胡思乱想	
	两者结合	
对待自己	充满自信，凡事敢闯敢试	
	底气不足，甘当下手	
	不断积累，相信"功到自然成"	
性格特征	有想法就说，有能力就表现	
	谦虚谨慎，不愿冒尖，等待伯乐	
	多吃饭少管闲事，随大流	
对待问题的答案	总能找到一个正确的答案	
	追求最佳，最优答案	
	尽量从不同的角度去找多种可能性	
对于创新	这不用也不该我操心，干好自己的事就行了	
	很想创新，但不知从何入手	
	关注身边小事，总觉得有事要思考	

第二节　突破思维障碍

目标：突破思维定势

有个脑筋急转弯的问题：

一位公安局长在路边同一位老人谈话，这时跑过来一位小孩，小孩着急地对公安局长说："你爸爸和我爸爸吵起来了！"老人问："这孩子是你什么人？"公安局长说："是我儿子。"请你回答：这两个吵架的人和公安局长是什么关系？

这个问题，在100名被试中只有两人答对！后来对一个三口之家问这个问题，父母没答对，孩子却很快答了出来："局长是个女的，吵架的一个是局长的丈夫，孩子的爸爸；另一个是局长的爸爸，孩子的外公。"

为什么那么多成年人对如此简单的问题解答反而不如孩子呢？这就是一种思维定势，即按照成人的经验，公安局长应该是男的，从男局长这个心理定势去推想，自然找不到答案；而小孩子没有这方面的经验，也就没有心理定势的限制，因而一下子就找到了正确答案。

请问，你是怎么回答这个问题的？你有没有思维定势？请分享一个你日常生活中思维定势的例子。

通过本节的学习，你将能够：

1. 认识思维定势和创新思维；
2. 学习如何突破思维定势，掌握并运用各种创新思维。

示范：思维定势可以突破

让我们先来做一个非常简单的游戏。你伸出一个手指，说："这是什么？"十有八九的人会说："1"，但实际答案是："这是手指"。为什么？因为当我们刚刚学习数学时，老师或家长就会伸出一根手指说："这是1"，伸出两根手指："这是2"。于是在我们的心里，就埋下了思维定势。只要伸出一根手指，就会习惯性地回答："1"。

其实，在日常生活中，我们又何尝不是重复同样的错误：思维定势。

有这么一个问题：篮子里有4个苹果，由4个小孩子平均分，到最后，篮子里还有1个苹果。请问：他们是怎样分的？这个问题原本很简单，答案只能是：4个小孩一人1个。可是如果按照“分4个，剩1个”的思路去解题，就永远不会有结果。由于人们可能存在思维定势，将“篮子里还有1个苹果”自认为一定是“剩下的苹果”。其实，题目中并没有“剩下”的字眼；如果我们突破这样的思维定势，这个问题的结论可以是：篮子里还有1个苹果，可以是最后1个孩子还没有拿的苹果，他们的分法是4个小孩一人1个。

认识的固定倾向是一种习惯，这种习惯产生因循式的思维形式。经常看到一些人为解答这类问题而绞尽脑汁，原因是他们困于认识的固定倾向。

由认识的固定倾向所产生的消极的思维定势是禁锢人的思维的枷锁。再如《盲人买剪刀》：

一个聋哑人到商店买钉子，他用左手做出了拿钉子的模样，将两个手指捏起来放在柜台上，又用右手做出了用锤敲击的样子，店老板就给了他一些钉子。这时，一个盲人来买剪子——

请问：这个盲人怎样用最简单的方法买到剪子？

有很多人会回答，让盲人和聋哑人一样，伸出手作剪子的样子就行了。

但是，其实方法很简单，让盲人开口说一声自己买剪子就可以了。

“盲人买剪刀”这个问题其实不难，难就难在很容易受之前的聋哑人买钉子的惯性思维影响。当我们听说聋哑人用比划的方法买钉子，那么我们就会惯性想到，盲人也可以用手比划买剪刀。这是一种典型的思维定势。当我们有思维惯性的时候，却忘记了聋哑人和盲人之间的区别，从而在思维上犯了错。

准备：怎样突破思维定势

一、如何突破思维定势

思维定势，也称惯性思维，指人们从事某项心理活动的一种心理准备状态，是人们长期形成的一种习惯思维方向。人们心理上的这种思维定势，对人们的生产、生活的作用具有两面性：在环境不变的条件下，思维定势有助于人们迅速解决问题。当情景发生变化，思维定势会阻碍人们采用新的解决方法。

（一）常见的4种思维定势

思维定势是由过去一系列的心理活动所形成的一种思维准备状态，思维定势是我们利用现成的经验快速解决问题的一种方式，但当我们从事创造性活动时，思维定势常常成为人们发挥创造性思维的障碍。思维定势有很多种，主要包括权威定势、经验定势、书本定势、从众定势。

1. 权威定势

权威定势是指人们的思想和观念无条件服从权威的习惯。权威定势是处理一切问题时都必须以权威作为判断是非唯一标准的思维习惯、程式，是思维惰性的表现，是对权威的迷信、崇拜与夸大，属于权威的泛化，是人们对权威人士言行的一种不自觉的认同和盲从。权威定势有两种途径，一是从儿童到成年的过程中所接受的教育权威；二是由于社会分工的不同和知识技能的差异而形成的专业权威，也就是我们所说的“专家”。

权威定势不是天生固有的，而是经历长期过程才逐步建立起来的，是外界权威对人类思维的一种制约。人从出生到长大，一直接受这样的教育：在家听父母的，在学校听老师的，在单位听领导的，这种“听话式”教育不自觉中给我们灌输了权威意识。

2. 经验定势

经验定势是人们在日积月累的活动后产生的经验教训和思维规律。这种思维定势通常表现为人们在处理新问题时不注意事物的新信息和偶然性，习惯按照自己已有的经验去做事。例如，有位女孩在跟妈妈学做菜。她发现妈妈在切香肠时，总是将香肠的头尾去掉。她很奇怪，问妈妈为什么。妈妈说：“你外婆这样做，我也跟着这样做，不知道为什么，你去问外婆好了。”女孩便拨通了外婆的电话。外婆告诉她：“因为从前我们家烤箱的盘子太小，必须将香肠掐头去尾才能放进烤箱。”原来如此。

3. 书本定势

书本定势是指人们看问题做事情习惯于照搬书本知识，引经据典，而不去关注和研究现实。实质上就是教条主义、本本主义，其特点在于把书本、理论当教条，思想僵化，轻视实践，割裂理论与实践的辩证统一关系。书本定势的不良表现是人对书本知识的完全认同和盲从。

其实很多书本知识是没有经过实践检验的，因此可能会是错的。例如武侠小说里边的武打场景和武功秘籍都是作者虚构的，如果按照武侠小说里边的武功套路去习武的话，就会出问题。这就是武侠小说带来的书本定势。

4. 从众定势

从众定势是人们不假思索地盲从众人的认知与行为。常常表现为服从众人、顺从大伙儿，别人怎么想我也怎么想，别人怎么做我也怎么做。例如，当你因恶心、呕吐、腹泻、腹痛等不适想要就诊时，你会选择到哪儿就诊？是否想去社区卫生服务中心、街道或乡镇医院、县或区医院、市医院，也许你也明白，在社区卫生服务中心看病方便、经济、迅速，而去大医院就诊，路途远、等待时间长，价格较贵，但是当你看到大部分人一有病就去大医院就诊，而且你的家人或朋友也建议你去大医院就诊时，你可能还是会听从他们的意见而选择到大医院就诊，这就是一种典型的从众行为。

（二）如何突破思维定势

有这样一个故事：

·案例4-4· 屡战屡胜的心算家的“滑铁卢”

著名心算家阿伯特·卡米洛从来没有失算过。这一天他做表演，有人上台给出题：“一辆载着283名旅客的火车驶进车站，有87人下车，65人上车；下一站又下去49人，上来112人；再下一站又下去37人，上来96人；再再下一站又下去74人，上来69人；再再再下一站又下去17人，上来23人……”那人刚说完，心算大师便不屑地答道：“小儿科！告诉你，火车上一共还有……”“不”那人拦住他说，“我是请你算出列车一共停了多少站。”卡米洛呆住了。

在这个故事中，最简单的“计数”之所以成为屡战屡胜的心算家的“滑铁卢”，原因就在于他沿循既往的思维定势，却没有料到要回答的问题变了，旧思维在新问题面前失效了。

可以说，这个小故事给我们提出了一个现实问题，那就是如何突破思维定势。突破思维定势是一种创新的思维方法，在创新活动中有着极为重要的价值。突破思维定势，有助于我们打破原有的旧框框的束缚，有助于我们发挥想象力和创造力，打开新思路，产生新思想和新方法。突破思维定势的主要方法有：

1. 增长见识。通过学习，知识渊博，见识广泛，视野开阔，这样，看待事物不会那么狭隘，那么死板。

2. 增强做事动力。一个人做事动力不强则容易敷衍了事，敷衍时思维定势就会产生作用。而做事有求真求佳求完美，追求卓越的动力，往往会激发突破现有思维定势，另辟蹊径，臻于至佳。

3. 敢于冒险。有风险意识，会敢于尝鲜。具有一定的冒险精神，就不会拘泥于固有的思维，敢于大胆尝试。

二、如何形成创新思维

（一）什么是创新思维

创新思维是人类在探知未知领域的过程中，充分发挥认识的能动作用，突破固定的思维定势，以新颖、多维的角度来探求事物的内在机理的思维活动。简言之，创新思维是以新的方式解决问题的思维活动，是创新活动中的思维活动。

创新思维的本质在于“新”，即用独特创新的方式，而不是重复，更不是墨守成规。创新思维就是以新的思路解决新问题或者探索未知领域，并取得新的成果。创新思维主要有如下4个特点：

1. 独创性。创新思维要求具有一定程度的开拓性、首创性，即具有“前无古人”的独创之处。要求在前人、常人未涉足、不敢前往的领域“开拓”出一片新天地，要站在前人或者常人的肩上再往前一步，而不是在前人、常人已有的成就面前进行仿效、踏步不前或是被司空见惯的事物或现象所迷惑。因此，创新思维就是一种独创，一种突破。

2. 扩散性。扩散性是指不受任何条件的约束，不受固有模式的限制，思路开阔，在想象的宇宙中任意驰骋，捕捉新思想甚至把彼此毫不相关的事物联系在一起，从而产生新的概念。因此，创新思维需要不受传统束缚，更不能按图索骥，削足适履，要敢于从新的角度去思考问题。

3. 跨越性。跨越性就是反常规的，超越一般的逻辑规律和普遍的实践方法，要求打破常规，另辟蹊径。

4. 批判性。批判性是指个体能够主动自我否定，打破自我约束，敢于和善于自我检查，及时纠正各种错误，甚至能够推倒重来。

（二）7种主要的创新思维

创新思维源于人们的生活实践，又在生活实践中不断丰富发展。可以说，创新思维种类繁多，主要有7种，如图4-3所示。

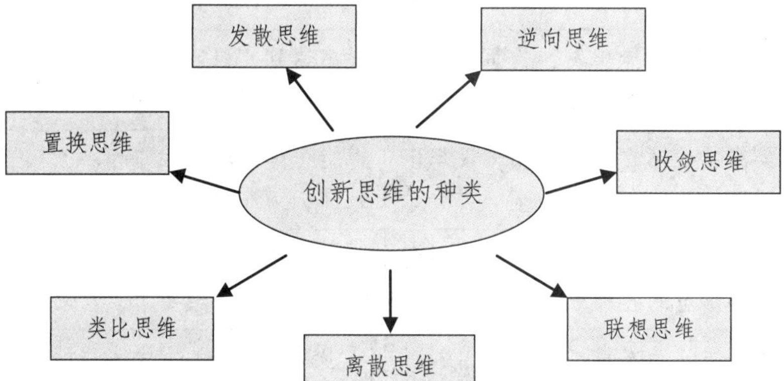

图4-3　创新思维的种类

1. 发散思维：想得多、想得散和想得奇

发散思维，又称为辐射思维、放射思维、扩散思维或求异思维，是指大脑在思维时呈现的一种扩散状态的思维模式，它表现为思维视野广阔，思维呈现出多维发散状。发散思维最早是由美国心理学家吉尔福特于1967年在《人类智力的本质》中提出的，发散思维是从给予的信息中产生信息，其模式是“从一到多”，有人形象地描述发散思维像夜空怒放的礼花，如太阳光芒四射。

发散思维是始于同一个思维出发点沿着不同方向去进行思考以探求多种不同答案的思维过程和方法。发散思维法是对同一问题，从不同方向、不同途径和不同角度去设想以探求多种答案，最终使问题得到圆满解决的思维方法。具体来说，发散思维有4个构成要素：

第一，一点或多点。发散的起点，包括一点或一条线索，已经确定的方式、方法、规则和范围等已有的信息。

第二，发散方式。对某一问题或事物的思考过程中，不拘泥于一点或一条线索，不受已经确定的方式、方法、规则和范围等的约束，从不同的思维视角、不同的思路、不同的途径去想象，从仅有的信息出发尽可能地向多个方向扩散。

第三，发散过程。就像树枝不断向上生长一样，一节一节地生长出来，思维呈现出多维发散状，表现为思维视野广阔。

第四，思维结果。在扩散思考中使问题得以解决的各种设想和方法。

发散思维有很多种方法，具体见表4-2：

表4-2　发散思维的种类

序号	方法	内　容	实　例
1	材料发散	以某个物品尽可能多的“材料”，以其为发散点，设想它的多种用途	尽可能说出纸的用途：可写字、包装、制作玩具、引火等
2	功能发散	从某事物的功能出发，构想出获得该功能的各种可能性	说出达到“照明”的功能：点油灯、开点灯、点蜡烛等
3	结构发散	以某事物的结构为发散点，设想出利用该结构的各种可能性	说出含圆形结构的东西：太阳、水滴、酒杯、井盖等
4	形态发散	以事物的形态为发散点，设想出利用某种形态的各种可能性	说出红颜色可用来做什么：红旗、红围巾、红头巾、红领巾等
5	方法发散	以某种方法为发散点，设想出利用方法的各种可能性	说出用“吹”的方法办成的事：吹气球、吹口哨、吹泡泡糖等

6	组合发散	以某事物为发散点，尽可能多地把它与别的事物进行组合形成新事物	说出钥匙圈可同哪些东西组合在一起：同小刀组合、同指甲剪组合、同微型手电筒组合等
7	因果发散	以某个事物发展的结果为发散点，推测出造成该结果的各种原因，或者由原因推测出可能产生的各种结果	说出造成玻璃杯破碎的可能原因：手没拿稳掉在地上、被某些东西敲碎、被弹弓子弹击碎等
8	关系发散	从某一事物出发，以此为扩散，尽可能多地设想与其他事物的各种关系	你是谁？尽可能地写出或说出你与社会各方面的关系

可以说，发散思维是多方向、多思路、多角度的思考，不局限于既有的理解，从而提出新问题，探索新知识或发现多种解答和多种结果的思维方式。

2. 逆向思维：把事情倒过来看

逆向思维又称反向思维，是指突破常规思考问题的思维模式，从一般习惯相反的方向进行思考、分析的思维方式。通俗地说是倒过来想问题，即从反面（对立面）提出问题和思索问题的思维过程。逆向思维结果常常会令人大吃一惊，喜出望外，别有所得。实际就是以“出奇”去达到“制胜”。

·案例 4-5· 如果你是理发师

一个秃头的男人坐在理发店里。发型师问：“有什么可以帮你的吗？”那个人解释说：“我本来想去做头皮移植，但实在太痛了，如果你能够让我的头发看起来像你的一样，而且没有任何痛苦，我将付你5000元。”如果你是这个理发师，你怎么办？

“没问题。”发型师说。然后他很快将自己和对方一样剃了个光头。

著名科学家伽利略曾说过：“科学是在不断改变思维角度的探索中前进的。”逆向思维是一种克服思维定势，另辟思维蹊径的有效方法。例如，司马光砸缸就是逆向思维。有人落水，常规的思维模式是“救人离水”，而司马光面对紧急险情，运用了逆向思维，果断地用石头把缸砸破，“让水离人”，救了小伙伴性命。

逆向思维有两大鲜明特点，一种是突出的创新性。它以反传统、反常规的方式提出、分析和解决问题；另一种是反常的发明性。逆向思维是以反常规的方式来思考发明创造的问题，因此用常规方式无法完成的创造发明，而进行逆向思维可以取得突破。

逆向思维法可分为反转型逆向思维、转换型逆向思维和缺点型逆向思维，具体见表4–3：

表4–3　逆向思维的种类

序号	方法	内　容	实　例
1	反转型逆向思维法	从已知事物的相反方向（事物的功能、结构、因果关系）进行思考，产生发明构思的途径	市场上出售的无烟煎鱼锅就是把原有煎鱼锅的热源由锅的下面安装到锅的上面
2	转换型逆向思维法	在研究一问题时，由于解决该问题的手段受阻，而转换成另一种手段，或转换思考角度思考，以使问题顺利解决的思维方法	司马光砸缸救落水儿童，由于司马光不能通过爬进缸中救人的手段解决问题，因而他就转换为另一手段，破缸救人，进而顺利地解决了问题
3	缺点逆向思维法	利用事物的缺点，将缺点变为可利用的东西，化被动为主动，化不利为有利的思维发明方法	金属腐蚀是一种坏事，但人们利用金属腐蚀原理进行金属粉末的生产，或进行电镀等其它用途

3. 收敛思维：思路向最佳方向发展

收敛思维又称“聚合思维”、“求同思维”，是指在解决问题的过程中，尽可能利用已有的知识和经验，将众多信息和解决问题的可能性逐步引导到条理化的逻辑序列中去，最终得出一个合乎逻辑规范的结论。收敛思维最大的特点就是使思维集中于同一方向，使思维条理化、简明化、逻辑化、规律化。医生常根据某病人出现的症状、体征、实验室检查或影像学检查的结果等进行综合分析，最后确定病人的诊断过程就是聚合思维。

收敛思维与发散思维，如同“一个钱币的两面”，是对立统一的。发散思维是为了解决某个问题，从这一问题出发，想的办法、途径越多越好，总是追求更多的办法。而收敛思维也是为了解决某一问题，在众多的现象、线索、信息中，沿着某一方向思考，根据已有的经验、知识或发散思维中针对问题的最好办法去得出最好的结论和最好的解决办法。如果说，发散思维是由“一到多”的话，那么，收敛思维则是由“多到一”。例如，回答问题不追随众人的答案，直接给出本人认为最好的答案。

收敛思维的另一种情况是先进行发散思维，越充分越好，在发散思维的基础上再进行集中，从若干种方案中选出一种最佳方案，同时注意将其他方案中的优点补充进来，加以完善，围绕这个最佳方案进行创造。洗衣机的发明就是如此，首先围绕“洗”这个问题，列出各种各样的洗涤方法，如洗衣板搓洗、刷子刷洗、棒槌敲打、河水漂洗、流水冲洗、用脚踩洗等，然后再进行收敛思维，对各种洗涤方法进行分析和综合，充分吸收各种方法的优点，结合现有的技术条件，制订出设计方案，然后再不断改进，结果成功了。

收敛思维的方法主要有3种：

第一，目标识别法。先确定目标，进行认真观察，找出关键点，围绕目标展开定向思维，然后做出判断，采取相应的措施解决问题。例如，便衣警察在公众场合抓小偷，常通过小偷的典型举止和眼神来锁定目标并实施追踪。

第二，间接注意法。用间接手段寻找“关键”技术或目标，从而解决问题。

第三，层层剥笋法。在思维过程中层层分析，逐渐逼近问题核心，避开繁杂的、表面的特征，以便揭示隐藏在表象下的深层本质。

4. 联想思维：触类旁通和举一反三

联想思维是指人们将一种事物的形象与另一种事物的形象联系起来，探索它们之间共同的或类似的规律，并以此解决问题的思维方式，是一种由此及彼的思维。牛顿从自然界中最常见的苹果落地这一现象，联想到引力，又从引力联想到质量、速度、空间距离等因素，进而推导出力学的三大定律。这就是联想思维的成功应用。

根据联想思维的目的性，联想思维可分为以下三种：

第一，自由联想法。这是一种主动自由的积极联想，属于探索性的。它是由美国芝加哥大学心理学家们首先提出的，要求参加实验的人尽快想出许多相关概念，再从这些概念中选择出新的概念来。例如，提出“飞机”一词，就可以联想到航空、机身、机翅、机尾与着陆装置等，还可以联想到飞机的原理、起飞的上升力、着陆的下降力以及飞机冲力必须大于它的阻力等。这就是自由联想法。一般来说，自由联想愈丰富的人，产生创新的可能性也就愈大。

第二，强迫联想法。强迫联想法是由前苏联心理学家哥洛万斯和塔斯林茨提出来的，其办法是拿一本产品目录，随意翻阅，通过联想发现两种产品能否构成一种新产品。例如，日本软银公司孙正义认为自己的成功得益于他早年在美国留学时的“每天一项发明”，那时候不管多忙，他每天会给自己5分钟的时间强迫自己想一项发明，他发明的办法非常奇特：从字典里随意找三个名词，接着想办法把这三个词组合成一个新东西。一年下来，竟然有250多项“发明”。在这些“发明”中，最重要的是“可以发声的多国语言翻译机”。这项发明后来以1亿日元的价格卖给了日本夏普公司。孙正义用的方法就是强迫联想法。

第三，焦点法。这是由美国学者怀廷提出的，是指人们将所要认识的或要解决的问题作为“焦点”，通过相近联想、相似联想、对比联想等方式，将其他对象集中到这个“焦点”上，组成一个完整的联想思维过程，以便形成新的观念，或者寻求解决问题的最佳方法等。

5. 离散思维：把对象做复杂的系统分化

离散思维法，是指将某个对象的整体进行细分、离散、分散成有限或无限的单元，从而产生出一种或多种解决问题的新思路的思维方式。

离散思维法的基本思路是分析，通过复杂的、系统的分化，开辟解决复杂问题的新思路。其实很多问题均可采用离散思维法加以解决的。比如，离散思维法可用于产品的创新和改进。我们将产品的特性按名词特性、形容词特性和动词特性进行分解，通过研究如何改变这些特性从而使产品变得更好。产品的名词特性是指产品的整体、部分和材料；产品的形容词特性是指产品的性质、形状和色彩等；产品的动词特性是指产品的功能。例如，对于水壶，通过列举上述特性，对各种特性分别加以改进，就可以组合成各种形状各异、色彩多样，功能各异（如煮水、倒水、保温等功能）的水壶，以满足消费者的各种需求。

6. 类比思维：比一比，再推一推

类比思维也称为类推法，是解决陌生问题的一种常用策略。它有利于个体充分开拓思路，运用已有的知识、经验将陌生的、不熟悉的问题与已经解决的熟悉问题或相似事物进行类比，从而创造性地解决问题。

类比思维的特点有：第一，从特殊到特殊的逻辑过程，在探索经验不足、资料欠缺和其他方法难以奏效的问题时，常能大显身手，发现特殊事物之间的联系；第二，因为它的对象是特殊事物，这些事物多数是以真实形象或模型映入脑中，类比方法进一步具体化即为模拟方法。

类比方法很多种：比如拟人类化，就是把万物之灵的人作为创造的理想楷模。制造机器人是将模拟人的某些动作，赋予其人工智能和动作；再如，直接类比模拟，将所发生的自然事件或科技成果，直接与创造思路做联系和比较，从而对创造的方式有所启发。例如人们曾模拟海豚的流线型体型和特殊构造的皮肤，设计出具有同样体型和胶制“海豚皮”的潜艇，达到了很高的速度；再如，象征类比，是利用能引起类比联想的样式，表达某种抽象的概念或思想感情。例如，上海博物馆的建筑造型——天圆地方（天圆地方是中国古代哲人对宇宙构造的猜测）。

7. 置换思维：变换元素和变换次序

置换思维也称替代思维，是将目标对象和与之相似、相近、可替代的对象进行交换，从而达到解决问题的思维过程。如4个元素a，b，c，d，改变排列，变为b，c，d，a，就是置换。置换思维法实际上是借用了数学中的“置换”的概念，将几个不同的元素从一种排列变成另一种排列，或用其他元素代替某个元素，从而变成新组合的思维方法。从系统论的角度来看，元素被置换或元素之排列被改变，即引起了系统结构之变化，从而使整体具有不同的功能。

置换思维法具有发散性特点，但又借助逻辑“置换原则”，符合事物量变引起质变的辩证法，具有普遍有效性。例如，加拿大北部的爱斯基摩人学打电话也是置换思维的成功运用。爱斯基摩人长期过着原始生活，抽象思维水平低，没有数学概念，不会计数，但有很强的形象思维能力。根据这一特点，当地政府在为他们安装电话时，以动物形象置换抽象的阿拉伯数字，诸如，以海豹形象代替1；海象代替2；鲸鱼代替3；北极熊代替4；北极狐代替5；北极狼代替6……打电话时，只要按顺序拨动动物形象键就行，从而解决了爱斯基摩人不识数字就不能打电话的难题。

行动：练练你的创新思维

活动一：一双筷子五张口游戏

一、游戏要求：

道具：四根方形的筷子（不要圆的）

二、游戏方法：

请用四根方形筷子砌出五个“□”。

提示：让学员打破思维惯式，用新的思路解决问题。

参考答案：

将四根筷子同底放在一起，就组成了一个“田”，也就有了5个“□”。

活动二：正方形的平分游戏

一、活动描述：

任意画一个正方形，将其分为 4个部分，即A、B、C、D 4个小的正方形，然后将其中的A、B、C 3个小正方形的1/4的部分再涂成阴影部分，如图4–4所示。

中

二、活动程序：

请按如下要求对上述的正方形再进行平分。

1. 将小正方形A中未被阴影的部分平分成形状相同且面积相等的两部分。

2. 将小正方形B中未被阴影的部分平分成形状相同且面积相等的3部分。

3. 将小正方形C中未被阴影的部分平分成形状相同且面积相等的4部分。

4. 将小正方形D平分成形状相同且面积相等的7部分。

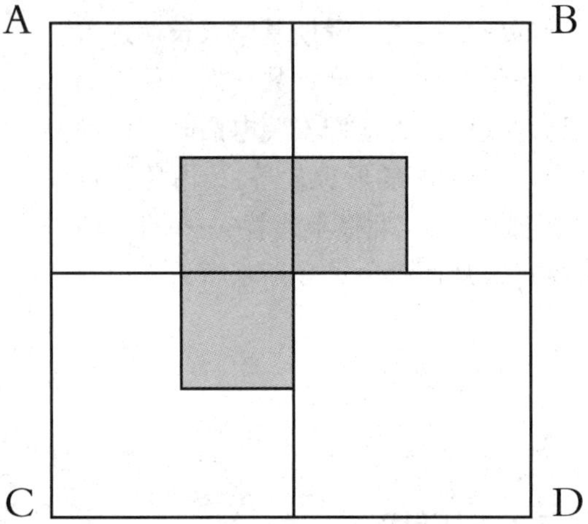

图4-4　平分后的正方形

提示：这个问题的世界纪录是7秒钟。请你运用创新思维，别僵化思想，对如上的4个正方形进行平分。

活动三：发散思维训练

发散思维是以某个物品作为“材料”，以其为散点，设想它的多种用途。例如：尽可能地写出（或说出）回形针的各种用途：把纸或文件别在一起；作发夹用；可用来代替西装领带上的别针；打开一端，烧红了可在软木塞上穿孔；拉开一端，能在水泥板或泥地上画印痕——画图、写字；拉直了，可用作纺织工的织针；拉直了还可以做鞋带（穿过鞋带孔扭结起来代替鞋带）；穿上一条线当挂钩；可用来固定标签；装在窗帘上代替小金属圈……

请完成以下任务：

1. 尽可能多地写出（或说出）“砖”的用途；

2. 尽可能多地写出（或说出）“报纸”的用途；

3. 尽可能多地写出（或说出）“玻璃杯”的用途。

评估：测测你的创新思维

一、自我评估

1. 你经常出现过哪种思维定势？请举例加以说明。
2. 如果你想创业却发现没钱，该怎么办？

二、创新思维测试

以下10个题目，如果符合你的情况，则回答“是”，不符合则回答“否”，拿不准则回答“不确定”。

1. 你认为那些使用古怪和生僻词语的作家，纯粹是为了炫耀。
2. 无论什么问题，要让你产生兴趣，总比让别人产生兴趣要困难得多。
3. 对那些经常做没把握事情的人，你不看好他们。
4. 你常常凭直觉来判断问题的正确与错误。
5. 你善于分析问题，但不擅长对分析结果进行综合、提炼。
6. 你审美能力较强。
7. 你的兴趣在于不断提出新的建议，而不在于说服别人去接受这些建议。
8. 你喜欢那些一门心思埋头苦干的人。
9. 你不喜欢提那些显得无知的问题。
10. 你做事总是有的放矢，不盲目行事。

表4-4 评分标准

题号	是	不确定	否
1	−1	0	2
2	0	1	4
3	0	1	2
4	4	0	−2
5	−1	0	2
6	3	0	−1
7	2	1	0
8	0	1	2

9	0	1	3
10	0	1	2

结果分析：

1. 得分22分以上，则说明你具有较高的创造思维能力。

2. 得分21–11分，则说明你善于在创造性与习惯做法之间寻找均衡，具有一定的创新意识。

3. 得分在10分以下，则说明你缺乏创新思维能力。属于循规蹈矩的人，做人总是有板有眼，一丝不苟。

活动二参考答案：

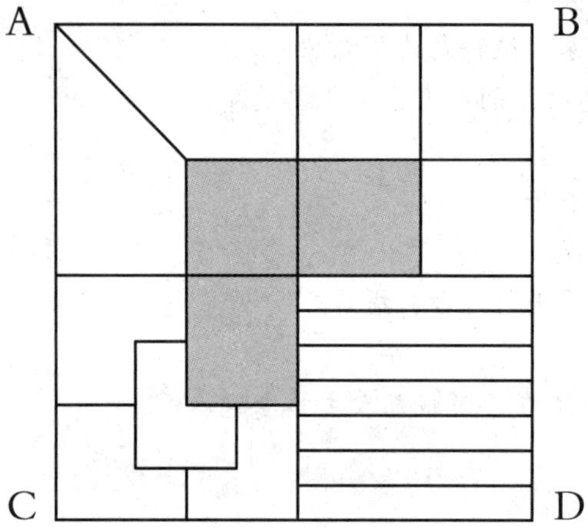

第三节　把握创新规律

目标：创新有规律吗

中国最早的茶叶加工出现在三国时期的魏朝，当时以饼茶（黑茶）为主。饼茶一直延续到唐朝，宋元时期由于民族迁徙和文化融合，茶叶加工方式发生了改变，出现了散茶（绿茶），宋元饼茶在清朝发展出红茶，而散茶则向绿茶、乌龙茶（青茶）、白茶、黄茶等方向发展。由此可见，六大茶类的产生，就是加工工艺不断创新的结果。

然而，创新的同时也应尊重自然规律。晏子曾语："橘生于南为橘，生于北为枳"。茶叶亦如此，什么样的土壤适合种植何种茶树，什么样的工艺适宜制作何种茶叶，都有一定规律。只有在尊重规律的前提下，创新才能取得事半功倍的效果。

通过本节的学习，你将能够：

1. 认识创新的多样性；
2. 理解并掌握创新规律。

示范：创新是有规律可循的

创新发明是有规律可循的，它可分为人的创新实践的规律和创新所应遵循的客观规律两大类。比如TRIZ（Theory of Inventive Problem Solving，发明问题的解决理论），它是由前苏联发明家根里奇·阿奇舒勒（G.S.Altshuller）从数十万件专利文献中，搜索、研究、整理、归纳、提炼，建立的一整套系统化、实用性的解决发明问题的理论、方法和体系。阿奇舒勒及其团队发现，技术创新所面临的基本问题与矛盾是相似的，而大量发明创新过程都有相似的解决问题的思路。阿奇舒勒等人指出，创新所寻求的科学原理和法则是客观存在的，大量发明创新都是依据同样的创新原理，并会在后来的一次次发明创新中被反复地应用，只是被使用的技术领域不同而已。所以创新发明是有理论依据的，是完全有规律可遵循的。

无论是简单的产品还是复杂技术系统，其核心技术发展遵循一定的模式和规律，具有客观的进化规律和模式。通过对大量专利进行研究、分析、总结，阿奇舒勒提炼出最具普通用途的40个创新发明原理（见表4-5）。目前这40个创新发明原理已经从传统的工程领域扩展到微电子、生物医学、管理、文化、教育等社会各个领域。

表4-5　TRIZ的40个创新发明原理

序号	创新发明原理	序号	创新发明原理	序号	创新发明原理	序号	创新发明原理
1	分割原理	11	预防范原理	21	急速作用原理	31	多孔材料原理
2	抽取原理(拆出原则)	12	等势原理	22	变害为利原理	32	颜色改变原理
3	局部特性原理（局部性质原则）	13	反向作用原理	23	反馈原理（反向联系原则）	33	同质性原理
4	不对称原理（增加不对称）	14	曲面化（曲率增加）原理	24	中介原理	34	抛弃与再生原理
5	组合原理（联合原则）	15	动态化（动态特性)原理	25	自服务原理	35	物理或化学参数改变原理
6	多功能原理	16	不足或过度作用原理	26	复制原理	36	相变原理
7	嵌套原理	17	多维度原理	27	廉价替代品原理	37	热膨胀原理
8	质量补偿原理（反重力原则）	18	振动原理	28	机械系统替代原理	38	强氧化剂原理
9	预先反作用原理	19	周期性作用原理	29	气压和液压结构原理	39	惰性环境原理
10	预先作用原理	20	有效连续性作用原理	30	柔性壳体或薄膜原理	40	复合材料原理

准备：创新实践有哪些规律

一、什么是创新实践

俗话说创新来源于实践。创新实践是基于实践而又不同于常规实践的实践活动。它属于一种首创性实践，这种实践没有先例可依，是人类在未知领域中的探索性实践活动。

人类实践可分为生产实践、交往实践、科学实践三种基本形式。故创新实践也有三种形式，技术创新、制度创新和知识创新。

一般来说，创新实践有4个特点：

第一，主体特殊性。创新实践要求主体能够掌握事物规律、属性、关系，并在此基础之上进行新发现或新运用。

第二，客体的未知性。创新实践的目的在于揭示客体的运动规律，而创新实践的客体是尚且未知但客观存在的自然界。

第三，实践过程的探索性。创新实践过程就是一个探索未知的过程。

第四，实践结果的不确定性。创新实践结果或达到预期目标，或可能相反。另外，创新实践结果即便实现，但随之带来的价值也存在高风险，使创新实践的结果具有高度不确定性。

从创新演变过程和具体创新的发展变化看，创新实践过程往往经过以下四个阶段，如图4-5所示：

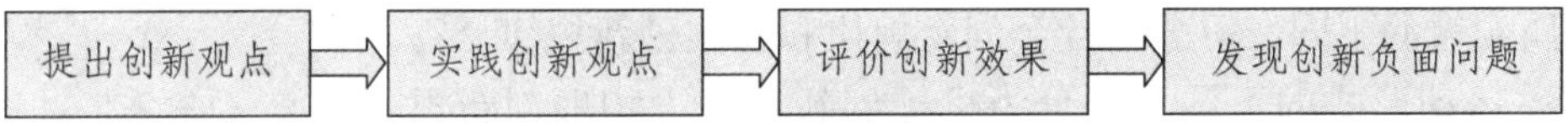

图4-5 创新实践的过程

第一阶段，创新实践始于创新观点的提出。创新观点的提出主要基于以下三个方面：发现问题、提出问题和分析问题。首先，创新主体要意识到问题存在，发现并提出问题。问题是创新思维的动力，要想提出问题就要有问题意识。即创新主体要有怀疑精神、批判意识，求异思维、逆向思维、超前思维、联想思维、想象思维等等，才可能发现和提出问题。其次，分析问题要善于搜集材料，既能把握整体，又要抓住重点，理清思路。最后，创新主体初步得到一些解决问题的新观点。新观点提出之后，还有待于经过分析综合等思维方式的加工，联系具体实际初步提出可行性的解决方法，然后对这些方法进行认真仔细地选择和综合，从而确定最后的观点，即提出创新观点。

第二阶段，创新主体将创新观点运用于实践之中，即现实地解决问题。创新主体提出创新观点后，应以极大的热情将其付诸实践，有坚定的意志把创新观点坚持下去，同时还应根据实际情况进行灵活地调整，以实施创新观点。

第三阶段，创新主体要评价创新效果。创新观点付诸实践之后，创新主体要评价实施创新观点后所带来的效果：是否有利于发展生产力，是否有利于人们生活的改善，是否有利于人与自然的和谐共处等等。在充分评价创新效果后决定是否将创新成果进行推广。

第四阶段，创新的负面问题被发现，也就是创新带来新问题。一方面，人们的认识能力和实践能力不断提高，进一步深化对创新的认识，亦会逐渐发现创新带来的负面问题。另一方面，从创新本质来看，创新的本质是包含正创新与负创新的矛盾统一体，随着人们对创新实践认识的不断深入，创新的负面问题会日趋明显并逐步显现。

综上所述，创新实践过程就是不断发现问题、提出问题、解决问题、评价效果、发现新问题周而复始的动态过程。以上四步骤并非是任何一个创新过程必须的步骤，有的创新步骤可以被直接跳跃；有的创新步骤要更加复杂化；有的创新步骤可以随时被中止。因此，创新阶段不是固定不变的，也不能一劳永逸地解决一切问题，而是一个不断完善，不断发展的过程。

二、创新规律有多少类别

从不同的角度分，有不同类型的创新规律。

根据所属领域的不同，可分为社会创新规律和思维创新规律。

根据物质运动形式的不同，可分为机械创新规律、物理创新规律、化学创新规律、生物创新规律、社会创新规律等五种。

根据实践领域的不同，可分为技术创新规律、制度创新规律和知识创新规律。

根据原属性质的不同，可分为原始性创新规律、集成性创新规律和引进消化吸收再创新规律，等等。

可以说，只有把握创新规律的多样性，才能为多样化的创新实践服务。

三、创新实践的基本定律是什么

对于创新，我国科技部科学技术发展战略研究院副院长郭铁成在总结人类创新历史，分析当代创新实践的基础上，提出了所有的创新都遵循的三大基本定律：

第一，怀疑定律。若是创新，必先怀疑，而且应始终保持怀疑的态度。为什么要先怀疑呢？因为只有怀疑才能提出问题；只有提出问题才能展开观察、实验和逻辑分析，直到解决问题、形成新认识、创造新事物。苏格拉底说：“问题是接生婆，它能帮助新思想的诞生。”为什么要始终保持怀疑的态度？因为事物不仅是复杂的、多面的、普遍联系的，而且在不断的发展变化，人们需要不断适应新情况，更新原来的认识；另外人的意识及认识能力也是不断提高的，并且由生活生产实践不断得到验证、提升。如果不能保存持续怀疑的态度，思想就会凝固和老化，创新自然就中止了。如果不怀疑“地心说”，就不可能有“太阳中心说”；如果不怀疑牛顿力学，就没有爱因斯坦的相对论。

第二，阻力定律。若想创新必有阻力，而且阻力大小与创新程度成正比。为什么创新会有阻力呢？这是真理总是掌握在少数人手中。凡是创新都是超前的，常是闻所未闻、见所未见的，超出了现有的理解框架，因此被认为是异想天开，甚至是胡说八道。据说爱因斯坦的相对论刚提出来时全世界只有十几个人能理解，到处都是反对之音。也可能人们报之以沉默，但此沉默不是无声的支持，而是无声的扼杀。事实上有多大的创新便有多大的阻力来锤炼你。

第三，胜出定律。若是创新，只要符合事物发展的规律，符合社会需求，必然会胜出。创新之初，因阻力巨大，也可能因为新事物的不成熟、不稳定、不实用、不经济，常处于劣势地位。这就决定了它的发展壮大是一个艰难曲折的过程，但它最终战胜旧理论、旧事物，取得创新优势成为主流。智能手机、数码相机的创新发展就是这样，创新应用技术，适应了社会需求，最终，淘汰了传统手机和胶卷相机，曾经作为手机代名词的“诺基亚”和胶卷代名词的“柯达”，竟然被新技术的取代而消失在主流市场上。

行动：学会把握创新规律

活动一：摆数字，探规律

一、活动要求：

道具：白纸一张、铅笔、橡皮各一个。

二、活动程序：

请学员将4、6、8三个数字放在以下数字的适当位置（左或右）：

1　7　　　　　　2　3　5

三、注意事项：

鼓励学员随意畅想，但又要提示学员注意寻找事物之间的规律性。

提示： 创新是有规律的，让学员明白创新性答案不一定很复杂，鼓励他们大胆地进行创新。

参考答案：

147　　23568

（只有直线的放在左边；有弯角的放在右边；数字按从小到大排列）

四、讨论：

1. 这是哪种类型的创新？

活动二： 分析现实案例，理解创新规律

小组讨论：

1. 举例说明我国改革开放以来，哪些创新是典型的社会实践创新，哪些是重大的技术创新。它们反映了哪些创新实践的规律？

2. 以我国开展“实践是检验真理的唯一标准的讨论”为例，分析其实践过程所反映的创新基本定律。

3. 分析网约车的出现说明了什么样的创新规律。

4. 举出自己身边的创新案例，说明其创新实践的过程和所遵循的规律有哪些。

评估：你把握创新的基本规律了吗

一、自我评估

1. 你认为创新有规律可循吗?.对于创新实践的三大定律，你是如何理解的？

2. 你有过创新的实践吗？反思一下当时的过程和实施的效果，你认为它的基本规律是什么？

二、自我测评

根据下面的量表，评估你的创新才能，探寻其中隐藏的创新规律。

美国普林斯顿创造才能研究公司总经理、心理学家尤金·劳德塞曾设计了一套50个题的创造才能“简易测试”量表，其中有一个题目及评分标准如下：

1. 测试题目

从下面描述人物性格的形容词中，挑选出10个你认为最能说明你

性格的词：

精神饱满，热情，骄傲自大，有朝气，孤独，泰然自若，虚心，脾气温和，自信，实惠，不屈不挠，有独创性，具说服力，具高效率，好交际，束手束脚，不拘礼节，机灵，严格，好奇，乐于助人，观察敏锐，老练，不满足，有主见，严于律已，易预测，复杂，思路清晰，谦逊与求是，足智多谋，时髦，有理解力，性急，感觉灵敏，柔顺，创新，拘泥形式，谨慎，有献身精神，有远见，善良，坚强，一丝不苟，无畏，实干，漫不经心，有组织力，有克制力

2. 评分标准

（1）选下列每个形容词，可得10分

精神饱满，有主见，创新，观察敏锐，有献身精神，好奇，不屈不挠，有独创性，有朝气，柔顺，感觉敏锐，热情，足智多谋，无畏，严于律已。

（2）选下列每个形容词，可得5分

自信，虚心，一丝不苟，有远见，机灵，坚强，不拘礼节，不满足。

（3）其余得零分

3. 自我评估

按照以下的分级标准（见表4-6），看看自己属于哪一级。

表4-6 分级标准

序号	累计分数	创造能力
1	91分以上	非凡
2	81-90分	优良
3	71-80分	良好
4	41-70分	普通
5	21-40分	薄弱
6	20分以下	毫无创造力

4. 探寻规律

从你自我评估的结果当中，深入思考一下，这些形容词中隐藏了一个优秀的创新者应该具备什么样的创新素养，它反映了创新的哪些基本规律。

第四节　运用创新方法

目标：学会运用创新方法

有位日本小姑娘，听大人们讲了中国古代少年文彦博用水取球的故事后，突发奇想：应该会有更多的办法取出洞中的球。于是，她把小伙伴们召集起来，对他们说道：

“我们来玩一个游戏，假设我们把皮球滚到一个洞里面去了，大家每个人想一个办法，也可以否定别人的办法。现在抽签，凡抽到单数的想办法，抽到双数的否定前一人的办法。凡说的有道理的均可获得一个泡泡糖的奖励。”抽完签，她便叫开始。

第一号孩子说：“我用手从洞里把皮球捡出来。”大家听完后都笑了，说他的办法太简单。

第二号否定道：“如果洞再深一些，手够不着呢?”

第三号接着说：“那我回家拿火钳把他夹出来。”

第四号接着说：“如果火钳太短怎么办?”

第五号接着说：“那我用竹棍子将它拔出来。”

第六号接着说：“如果是个弯洞，那又该怎么办?”

第七号接着说：“我会灌水让皮球浮出来。”

第八号否定道：“但如果那是个沙洞呢?”

第九号接着说：“那我用锄头挖沙，把皮球给挖出来。”

第十号否定道：“如果那不是一个沙洞，而是一个石头洞，又弯，又漏水，又深，怎么办呢?”

第十一号笑着说：“那我就不要这皮球了，让妈妈给我再买一个。”

第十一号最终也获了奖。为什么呢?因为当取球的代价已经超过皮球的价值时，就没有必要再去做得不偿失的事情了。这个小姑娘的名字叫小樱子，她设计的这个游戏，后来被日本很多企业当成训练员工创新能力的方法。

请问你是如何看待小姑娘“洞中取球”这一创新游戏的？请你模仿这个游戏的方法，也用来解决一个真实的问题。

通过本节的学习，你将能够：

1. 认识创新方法，理解8种创新技法；

2. 学会运用基本的创新方法。

示范：人人都能创新

创新方法是创新过程中带有普通规律性的方法和技巧。创新方法是在发明创造过程中分析发现问题，形成新设想、产生新方案的规律、途径、手段和方法，这些规范性、程序化的创新方法是对创造性思维方式的概括或模式化总结。第三节讲到的前苏联发明家阿奇舒勒提炼出TRIZ的40个创新发明原理，就是技术创新中具体的规律性的原理和方法。

一般来说，创新方法具有以下三个特点：

第一，科学性。创新方法是人们根据创造活动中获得的经验总结而成的，反映了发明创造活动的一般规律，是科学思维方法的概括和总结，体现了科学性。

第二，程序化。创新方法虽然具有独创性，但体现了其严密的逻辑性，都是参照一定的规范或程序，遵守一定的规则完成创造活动的总结。抽象后的方法，都可以进行程序化操作。

第三，实用性。创新方法可操作性强，且较为具体，可以一条一条地执行，都是实用性的方法。即使原先不了解某创新方法的人，也能通过学习和训练，在实践中逐步掌握，并能加以应用。

准备：创新实践有哪些规律

一、8种常见的创新方法

俗话说，条条大路通罗马。人们在实践中总结出多达数百种的创新方法，不同的创新方法应用于不同的领域，解决的问题也不尽相同。即使同一种创新，也可以采用不同的创新方法。比较常见的创新方法有以下8种：

（一）检核表法

检核表法又称检查提问法、设问求解法等，是根据需要解决的问题或发明创造、技术革新的对象，找出有关因素，列出一张思考表，然后逐个思考、研究，深入挖掘，由此激发创造性思维，使创造过程更为系统，从而获得解决问题的方法或创造的新设想，实现创造目标的方法。

目前已经创造出许多各有特色、适用于解决不同问题的检核表，

其中以奥斯本检核表法最为常用。奥斯本检核表法通过引导主体在创造过程中对照9个方面的问题进行思考，以便启迪思路、开拓思维想像的空间、促进人们产生新设想、新方案。由于奥斯本的检核表法的实用性强，应用范围非常广泛，因此被人们誉为“创造技法之母”。

表4-7　奥斯本检核表

序号	检核内容		实　例
1	能否他用	现有的事物有无其他用途，或稍加改变后有无其他用途	将洗衣机用于洗红薯，海尔稍微改进开发了新的洗涤设备
2	能否借用	能否从其他领域、产品、方案中引入新的元素、材料、造型、原理、工艺等	运用激光技术治疗眼病和肿瘤
3	能否改变	现有事物的某些属性，如颜色、声音、式样、花色、工艺方法、象征意义等能否改变	彩电由卧式的改为立式的或悬挂式的
4	能否扩大	能否增加现有事物的长度、厚度、强度、频率、速度、数量、价值等	可定时的电风扇、带夜光的手表
5	能否缩小	现有事物的体积、长度、重量、厚度等能否缩小化、浓缩化、可拆分、简便化、省略化、短程化等	保温瓶缩小体积成为保温杯
6	能否替代	现有事物能否用其他材料、元件、结构、力、设备、方法、符号、声音、香味等替代	门窗材料由合金材料替代铝合金材料、由铝合金材料替代钢结构材料、由钢结构材料替代木质材料
7	能否调整	现有事物能否变换排列顺序、位置、时间、速度、计划、型号、元件等	将大型客船内部重新装修，改造为水上旅馆
8	能否颠倒	现有事物能否从里外、上下、左右、前后、横竖、主次、正负、因果等相反的角度颠倒过来使用	根据吹风机的原理，改变风的方向，制成吸尘器
9	能否组合	能否进行原理组合、材料组合、部件组合、形状组合、功能组合等	带随时测体温、血压装置的手表

奥斯本检核表法的核心是改进，具体实施步骤如下：

1. 考察创新对象明确需要解决的问题；

2. 根据需要解决的问题，参照表中列出的问题，运用丰富想象力，强制性地一个个核对讨论，写出新设想；

3. 对新设想进行筛选，将有价值和创新性的设想筛选出来。

（二）组合法

组合法是指将两种或两种以上的技术思想、物质产品的一部分或整体进行适当的组合变化，形成新的技术思想、设计出新的产品的发明创造技法。组合思维方法和组合设计技巧，是发明创造者需要掌握的基本发明创造技能。

组合创造方法主要有同类组合、主体附加、异类组合和重组组合：

第一，同类组合。同类组合是指若干相同事物的组合。组合后的事物在基本原理和基本结构没有根本性的变化，往往有组合的对称性或一致性的趋向。但通过数量的增加来弥补功能的不足，或求取新的功能，或发生新的意义。例如，在两支钢笔的笔杆上分别镂龙刻凤后，一起装入一只精致考究的笔盒里，称为“对笔”，即为同类组合。此外，还有鸳鸯牙膏、子母灯、对表、双拉锁、情侣服等。

·案例 4-6· 多用途的瑞士军刀

瑞士军刀为何长盛不衰？据小卡尔·埃尔森纳介绍，1884年，他的曾祖父卡尔·埃尔森纳在伊巴赫开办了制作刀具的家庭作坊。当时瑞士军队的单兵携行具都是德国造，出于爱国心，埃尔森纳开始研制军刀。1891年，他制作的军刀首次列装瑞士军队，瑞士军刀也从此走向世界。小卡尔·埃尔森纳认为，瑞士军刀的成功在于：坚持本土制造的瑞士品质，并依靠科技开发新功能。

一把小刀究竟可有多少功能，即使用过瑞士军刀的人都说不清楚。功能最全的军刀“瑞士冠军”有大小刀片、酒瓶钻、罐头刀、螺丝刀、钻孔锥、钥匙圈、镊子、牙签、剪刀、多用途钩、木锯、指甲锉、钢锉、钢锯、钳子、钢丝钳、电线钳、放大镜、圆珠笔、大头针等33种功能。

瑞士军刀的组合工具不仅表现在品种上，同时还在于巧妙的组合在同一种工具上，使有限的工具发挥更多的实功能。一把普通的瑞士军刀，一般都有主刀、小刀、剪刀、开瓶器、木锯、小改锥、拔木塞钻、牙签、小镊子等工具。而在一些工具上还设计了多种功用，如开瓶器上，就具有开瓶、平口改锥、电线剥皮槽三种功用。随着时代的发展，一些新兴的电子技术也被引入瑞士军刀中，如内藏激光、电筒等。

在一把小型刀具上赋予了许多的实用小工具，解决了人们在日常工作及生活中的种种难题。而且不论在何种环境下，瑞士军刀都表现出它非凡的实用价值及相应的质量品质。

同类组合有两种方法，如表4–8所示。

表4–8 同类组合的方法

序号	方法	内涵	实例
1	搭积木式组合法	把若干个同一类事物组合在一起	鸡尾酒、组合家具
2	非系列产品集约化组合法	通过媒介物的设计，将并不相关的各种产品汇集在一起	文具盒、工具盒

第二，主体附加。主体附加是在原有的技术思想或物质产品上补充新内容、新附件从而产生新的功能。组合主体不变或变化微小；附加只是主体的补充，附件可以是已有的技术、产品、新的设计或装置，附加物为主体服务。例如，保温饭锅、磁化杯的发明就是主体附加。还有在自行车主体上安装里程表、后视镜、风扇、雨罩等也是主体附加。根据附件类型，主体附加可分为三类，如表4–9所示。

表4–9 主体附加的类型

序号	附加类型	实例
1	附加功能或形式	自鸣式水壶
2	附加其他产品	哨鞋（童鞋上加上气哨）
3	附加材料、技术	各种合金

第三，异类组合。异类组合是指两种或多种以上不同领域的技术思想、不同功能的物质产品的组合。组合对象之间一般没有主次关系，组合对象广泛，组合过程中能形成技术杂交和功能渗透，从而引起显著的整体变化，异种求同，创造性强。例如，万用表、高压电饭锅的发明就是这类组合。

异类组合的例子非常多。异类组合的典型案例就是电子黑板。电子黑板的创新思路是，在讲习会或其他会议上，听讲者总是一字一字地对着黑板抄笔记，真是麻烦。不妨将黑板和复印件组合在一起，就这样，黑板加复印件组合在一起，发明了“电子黑板”。这种黑板上写的内容，只要按一下右方的电钮，便全部复印成一页页的复印稿，发给听讲者作为笔记，非常方便。其他如橡皮头和铅笔组合，就成了带橡皮头的铅笔；日历和笔架组合，就成了日历笔架等。

另外，异类组合需要的是有一条引导组合设计的主线，异类组合的主线可分为三类，如表4–10所示：

表4-10 异类组合的主线

序号	主 线	实 例
1	人的使用方式	U盘小刀、PDA键盘保护套、带传声器的耳机
2	人的精神审美诉求	饰品化的手机、MP3、数码相机
3	原来产品的适用范围的大幅度扩展	冷暖空调、录放机

第四，重组组合。重组组合是将原组合按事物的不同层次分解后又以新的构思重新组合起来的发明方法。在某事物的结构上打主意，从改变原有零部件相互结构的关系变异中获得创新成果。飞机就是重组组合的典型案例。螺旋桨飞机发明以来，螺旋桨都是设计在机首，两翼从机身伸出，尾部安装稳定翼。美国飞机设计专家卡里格·卡图却对其进行重组，将螺旋桨改放在机尾，稳定翼放在机头。重组后的飞机具有尖端悬浮系统和更加合理的流线型机体形状，不仅提高了飞行速度，而且排除了失速和旋冲的可能性，提高了安全性。这就是运用重组组合设计思路将飞机头尾倒换的成功发明。

综上所述，组合形式虽不一样，但组合带来创新的目的却是一致的。进行组合时，一般从如下方面入手：第一，把不同的功能组合在一起而产生新的功能；第二，把两种不同的功能的东西组合在一起增加使用的方便性；第三，把小东西放进大东西里，不增加其体积；第四，利用词组的组合产生新产品。

（三）移植法

移植法是将某一领域已见成效的发明原理、方法、结构、材料等，部分或全部引进到其他领域，或者在同一领域、同一行业中，将某一产品的原理、构造、材料、加工工艺和实验研究方法，引用到新的发明创造或革新项目上，从而获得新成果的发明创造法。例如，移植蜻蜓的结构发明了飞机，移植照像机的原理发明了复印机，移植蝙蝠的功能发明了声纳、超声波眼镜、超声波诊断仪和雷达等。

移植法是科学研究中最有效、最简便的方法，也是应用研究中运用最多的方法。俗话说，他山之石，可以攻玉。移植法有5种类型，如表4-11所示。

表4-11 移植法的类型

序号	类型	内 涵	实 例
1	外形移植	将某事物的外形应用到新的发明和设计中	根据青蛙的后肢形状，为潜水员制作了蹼，提高了潜水员在水中的活动能力
2	原理移植	将某事物的基本原理向另一事物转移的方法，通常是科技原理在不同领域的外延或类推，从而创造出新的使用功能或价值	根据香水喷雾器的雾化原理，研制出油漆喷枪、喷射注油壶、汽化器等
3	方法移植	把各种科学技术方法作为移植对象，使之能在更多的领域中发挥作用	把钢铁热处理的方法移植对铝合金的热处理
4	结构移植	把某事物的结构全部或局部移植到另一事物上，使后者在结构上产生新的意义	把圆珠笔的结构原理移植到设计抓斗上
5	材料移植	变革原有产物的材料或增添其他物质	用纸代替或部分代替，制造各种不生锈的可盛装固体、液体的精美容器

通过移植事物的外形、原理、方法、结构、材料，更换新的载体，能使以往的发明创造跃入新的领域，拓展发明创造的新天地。

（四）智力激励法

·案例4-7· **坐飞机扫雪**

有一年美国北方格外严寒，大雪纷飞，电线上积满冰雪，大幅度的电线常被积雪压断严重影响通讯。曾经许多人试图解决这一问题，但未能如愿以偿。后来，电讯公司经理应用奥斯本发明的头脑风暴法，尝试解决这一难题。他召开了一种能让头脑卷起风暴的座谈会，参加会议的是不同专业的技术人员，要求他们必须遵守以下四项基本原则：

第一，自由思考。即要求与会者尽可能解放思想，无拘无束地思考问题并畅所欲言，不必顾虑自己的想法或说法是否“离经叛道”或“荒唐可笑”。

第二，延迟评判。即要求与会者在会上不要对他人的设想评头论足，不要发表“这主意好极了！”、“这种想法太离谱了！”之类的“捧杀句”或“扼杀句”。至于对设想的评判，留在会后组织专人考虑。

第三，以量求质。即鼓励与会者尽可能多而广地提出设想，以大量的设想来保证质量较高的设想的存在。

第四，结合改善。即鼓励与会者积极进行智力互补，在增加自己提出设想的同时，注意思考如何把两个或更多的设想结合成另一个更完善的设想。

按照会议规则，大家七嘴八舌地议论。有人提出设计一种专用的电线清雪机；有人想到用电热来化解冰雪；也有人建议用振荡技术来清除积雪；还有人提出能否带上几把大扫帚，乘坐直升飞机去扫电线上的积雪。对于这种“坐飞机扫雪”的设想，大家心里尽管觉得滑稽可笑，但在会上也无人提出批评。相反有一位工程师在百思不得其解时，听到用飞机扫雪的想法后，大脑受到冲击，一种简单可行且高效率的清雪方法冒了出来。他想，每当大雪过后出动直升飞机沿积雪严重的电线飞行，依靠高速旋转的螺旋桨即可将电线上的积雪迅速扇落。他马上提出“用直升飞机扇雪”的新设想，顿时又引起其他与会者的联想，有关用飞机除雪的主意一下子又多了七八条，一小时内与会的技术人员共提出90多条新设想。

会后，公司组织专家对设想进行分类论证。专家们认为设计专用清雪机，采用电热或电磁振荡等方法清除电线积雪，技术虽然可行，但研制费用大，周期长，一时难以见效。因“坐飞机扫雪”激发出来的几种设想，倒是一种大胆的新方案，如果可行，将是一种既简单又高效的好办法。经过现场试验，发现用直升飞机扇雪真能奏效，一个久悬未决的难题，终于在头脑风暴会中得到巧妙的解决。

智力激励法又称集体思考法、头脑风暴法，这一方法是由奥斯本在1939年首创的。它以专题讨论的形式，通过发散思维进行信息催化，激发大量的创造性设想，形成综合创造力的集体创造方法。头脑风暴法是应用最广泛、最普及的创造技法。

智力激励法强调会议中无限制的自由联想和讨论，使与会者敞开思想、畅所欲言，使各种设想在相互碰撞中激起脑海的创造性“风暴”，从而形成新观念或激发创新设想。

智力激励法的全过程可分为三个步骤：

第一，准备阶段。根据要解决的问题，确定设想的议题、确定参加互激设想的人员、确定举行智力激励活动的地点和时间。对较为重大或复杂的课题可分解为若干个专门议题。

第二，会议阶段。召集参加集体思考的人员召开会议。奥斯本将此会议称为“闪电构思会议”，其组织方法是：其一，时间控制在20–60分钟之内；其二，参加会议的人员一般不超过10人；其三，围绕课题任意说出各自的想法；其四，基本原则要求延迟评价、量变引起质变。

第三，优化阶段。对“闪电构思会议”所产生的所有设想，分门别类进行研究、评价和选择，从众多设想中提取有价值的创造性设想。

要使智力激励法发挥最大功效，要清楚它的适用范围，即智力激励法要解决的问题必须是开放性的。凡是认知型、单纯技艺型、汇总型、评价型的问题，均不适宜用智力激励法来解决。只有转化角度，改变问题，才可以使用智力激励法，智力激励法应用的问题类型，如表4-12所示。

表4-12　智力激励法应用的主要问题类型

序号	问题类型	问题描述
1	产品和市场的创意	新的消费观念、未来市场方案的观念
2	管理问题	拓展业务面，改善职业结构
3	规划问题	对可能增加的困难的预期
4	新技术的商业化	开发一项可以获得专利权的新技术
5	改善流程	对生产流程进行价值分析
6	故障检修	追寻不可预期的机器故障的潜在原因

（五）列举法

列举法是指以列举形式将问题展开，用强制性分析寻找创造发明的目标和途径的一种发明创造方法。列举法通过列举有关项目来促进全面考虑问题，防止遗漏，从而形成多种构想方案的方法。列举法有两大特点，一是强制性分析，二是用列举方式把问题展开。按照列举的对象不同，可分为：

第一，特性列举法。特性列举法又分为克拉福德特性列举法和形态分析列举法两种。克拉福德特性列举法是由美国内布拉斯加大学教授、创造学家克拉福德研究总结出来的一种创造技法。通过对研究对象进行分析，逐一列出其特性，并以此为起点探讨对研究对象进行改进。

运用克拉福德特性列举法的一般过程如表4-13所示。

表4-13 克拉福特特性列举法

序号	过　程	实　例
1	选择一个明确的需要进行创新的问题，进而列举出发明或革新对象的属性； 一般可分为3个方面： **名词属性**，如性质、材料、整体、部分、制造方法等； **形容词属性**，如颜色、形状、大小等； **动词属性**，如有关技能和作用的性质，特别是那些使事物具有存在意义的功能	按照特性列举法将水壶的属性分别列出： **名词属性**——整体：水壶； 部分：壶口、壶柄、壶盖、壶身、壶底、气孔； 材料：铝、铁皮、铜皮、搪瓷等； 制造方法：冲压、焊接； **形容词属性**——颜色：黄色、白色、灰色； 体重：轻、重； 形状：方、圆、椭圆、大小、高低等； **动词属性**：装水、烧水、倒水、保温等
2	从所列举的各个特性出发，通过提问的方式来诱发创新思想（亦可参考使用奥斯本的检核表法）	通过名词属性可提出：壶口是否太长？除上述材料以外是否还有更廉价的材料？ 通过形容词属性可提出：如怎样使造型更完美，怎样使壶的体重变轻，在什么情况下、多大型号的壶烧水更合适等。 通过动词属性可提出：怎样倒水更方便，怎样烧水节省能源等

形态分析法是另一种图解的特性列举法。形态分析法是由美国任教的瑞士天文学家F·茨维克创造的技法，又称“形态矩阵法”、“形态综合法”或“棋盘格法”。根据系统分解和组合的情况，把需要解决的问题分解成各个独立的要素，然后用图解法将要素进行排列组合，见表4-14。

表4-14 形态分析法的应用步骤

序号	应用步骤	实　例
1	明确按此技法所要解决的问题（发明、设计）	要设计制造一种物品的新型包装
2	将要解决的问题按重要功能等方面列出有关的独立因素	经分析，这种新型包装的独立因素为：材料、形态、色彩
3	详细列出各独立因素所含的要素	列出明细表，并进行图解
4	将各要素排列组合成创造性设想	此例可获得多个组合方案。从中选出切实可行的方案再行细化。如方案很多，可用计算机分析

第二，缺点列举法。缺点列举法是指通过对事物的分析，着重找出它的缺点和不足，然后再根据主次和因果，采取改进措施，从而在原有基础上创造出新的成果。例如，医用无影手术灯、电磁波的发射天线、多用电表都是在原有缺点的基础上发明的。运用缺点列举法并没有严格的程序，一般可按下列步骤进行，如表4–15所示。

表4–15　缺点列举法的步骤

序号	步　骤
1	确定某一个改革、革新的对象
2	尽量列举这一对象事物的缺点和不足（可用智力激励法，也可进行广泛的调查研究、对比分析和征求意见）
3	将众多的缺点加以归类整理
4	针对每一个缺点进行分析，改进或采用缺点逆用法发明出新的产品

第三，希望点列举法。希望点列举法是指创造者从自身愿望或广泛收集的社会需求出发，提出并确定发明创造项目的一种技法。希望点列举法的实施步骤一般如图4–6所示。

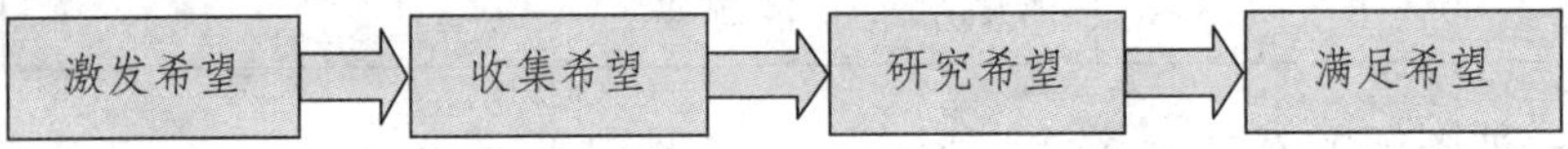

图4–6　希望点列举法的步骤

第四，列举配对法。列举配对法是利用列举法务求全面的特征，同时又吸取了组合法易于产生新颖想法的优点，更容易产生独特的创意。列举配对法的具体过程如表4–16所示。

表4–16　列举配对法的过程

序号	过　程	实　例
1	列举：把某一范围内的所有物品都列举出来	列举所有家具用品：床、桌子、沙发、台灯、茶几、电视机、电视机柜、椅子等
2	配对：即把其中任意的物品进行两两组合	床和桌子、床和沙发、床和台灯、床和衣架；桌子和沙发、桌子和台灯、桌子和衣架、桌子和茶几
3	筛选方案	对产生的组合进行分析，筛选出实用、新颖的方案，并将它们付诸实施

（六）类比法

类比法是用众人皆知的事例作比喻说明某些难懂的事物或概念的一种发明方法。类比也称为“软性思维”，它是一种由已知推向未知的富有创造性的发明方法，可以最大限度地将信息活化、活动、可塑，在创意萌芽阶段非常有效。类比法有两个基本原则：即异质同化和同质异化，异质同化是运用熟悉的方法和已有的知识提出新设想；同质异化是运用新方法处理熟悉的知识提出新的设想。类比法主要分为以下几种：

第一，拟人类比。拟人类比也称为感情移入或角色扮演，即把创造发明的对象或者某个因素拟人化。创意者将创意对象的某种因素与自身特征认同，保持一致，将自我带入“角色”以体现问题、产生共鸣而获得创意。例如挖土机的发明就是模拟人体手臂的动作进行设计的。

第二，直接类比。直接类比是指从自然界或者已有的发明成果中寻找与创造对象相类似的东西，通过直接类比，创造新的事物。例如利用仿生学原理设计出飞机外壳、潜艇体型等；仿效蝙蝠提出超声波定向，发明雷达。

第三，象征类比。象征类比是指用某一具体事物表现某种抽象观念或思想感情的方法。在创造活动中人们常赋予创造对象一定的象征性，使之独具风格，这就是象征类比。例如，鸽子象征和平，白衣天使象征护士等。

第四，对称类比。对称类比是通过自然界和人造物之间的对称类比关系展开创意，从而创造出新物品的创造方法。在服装设计中，设计师借助对称类比，设计出各式各样的服装，比如男士和女士西装、上装与下装合在一起的长袍或旗袍。

第五，因果类比。因果类比是人们根据某一事物的因果关系推出另一个事物的因果关系，通过因果类比创造出新事物的方法。在创造过程中，利用事物间的因果关系并进行触类旁通，有可能产生新的启发、获得新的创意。例如，在面粉中加入发酵粉可以做出松软的馒头，一家橡胶厂在橡胶中放入“发泡剂”制成了海绵橡胶等。

第六，综合类比。综合类比是通过综合事物之间相似的特征而进行类比。例如，设计一架飞机，可以先做出飞机模型，将其放在风中进行模拟飞行试验，这是综合了飞机在飞行中的许多特征然后进行综合类比。汽车发明也是如此。

（七）综摄法

综摄法，亦称为集思法，由美国著名创造学家威廉·戈登教授于1961年所创立。这种方法的宗旨是：进行创造性活动时注意潜意识的心理机制，并有意识地加以应用。戈登认为，综摄法的机制分为两个部分：1. 使陌生的熟悉起来；2. 使熟悉的陌生起来。综摄法运用过程如表4–17所示。

表4–17　综摄法的运用过程

序号	类别	内　容	过　程
1	变陌生为熟悉	用自己和别人都熟悉的事物去思考和描述自己接触到的新事物	计算机领域的病毒等就是利用人们较熟悉的语言，描述计算机很专业的事物或现象
2	变熟悉为陌生	对已有的熟悉的事物，运用新知识或从新的角度来观察、分析和处理，得出新东西	拉杆天线原是收音机用的，可以把它用做相机支架、伞把、鱼竿、教鞭等

综摄法在实际应用时，常将不同性格、不同专业的人员组合成精干的创新小组，针对某一问题先用分析方法深入了解，查明问题的各个方向和主要细节（即变陌生为熟悉）；然后通过亲身模拟、比喻和象征模拟等进行创造性思考，重新理解问题，阐明新观点等（即变熟悉为陌生），实现最终解决问题的目的。综摄法在新产品开发、现有产品的改进、广告创意、解决社会经济问题等方面得到了广泛使用，并被实践证明是一种行之有效的办法。综摄法的实施步骤如表4–18所示：

表4–18　综摄法的实施步骤

序号	程　序	内　容
1	确定综摄法小组构成	小组成员5–8人为宜
2	提出问题	由主持人向小组成员宣读会议应解决的问题
3	专家分析问题	由专家对该问题进行解释，以促进成员们理解，让陌生者熟悉问题
4	净化问题	清除前两步中所隐含的僵化和肤浅的地方，进一步弄清问题
5	理解问题	从选择问题的某一部分分析入手。每位成员应尽可能利用荒诞模拟或胡思乱想来描述他所看到的问题，然后由主持人记录下各种观点

6	模拟的设想	小组成员使用切身模拟、象征模拟等技巧，获得一系列设想，这一阶段是综摄法的关键。主持人记录每位成员的设想，并写在纸上以便查看，从而再激发设想
7	模拟的选择	从各位成员提出的模拟之中，选出可以用于实现解决问题的目标的模拟。主持人依据与问题的相关性、小组成员对该模拟的兴趣及有关这方面的知识进行筛选
8	模拟的研究	结合解决问题的目标，对选出的模拟进行研究
9	适应目标	使用前面步骤中所得到的各种启示，与在现实中能使用的设想结合起来。在这方面经常使用强制性联想
10	编制解决问题的方案	最后一步要制定解决问题的方案。为了制订完整的解决方案，在这个阶段要尽可能地发挥专家的作用

（八）德尔菲法

德尔菲法，又称专家调查法，指凭借专家的知识和经验，直接或经过简单的推算，对研究对象进行综合分析，寻求其特性和发展规律并进行预测的一种方法。德尔菲法的特点如表4–19所示：

表4–19　德尔菲法的特点

序号	特点	内　容
1	函询	用通信方式反复征求专家意见
2	多向性	调查对象分布于不同的专业领域，就同一问题能了解到各方面专家的意见
3	匿名性	德尔菲法采用匿名征询的方式征求专家意见，受邀专家可以不受任何干扰独立地对调查表所提问题发表自己的意见
4	回馈性	由于专家意见往往比较分散，且不能相互启发，共同提高。经典的德尔菲法要进行4轮的征询专家意见。组织者对每一轮的专家意见（包括有关专家提供的论证依据和资料）进行汇总整理和统计分析，并在下一轮征询中将这些材料匿名回馈给每位受邀专家，以便专家们在预测时参考
5	统计性	采用统计方法对专家意见进行处理，其结果往往以概率的形式出现。为了便于对专家意见进行统计处理，调查表设计时一般采用表格化、符号化、数学化的设计方法

德尔菲法的工作步骤如表4-20所示：

表4-20　德尔菲法的工作步骤

序号	工作步骤	具体内容
1	确定主持人，组织专门小组	为后续工作做准备
2	拟定调查提纲	所提问题要明确具体，选择得当，数量不宜过多，并提供必要的背景材料
3	选择调查对象	所选的专家要有广泛的代表性，要熟悉业务，有一定的声望和较强的判断洞察能力。选定的专家人数一般以10-50人为宜
4	轮番征询意见	征询意见通常要经过3轮： 第一轮是提出问题，要求专家们在规定的时间内把调查表格填写寄回； 第二轮是修改问题，请专家们根据整理的不同意见修改自己提出的问题，即让调查对象了解其他见解后，再一次征求他本人的意见； 第三轮是最后判定，把专家们最后重新考虑的意见收集上来，加以整理。有时根据实际需要，还可进行更多轮的征询活动
5	整理调查结果，提出调查报告	对征询所得的意见进行统计处理，一般可采用中位数法，把处于中位数的专家意见作为调查结论，并进行文字归纳，写成报告

行动：运用创新技法创新

活动一：案例分析——“怎样破核桃壳”

分析下面的头脑风暴会议的案例，并思考问题：

主持人：我们的任务是砸核桃，要求砸得多、快、好，大家有什么好办法？

甲：平常在家里是用牙嗑、用手掰，用门掩，用榔头砸、用钳子夹。

主持人：大家再想一想，用什么样的力才能把核桃砸开，用什么办法才能得到这些力？

甲：需要加一个集中挤压力，用某种东西冲击核桃，就能产生这种力……或者，相反，用核桃冲击某种东西！

乙：可用气动机枪往墙上射核桃，比如说可以用装泡沫塑料弹的儿童汽枪射。

丙：当核桃落地时，可以利用重力。

丁：核桃壳很硬，应该先用溶剂加工，使它们软化、溶解……或者使它们变得较脆……要使核桃变脆，可以冷冻。

主持人：鸟儿用嘴啄……或者飞得高高的，把核桃扔到硬地上。我们应该将核桃装在袋子里，从高处（例如在气球上，直升飞机上、电梯上，等等）往硬的物体（例如水泥板）上扔，然后把摔碎的核桃拾起来。

主持人：如果我们运用逆向思维来解决问题，又会怎样？

丁：可以把核桃放在空气室里，往里加高压打气，然后使空气室里压力锐减，因为内部压力不能立即降低，这时，内部气压使核桃破裂，（发展了上一个设想）。或者使空气里的压力交替地剧增与锐减，使核桃壳处于变负荷状态下。

在头脑风暴法会议进程中，只用10分钟就得到40个设想，其中一个方案（在空气压力超过大气压力并随即降到大气压力以下，核桃壳破裂，核桃仁保持完好）获发明专利。

请思考以下问题：

1. 破核桃壳案例主要使用了哪几种创新方法？

2. 如果你是主持人，使用头脑风暴法需要注意什么？

3. 请用头脑风暴法来试试解决城市停车难题？

活动二：运用检核表法进行自行车设计

奥斯本检核表法是按照事物的9个方面依次提出设问，将设计的课题向9个方面进行扩散，看能否提出创造性构想的方法。我们以日常生活中最为常见的自行车为例，运用奥斯本检核表法进行自行车设计，请完成下表。

表4-21　自行车设计检核表

序号	检核项目	创新思路	初选方案
1	能否他用		
2	能否借用		
3	能否改变		
4	能否扩大		
5	能否缩小		

6	能否替代		
7	能否调整		
8	能否颠倒		
9	能否组合		

活动三：用组合法中的主体附加方法对皮鞋提出你的改进设想

主体附加法是在原有的技术思想或物质产品上补充新内容、新附件，从而产生新的功能。例如，我们以手杖为主体，在上面增加一些功能，使手杖能够多用。

主体：拐杖

附加：1. 分割三段内加衔接线外加螺丝扣固定制成微型拐杖；

2. 加照明、红色，制成夜行拐杖、警示拐杖；

3. 加指南针制成探险拐杖；

4. 加自己常用药品制成保健拐杖；

5. 加支架和小木板制成拐杖板凳等等。

活动任务：

请提出你对皮鞋的种种希望，并提出至少5点改进设想。

评估：能否选择创新方法解决现实问题

一、自我评估

1. 评估你对常见的创新方法的认知能力

请根据上述的8种创新方法，请分别举出你熟悉的一个例子加以说明。

2. 评估创新方法运用的能力

请选择合适的创新方法，提出解决“医院停车难的难题”。

创新需求情境：病人坐公交车常感觉不舒服，打出租车有时不容易打到，自己开车到医院又没有地方停车。可是人生病后又必须到医院看病，病人看病又需要家人照顾或陪同，所以相对来说开车到医院比较舒适、方便，但如何解决医院停车难的问题？

二、小组评估

针对上述两道试题，培训师可组织小组评价学员的创新能力。

第二单元 实施创新方案

能力培训测评标准

在相关工作领域，对不太熟悉的事物，在有限的资源和技术条件下：

根据实际需要，做出创新工作方案，并利用外界条件实施创新活动。

在做出并实施创新方案时，能够：

1. 采纳他人或坚持自己的意见，从多种选择中确认最佳的创新改进方案。
2. 在现有条件下，做出创新工作方案（包括目标、方法、克服困难的对策和步骤等）。
3. 从外界获取创新需要的信息和资源。
4. 根据工作方案，利用个人或团队力量将创新改进方法付诸实施。

（摘自《职业核心能力培训测评标准〈创新能力单元〉》中级）

根据人力资源和社会保障部职业技能鉴定中心制定的《创新能力培训测评标准》中级，本单元的能力点有4个：1. 选择改进方案；2. 确定实施方案；3. 获取需要资源；4. 努力实施方案。

本单元用2节课程训练上述能力点。第一节“提出创新方案”训练第1、2个能力点；第二节“实施创新活动”训练第3、4个能力点。

第一节 提出创新方案

目标：提出创新方案

创新是由思维转变为行动的过程，创新需要有方案和计划。如果是个人单独的创新活动，方案可以自存于心，但如果是团队的创新活动，或者是复杂的创新行动，就必须要有具体的方案，以便协调统一的行动。同时，为使创新能够成功，方案的设计还需经过周密的论证。

通过本节的学习和训练，你将能够：

1. 了解创新方案提出的步骤；
2. 学会提出创新性方案。

示范：摩拜单车是如何创造出来的

移动互联时代，共享已成为时下一大热点。摩拜单车是全球第一个无桩智能共享单车。它的创始人胡玮炜这样描述她的创造过程：

·案例4-8·　　摩拜共享单车是如何创造出来的

胡玮炜是摩拜共享单车的创始人，在电视台的访谈中，她说：

它叫摩拜，英文名mobike，我把它放在街头，人人可用，随处可得，而且只要一块钱就可以骑走。

过去十年、二十年一直有公共自行车，它们解决了人们一部分需求，但是公共自行车有一些痛点，比如没有办法很快找到办押金的地方、付费，找到车，也不知道下一个桩在哪里，那个桩是否有位置可以停。基于这些理解，我们有了摩拜单车，通过技术手段升级一开始，我想我们到底需要一辆什么样的单车。自行车可能存在的问题包括：轮胎需要充气，会掉链子，容易生锈，需要很多精力去维护。所以当时我有一个目标，就是要生产出一辆自行车，它是4年免维护的。在设计自行车的时候，我提了几个要求：一是实心轮胎，不用担心爆胎；二是没有链条，不用担心掉链子；三是车身要全铝，不用担心生锈。在经过好几轮的设计比较后，最终，一个爱好骑行的汽车设计师的设计方案被采用。于是尝试跟“攒电脑”一样，到市场上去找人组装。我来到位于天津的北方最大自行车市场，发现里面什么配件都能找到，但依然找不到一家愿意跟摩拜深度合作的公司。最后，被迫下决心自己成立一家工厂来生产自行车。

可以说，摩拜单车不仅仅是自行车，也是短途出行的新物种、是运力。那么，要做什么样的智能共享单车?首先，我们做了一把智能锁。打开手机App可以看到自行车在哪里，通过自行车的定位方便运维人员对它进行维护，比如它如果48小时没有人骑行，我们可以对它进行干涉。其次，轴传动发电。太阳很好，摩拜单车的轻骑版吸收了电，就可以更有生命力地服务大家。同时，摩拜单车的经典版是用动能发电的，让动能变成电能给自行车充电。再次，实心轮胎。让摩拜单车不会因为车胎没气、掉链子或其他问题导致不能骑。此外，经典版我们使用的是五幅轮毂，还用了组装的方式，来提高生产效率和维修效率。而轴传动是当时为了不掉链子、让生命周期更长而考虑的。

我们也会不停地否定和问自己，这个假设是正确的么?链条传动有没有可能做成长时间免维护?所以Lite版我们用了非常好的材料做了链条传动。同时我们在思考，除了实心胎以外，有没有别的技术和别的材料同样可以实现不需要被充气，骑行效果很棒。经典版和Lite版最重要的区别就是在充电的方式上，在手机下载一个App，可以使用周围的经典版和Lite版单车，扫一扫二维码就能够骑走，很多人可以很快上手。

准备：如何提出创新方案

一、什么是创新性方案

（一）创新方案的定义

方案是从目的、要求、方式、方法、进度等方面部署具体、周密、可操作性强的计划。创新是指人们为了发展需要，运用已知的信息和条件，突破常规，发现或产生某种新颖、独特的有价值的新事物、新思想的活动。因此，创新性方案是指突破常规思维界限，提出与众不同的问题解决方案。

（二）创新方案的生成过程

通常创新性方案的生成大体分为两类：

一类是自由联想式，即通过相互启发或外界环境的刺激，激发创新意识，从而产生一系列的构思和设想，这些构思和设想即成为改进方案的初始形式。例如，像剥核桃皮机的出现，是在消费者常说“核桃好吃皮难剥”的背景下，在消费者“若有人能钻进核桃内，像小鸡出蛋壳一样，从里边把核桃皮撑破就好了”的幻想之中，经过各方面的技术设计、工艺、科研等环节，以及成本、产量、采购、销售、技术服务等管理工作的共同努力，进行了方案创新并研制成功的。

另一类是程式化的方法，它呈现某些有序性、规范性、针对性。如对要改进的某种产品，可以先针对该产品提出多种问题，逐一核对，然后针对某种问题提出改进方案。这些改进方案往往就是创新的方案，这种方案的生成表现出程式化的特点。

（三）创新方案构成

创新方案的内容主要包括：

1.**创新和改革的目标**。你需要创新的目的，需要达成的目标。

2.**实施的方法**。需要列出创新方案实施的具体办法，也可以叫技术路线。其中，要对需要克服困难和可能出现的问题提供对策分析。

3.**实施的步骤**。这是创新方案实施的行动路线图，包括阶段目标，时间进程安排，基本措施、具体分工等。

二、怎样提出创新性方案

（一）提出创新方案的原则

提出创新方案需要遵循如下原则：

第一，所提创新方案具有针对性。需求是创新之母。很多创新都源于实际需求，而方案目的也是解决需求问题。因此，一定要针对当前的需求提出创新性的方案。例如，面包机的发明就是在家庭妇女开始出外工作，没有时间做传统早餐，而丈夫们却依然期望有新鲜早餐这样的“需求”之下发明出来的。

第二，所提创新方案具有可行性。任何创新都应在现实条件下解决实际问题，因此创新方案一定要有可行性。例如，我想要一台既能煮饭、又能炒菜、还能扫地、刷碗、做功课、写论文的机器……这样的创意能够在短期内变为现实吗？像这种在现有条件下完全不存在可行性的创意，只会白白浪费创新者的时间和精力。

第三，所提创新方案要有系统性。虽然创新方案要用新颖的思考方式，解决前人未曾留意或尚未解决的问题。但一定要运用发散性思维，从多角度，多方面提出问题和处理对策，所提方案应尽可能保持各方面平衡。

（二）提出创新方案的过程

创新方案提出过程分四步，具体如下：

第一，确定问题。只有发现问题，才能提出解决问题的创新方案，从而有效地解决问题。针对这些问题，提出解决方案，做到有的放矢。

第二，分析问题。通过多方面收集信息，掌握第一手资料，分析问题产生的原因。

第三，提出创新方案。根据实际问题提出各种创新方案。运用创新性思维，如借助头脑风暴等创新方法提出各种创新方案。

第四，论证选择方案。对提出的方案进行论证，分析它的可行性。对多个方案进行综合分析和评价，通过方案间的相互比较，选择一种最佳的创新方案。

行动：提升你提出创新方案的能力

活动一：分析案例，借鉴方法

小组分析讨论案例4-8：

1. 摩拜单车创新的方案是怎样提出来的；

2. 这个方案的提出属于哪种生成的类型，它遵循了什么样的创新原则，它的创新方案的提出可以分为几步？

3. 胡玮炜在摩拜单车的创新方面运用了哪些方法？

活动二：提出农家乐的创新方案

背景资料：

伴随经济的不断发展，人们的生活水平逐步提高，人们对生活的追求也越来越高，所以人们对旅游的需求也越来越高。“农家乐”旅游形式已成为一种潮流。近年来，农家乐如雨后春笋般遍地开花。吃农家饭、干农家活、住农家院，农家乐成为乡村旅游的重要增长点。

作为一种新兴的旅游形式，农家乐吸引着很多的城市居民，它利用庭院、果园、花园、农场、牧场等田园景观和自然生态、乡村人文资源，为旅游者提供很有特色的观光、娱乐、劳动、住宿、饮食等服务。“干农家活，吃农家饭，做农家人”正在成为新的时尚休闲。它让现代都市人远离喧嚣的噪音和钢筋水泥丛林，投身山林田园，去感受大自然的真山真水，达到春观花，夏纳凉，秋赏桂，冬咏梅，享受轻松一刻的目的。

小组活动：

1. 每人设计一个办农家乐的创新方案。

2. 小组分享各自的方案，讨论：

（1）在吃、住、行、观等方面怎样体现创新？

（2）怎样提出你的方案，其过程大致有几步？

评估：你是否掌握提出创新方案的能力

一、自我评估

1. 什么是创新方案？完整的方案应包括哪些内容？

2. 创新方案的名称有多种，列举一下政府、企业、单位各种创新方案的类型。

3. 你有过在工作中提出创新方案的经历吗？回顾一下你提出方案的内容设计，哪些是成功的，哪些失败了，原因何在？

二、小组评估

针对活动二的方案设计，小组依据下表评分。

表4-22　创新方案评估表

序号	方案设计	评估（打√）
1	创新目标（创新点）	明确（　）、不够明确（　）、不明确（　）
2	创新的针对性	强（　）、比较强（　）、不强（　）
3	创新的实用性	强（　）、比较强（　）、不强（　）
4	实施的可行性	强（　）、比较强（　）、不强（　）
5	实施效果预测	好（　）、较好（　）、一般（　）

第二节　实施创新活动

目标：实施创新活动

创新是一种实践性的活动，有创意而没有实施，只能是纸上谈兵，不会产生应用价值和社会意义。实施创新的活动是十分重要而有实质意义的环节。

怎样把有创意的活动变为实际的成果，这是创新者必须要做的重要工作。

通过本节的学习和训练，你将能够：

1. 掌握创新活动的基本流程和实施要点；
2. 学会实施创新方案。

示范：创新是一个实践活动

案例4–8中的胡玮炜的共享单车的创造过程中，如果她只有“把它放在街头，人人可用，随处可得，而且只要一块钱就可以骑走”的发明想法，只有让“在黄昏和清晨骑车成为一件很浪漫的事情”、“彻底解决自行车被偷盗的问题”、“解决在大城市上下班，出了地铁到单位和家里都有一段距离，步行时间太长，打车又打不上，坐摩的又危险。要像机器猫那样变出来一辆自行车，解决很多上班族的痛点”的情怀，而没有像胡玮炜那样“注册成立公司，两年时间里，费了很多精力，找投资、自建工厂、自己组建研发团队，生产出一款智能共享单车”，并且先在上海投放试用，然后在全国城市推广应用的实际行动，最后，这个美妙的想法，也只能是想法而已，摩拜单车永远不会出现在我们的街头，让大家用上这种创新的运力工具。永远也不会有“公司创办两年从零到达估值两百亿”的奇迹。

当今，创新成为中国最热门的词，互联网时代，创新活动和产品构成了当今中国一道道美丽的风景。正是这些创新者大胆想象，突破思维障碍，充分利用百花齐放的创新元素，并且实践落实，才有这抹靓丽的色彩。

准备：怎样实施创新活动

一、创新的基本类型有哪些?

创新具有多样性，归纳人类的创新，不外乎就是三大类:科学知识创新、技术与产品创新、社会管理与工程创新。如果把“工程创新”单列，也可以细分为四类。

1. 科学知识创新

科学知识创新是指通过科学研究，包括基础研究和应用研究，获得新的基础科学和技术科学知识的过程。其中，科学研究是知识创新的主要活动与手段，知识创新的目的是追求新发现、探索新规律、创立新学说、创造新方法、提出新知识。

2. 技术与产品创新

技术与产品创新是指应用创新知识和新技术、新工艺，采用新的生产方式，提高产品质量、开发新产品，实现市场价值。

3. 工程创新

工程包括狭义和广义两种，狭义的是指以某组设想的目标为依据，应用有关的科学知识和技术手段，通过有组织的一群人将某个或某些现有实体转化为具有预期使用价值的人造产品过程。工程创新的重要的标志是“集成创新”，将多个技术要素层次集成应用，如“嫦娥工程”、“港珠澳大桥工程”。广义的工程创新是指由一群人为达到某种目的，在一个较长时间周期内进行创新型的协作活动的过程。如“希望工程”等。

4. 社会管理创新

社会管理创新主要是着眼于人的社会组织和活动，包括政治、经济、文化、教育、生活等活动进行管理方面的创新，创新的载体主要是制度、规则、系统、模式、方法等，目标是优化社会组织，提高生产力，适应人的物质文明和精神文明发展的需要。

二、什么是创新的“三段九步法”

有人把创新活动的一般过程分为三段九步，叫“三九”创新法。

1. 方案形成阶段:

第一步：具有创新意识。具有创新欲望、创新意识，有创新的环境等等。

第二步：提出创新方案。针对问题与需求，提出创新的解决方案。

第三步：选择确定方案。从科学价值、实用价值、可行性方面选择创新方案。

2. 探索解决阶段：

第四步：分解准备方案。分解方案、获得批准、准备（团队、资金、物质）资源。

第五步：探索创新措施。收集信息、运用技法、落实措施。

第六步：实施创新方案。实验验证、设计制作、实施应用等。

3. 应用评价阶段：

第七步：成果应用推广。发表研究报告、展示设计作品、产品应用市场。

第八步：成果评价改进。价值评价，完善改进。

第九步：成果产权保护。发表成果、申请专利、保护产权。

事实上，并不是所有的创新过程都有这样完整的九步。不同类型的创新实现的形式也各有自己的特点。如果是个人的小的创新活动，完成其创新的过程往往比较简单。但如果是较大的创新项目与活动，需要团队合作完成，在协调组织，资源准备、过程研发与控制、应用推广等创新的过程方面就较复杂一些。

三、4种创新类型的实施过程有何特点

各类型的创新活动过程各具特点，基本特点如表4–23。

表4–23 4种创新活动的程序特点

创新阶段	实施步骤 \ 创新类型	科学知识创新	技术与产品创新	工程创新	社会管理创新
一、方案形成阶段	具有创新意识	确定课题	确定创新点	确定创新点	确定项目、创新点
	提出创新方案	文献法、调研法、案例法、实验法、行动研究法等	实验法	实验法	调研法、实验法、行动研究等
	选择确定方案	立项、申报	设计方案、立项	立项	立项
二、探索解决阶段	分解准备方案	设计技术路线	设计技术路线	设计技术路线、时间表	设计技术路线、时间表
	探索创新措施	理论探索，实验研究	实验探索	实践探索	实践探索

	实施创新方案	形成成果报告	技术应用、产品成型	生产建设	形成成果
三、应用评价阶段	成果应用推广	成果发表、出版、项目验收	市场推广、产品销售	市场推广	社会宣传、推广、
	成果评价改进	社会公开	市场检验	市场检验	项目验收鉴定
	成果产权保护	专利申请、著作权	专利申请、品牌注册保护	产权注册、品牌保护	确认项目成果

四、创新过程实施的基本要点有哪些

1. 怎样获得上级批准

除了个人的创新活动由自己主导外，任何一个组织的创新活动，在实施前，需要得到上级有关部门的批准和领导支持，才能顺利实施。这个过程中，一般要做的工作包括：

（1）口头汇报或递交请示文件，或者通过相关的组织立项申报创新项目；

（2）准备PPT，演示你的创意方案，说服上级支持你的方案；

（3）做好思想准备，接受质疑，捍卫你的创新方案；

（4）了解决策过程中每个人的角色和态度，积极寻求大家的支持。

具体步骤和方法参见本系列教材《职业社会能力训练教程》（中级）第三部分第二单元第一节“准备计划，获得支持”。

2. 怎样组建团队

一个组织的创新计划和较大的决策方案要转化为有效的创新行动，需要有团队共同完成。怎样组建团队，怎样分工落实创新计划，是实施创新计划的关键。在这个过程中，需要做好团队成员的分工，分解创新任务，制定出具体的路线图和时间表，分解出每一个步骤的具体目标和任务。通过人员和资金的分配，研究厘定好实施过程中需要解决的问题，并确定每一个任务完成的核查系统。

具体的团队合作方法、任务分解方法和时间控制计划的制定方法，可参见本系列教材《职业社会能力训练教程》（中级）第二部分第一单元第三节“明确工作任务”，第二单元第一节“控制工作节奏”，第三部分第二单元第二节“详细具体，制定计划”。

3. 怎样获得资源

创新需要环境和条件。当自己的条件（如资金、设备、材料、时间等）不具备时，可以通过组织申请或社会筹集的方式实现。

当较大的社会性的技术和产品创新需要资金时，可以通过贷款和社会融资，获得资金的支持。

募集社会资金，有多种方式，资金的种类也有多样。可通过路演宣讲，或者参加相关的展览，参与创新创客的竞赛、网络招标等等，介绍你的项目，吸引风投等金融资本，利用股权融资。

4. 怎样进行市场推广

技术产品创新类型往往需要做市场推广，需要设计好的商业模式，实现快速推广应用，赢得最大的利益。常用的手段是广告宣传、推广演示、网络传播、参展、试用体验等等。比如，2007年1月9日，苹果公司第一代iPhone推向市场，公司首席执行官史蒂夫·乔布斯亲自上场做宣讲发布，亮相市场，风靡全球。在市场竞争激烈的社会，市场的推广营销是创新技术和产品取得经济效益和社会效益的重要一环。

五、互联网时代怎样作最好的创新

互联网时代，人人都可以创新，处处都可以创新。巨大的创新空间和创新元素，催生了目不暇接的创新产品，不断优化产业机构，改变了人们生存和生活的理念与形态，推动了社会的快速发展。但整个创新活动如何实施？怎样成为最好的创新，创新工场创始人李开复博士提出了五项创新的准则，可以参考。

第一，洞悉未来。创新者要了解未来的用户需求，以便研发出适用于未来的产品或技术。

创新者需要有洞悉未来的才智，能根据目前的市场情况和用户需求，结合技术的发展规律，对未来做出正确的预测和判断。这个道理就像踢足球一样，优秀的球员要到球将要到达的地方，而不是球现在所处的位置。在互联网发展的初期，当时的用户没有准确地提出针对搜索引擎的需求，因为用户习惯于使用分类目录来查找自己需要的网页。那时，用户可能并不知道搜索引擎是什么，不清楚自己是否真正需要这样的功能，也不清楚技术上是否具有可行性，但是，能够洞悉未来的创新者可以推测：随着网页数量的不断增长，总有一天，分类目录将无法更好地容纳更多的新网页。这时，创新者便先于用户想到，未来的用户需求一定会转向比分类目录浏览更加便捷的方式。例如，是不是可以允许用户使用任何关键词进行查询，并获取网页结果呢？在技术上，是不是可以自动为海量网页创建索引并获得最好的排序呢？谷歌公司的创始人正是洞悉了这个用户的潜在需求，而投身于搜索技术的研发。当用户对于网络搜索的需求越来越明显时，以谷歌为代表的搜索引擎就自然而然地走向前台，取得了巨大的成功，并直接带动了网络广告产业的兴起。

第二，打破陈规。其实，创新的最大障碍就是无法脱离固有的思维定势或思维框架，总是在已有的方式、方法里打转。如果不能打破陈规，那么，无论对未来用户的需要有多么清楚的认识，创新者也无法想出最有效的、最新颖的解决之道。比如，当无线通信刚被发明出来的时候，几乎所有人都认定了这个技术演变的最终目标肯定是，每个人都会有一台无线通信装置，能够成为“无线”的电话。但在当时的技术条件下，无线通信设备有两个部分：无线发射器体积庞大，价格昂贵，但是无线接收器体积小，而且便宜。所以，要实现这个终极目标需要有长远的打算。这时，一位打破陈规的创新者想到，是不是可以把发射器和接收器分开，让每个人都有一部非常便宜的接收器，来接受某个中心发射器的信号。就这样，广播这种最早依赖无线电技术的大众传播方式诞生了。

第三，追求简约。在很多情况下，复杂的东西并不一定有效，只有最简单的设计和组合才能发挥最大的效力。比如，最初做搜索引擎的时候，研究人员发现，如果用户搜索时多输入几个字，搜索结果就会准确得多。那么，有没有什么方法能提示用户多输入几个字呢？当时，有人想到，我们能不能做一个智能化的问答系统，引导用户提出较长的问题呢？但是，这个方案的可行性会遇到许多挑战。也有人想到，我们能不能主动告诉用户，请尽量输入更长的句子，或者根据用户的输入主动建议更长的搜索词呢？但是，这样似乎又会干扰用户。最终，有一位技术人员想到了一个最简单，也最有效的点子：把搜索框的长度增大一半。结果，当用户看到搜索框比较长时，就会有更大的可能性输入更多的字词。今天搜索引擎上长长的搜索框就是这么来的。

第四，以人为本。21世纪人才最重要。在19世纪的一个普通工厂里，最能干的工人与普通工人相比，他们的生产力最多相差一倍。但是，在21世纪的IT企业、研发机构中，一个最有创造力的研发人员和一个普通的工程师相比，他们的生产力却可能差距几十倍、几百倍甚至上千倍。如果你的企业能够吸引、用好几百个、几千个天才的创新者，即便是在最激烈的竞争环境里，也一定能脱颖而出。为了吸引和留住人才，就要为人才创造最好的工作环境，给予他们最大的信任，赋予他们足够的权限。在谷歌，每一位工程师都可以利用工作中20%的时间，来做自己最有激情做的事情。这是一种真正的放权和信任，也是营造自下而上的创新氛围的有效方法。事实上，谷歌发布的许多创新产品，最早都诞生于20%的时间里。正是因为有了诸多鼓励创新的举措，谷歌才能在10年多的时间里，一直在互联网领域里保持技术优势，不断用最好的创新改进互联网用户的使用体验。

第五，承受风险。任何创新都有风险，在创新的过程中，我们必须用正确的态度对待失败。失败不是对我们的惩罚，而是一次最好的学习机会。爱迪生发明灯泡的时候，经历了6000次失败才最终成功。在谷歌，有许多20%时间里开始的创新工作，但其中很大一部分都失败了。没有这些失败，就不可能有成功的创新脱颖而出；没有接受和承担风险的能力，就不可能营造出真正鼓励创新的环境。

行动：获得实施创新的能力

活动一：分析案例，了解创新的类型和实施的过程

网上搜集胡玮炜创造摩拜共享单车的资料，结合案例4-8和下图4-7资料，小组讨论，分析一下胡玮炜创造的摩拜单车有哪些创新的要素，完成下列问题：

图4-7 摩拜单车

1. 摩拜单车设计改进中的技术创新有：____________________。
2. 摩拜单车在市场应用中的社会管理创新有：____________。
3. 胡玮炜是怎样实施共享单车创新的？________________。
4. 在推广应用中，会出现什么问题？你认为应该怎样解决？

____。

活动二：分析案例

一、背景资料："互联网+医养结合"

中国社会的老龄化程度日益严重，养老成为了全社会共同面对的难题。2016年，乌镇开启了"乌镇智慧养老2+2新模式"，实现了居家和社区养老、医疗服务的全覆盖。这在全国养老行业开创了医养深度融合的新模式。

"乌镇智慧养老2+2新模式"：通过线上云平台(乌镇智慧养老综合服务平台、远程医疗服务平台)和线下服务资源(居家养老服务照料中心、社区卫生服务站），以健康档案为核心、利用自动检测终端、健康管理APP、物联网智能居家设备，对老年人进行持续健康状况跟踪，记录进个人电子健康档案。最终建立集预防保健、全科医疗、康复治疗、健康教育、计划免疫指导为主的连续性、综合性、低成本、高效率、可复制、易推广的医养服务模式。通过线上云平台为老年人提供健康评估、慢病管理、健康数据动态监测等服务，乌镇医院和微医提供网络医院预约挂号、网上会诊、专家讲座等服务；线下居家养老服务中心提供健康档案建立、康复理疗、上门照护等服务，卫生服务站提供预防保健、全科医疗、开方拿药等服务，实现医保对接和线上+线下全覆盖、全过程的医养结合。

二、讨论问题：

1. 请谈谈《互联网+医养结合》方案的创新属于什么样的类型？
2. 该方案中的创新点体现在什么地方？

活动三：分析现实创新案例，借鉴经验

每人提供一个现实生活中创新的案例，如快递物流、送餐外卖、网约车、海底捞火锅店服务或手机APP中的服务项目等等，小组讨论分析该项目：

1. 该项目的创新点是什么？
2. 该项目是怎样实现市场运营的？
3. 该项目对自己准备或正在进行的创新有何启发？

评估：是否具备实施创新的能力

一、自我评估

1. 请从商业模式、服务方式、技术突破三个方面分别举出一个互联网多样创新的例子，并指出其中创新之点和实施过程的方法。

2. 你有过创新的行动吗？你是怎样实施你的创新计划的？你在其中哪个方面还存在不足。

二、小组讨论

针对活动三，个人交流一个自己创新实践的例子，按照“三九创新法”的步骤。小组评估其实施创新的能力。

表4-24 创新实施能力评价表

创新阶段与实施步骤	能力状态评估		
	优	一般	较差
一、方案形成阶段 具有创新意识，能提出创新方案，能选择确定方案			
二、探索解决阶段 能分解准备方案，能探索创新措施，能实施创新方案			
三、应用评价阶段 能进行成果应用推广，能进行成果评价改进，具有成果产权保护意识			

第三单元　评估创新效果

能力培训测评标准

在相关工作领域，对不太熟悉的事物，在有限的资源和技术条件下：

按常规方式和有关专业的要求，对创新改进方法（及其结果）的价值进行评估，根据实际条件进行调整，并指导他人的创新活动。

在评估创新方案和效果时，能够：

1. 掌握正确的评估和检查方法，熟悉有关创新的专业技术及其政策。
2. 在专家指导下，按步骤对创新方法（及其结果）进行检查（测评、观察、测量等）。
3. 在专家指导下，能对创新方法（及其结果）做出客观的评估或检查的结论。
4. 针对面临的问题，采取合适的措施，调整工作方案，并促进问题的解决。
5. 总结自己或他人的经验，调整自己的创新方法，并指导他人的创新活动。

（摘自《职业核心能力培训测评标准〈创新能力单元〉中级》）

根据人力资源和社会保障部职业技能鉴定中心制定的《创新能力培训测评标准》中级，本单元的能力点有5个：1.了解评估技术；2.能评测方案结果；3.能做出评估结论；4.能调整改进方案；5.能总结经验指导他人。

本单元有2节课程训练上述的5个能力点，第一节“评估创新效果”训练第1、2、3个能力点；第二节“调整改进提高”训练第4、5个能力点。

第一节　评估创新效果

目标：评估创新

创新不是一条路走到底，也不是毫无节制地求新求变。时代要求开拓创新，我们需要创新思维，更需要创新实践。然而，创新实施效果也需要创新评估。因为只有经得起评估的创新，才是真正的创新。

我们不妨先来看一个创新失败的案例：

·案例4-9·　　可口可乐的新口味创新失利

对于可口可乐来说，1985年4月23日，绝对是一个意义非凡的日子。那天，可口可乐公司宣布将推出新口味配方的可口可乐。在做出这一决策之前，公司投入大量人力、物力、财力进行市场和用户调查。

可口可乐之所以要推出新配方，主要还是由于百事可乐的不断崛起。百事可乐以新口味进入市场，并很快占领了很大市场份额。为了与其竞争，可口可乐创新出了新口味。

然而，当新口味可口可乐上市之前，却遭遇了灾难性打击。可口可乐原本的忠实消费者并不买账，他们觉得可口可乐背叛了自己，他们只想要过去的老可乐。数不清的消费者在品尝了新可乐后，都表示了深深的失望，甚至是愤怒，他们的反应与前期的市场调查的结论大相径庭。

面对如此之大的压力，可口可乐公司无奈之下宣布放弃新配方，重新使用老配方。

这个案例告诉我们，由于可口可乐创新的新口味没有满足用户需求，市场反馈评估，创新实施效果不好，可口可乐只好换回了旧口味，以保住自己的市场地位。

创新的评估是创新发展的推进器。可以说，只有进行有效的创新效果评估，才能更好地去实施创新活动。通过本节的学习，你将能够：

1. 认识创新评估方法；
2. 学会评价创新实施的效果。

示范：评估是为了更好地创新

当前中国最火的火锅店，那非“海底捞”莫属。这家来自四川简阳小县城的火锅店，竟然在中国餐饮服务行业做出了口碑，成为业界翘楚，居然连肯德基和必胜客都向其学习。海底捞成功的关键就是服务创新，他们依靠“新颖服务”。不断接受市场的反馈意见，评估服务，不断改进，赢得市场的广泛赞誉，成为著名的品牌。那么，海底捞火锅店又是如何评估创新的?

海底捞服务创新的评估，既有外部评估，也有内部评估，外部主要源于外部顾客、内部中高层管理人员和顾客接触人员。通过外部获取顾客需求和评价信息，不断创新服务方式，提升质量，比如增加个性服务，开设美甲服务，获取年轻女性这一主力消费群；开发针对儿童的服务，以服务家庭聚餐需求。在内部，海底捞已经形成了一个代表着创新意识的红、黄、蓝榜机制。海底捞每月以店为单位进行创意统计，每个月9号，各个片区的店经理都要向总部提交一个服务创新的评估报告。报告上将详细列出各店员工最近的一些服务想法和创意，而几位核心高层则会在月底进行讨论，负责对此进行总结和评比，确定哪些是在本店可行的，哪些可以推广到全国连锁应用的。如果一个店这个月是蓝榜，那代表无创新，黄榜则代表本店应用，红榜则代表全国可以推广。

不仅如此，在海底捞火锅店，只要员工的服务创意一旦被采纳，就会以员工的名字加以命名。如“包丹袋”，就是一个防止顾客手机被溅湿的塑封袋子，由于是由一名叫包丹的员工提出的创意，即用员工名字命名。

可以说，正是这些服务评估，不断推陈出新，提升服务质量，更好地促进了海底捞火锅店的服务创新。

准备：怎样对创新活动评估

一、怎样对创新效果进行评估

所谓创新评估就是对所提方案的可行性及实施效果进行综合评价，包括对创新方案实施的效果进行追踪评价和进一步评估该创新方案的可行性两个方面。

（一）创新效果评价的内涵

对创新方案取得的创新效果进行总评价，一般从技术成果、经济成果和社会成果三个方面进行评价：

1.技术成果评价。即对产品或项目的技术性能进行评价。创新产品的技术评价包括产品性能、功能条件的改善以及各项技术指标如产品质量、寿命、安全等达到的程度。这种评价一般以数据来反映。人文类的创新项目的技术评价则主要从模式优化、方法先进等方面评估。

2.经济成果评价。技术类、经济类的创新方案实施之后，可对材料能源消耗、劳动生产率、原料节约、资金利用、利润增加以及投资回收期等指标，通过计算、比较来进行经济效果评价。

3.社会成果评价。技术与产品类的创新方案实施以后，可对社会带来的利害程度，包括对能源、稀有物资的节约，降低产品的使用成本以及改善环境等效果评价；人文类的创新项目则可对促进社会发展中具体进步的内容列项进行评价。

（二）创新效果的评价方法

主要分为结果评估与系统评估两部分：

1.结果评估。反映创新的成功程度。此评估如同检测你的汽车性能（每加仑燃料行驶里数）。每使用一箱汽油，你都能算出每加仑燃料行驶的里程数（MPG），并与过去数据对比，看看是增加还是降低了。但是这种检测并不能告诉你MPG波动的原因或提供的对策。要获得这些情况，需要对汽车进行进一步的检测，调查内部是否出现一些问题，如空气过滤器堵了、火花塞老化了等。

创新结果的评估主要有三种：

（1）财务评估。该评估是最普遍的一种，对有经济指标的机构来说，要衡量其创新活动是否获得相应的回报，财务评估是最根本的证明。其中创新回报率即创新的全部收益与创新活动全部支出的比值，就是一种最好的财务评估。

（2）服务对象满意度评估。通过此评估可以深入了解服务对象对创新是否欢迎。最常见的是创新忠诚度，比如购买创新产品的回头客的百分比。对多数商品来说，创新忠诚度评估常关注重复购买的次数或在单位时限内与同类产品的销售比较。创新忠诚度评估充分说明新产品是否有效地解决了顾客的需求问题，从而吸引回头客。

（3）成功率评估。该评估可以充分地说明该创新是否达到了预期目标，是否已经在市场上产生了持久的影响。虽然结果评估用处很大，但是它很难找出创新活动失败的原因。

2.系统评估。主要评估机构内部的创新系统运行情况，它能解释创新活动的成果增长或下降的原因，决定机构业绩的内部动力。创新的系统评估是专门用来帮助机构发现成功与失败的深层原因的。系统评估不是等到最终结果出来以后才开始，而是对创新活动进行前瞻性的指导。系统评估能帮助单位在创新活动的过程中对活动本身进行调整。如杜邦（DuPont）、惠普（Hewlett-Packard）和陶氏化学（DOW）等知名企业都以高效系统评估而闻名。

系统评估常用的有两种：

（1）问题寻检评估。这种评估不仅可以表明服务机构对服务对象心理的了解程度，还可以揭示出现行的创新计划能够在多大程度上解决服务对象的问题。较常见的是问题分类更新评估，通过这种评估可以发现并确定服务对象方面的种种新的、各式各样的问题。

（2）程序评估。比如，企业通过程序评估可以了解其创新程序在对创新活动进行监控和将创新推向市场的工作效率。程序评估的重要指标是上市速度即从开始实施创新计划到创新产品面市所需的平均时间。上市速度评估有助于发现企业系统中潜在的“瓶颈”，还能对程序的总体效率进行评估。

二、怎样对创新方案进行评价

有时候，为了选择最优的创新方案，对多个创新方案进行对比实验后，会对该若干创新方案进行评估，以进一步甄选最优方案实施应用和推广。

（一）创新方案评价的种类

1. 两种基本评估类型

可分为两种：一是概略评估。先对提出的若干方案进行初略筛选，保留少数可行方案进行具体化，以节约大量的人力、时间和费用。方案的概略评估如表4-25所示。二是详细评估，是对具体化后的可行方案再进行综合评价，以选取最优方案。

表4-25　方案概略评估

方案	经济评价	技术评价	社会评价	评价结果	选择
方案1	√	√	√	√	采用
方案2	√	×	√	Δ	保留
方案3	×	√	√	×	放弃
方案4	×	×	×	×	放弃

注：“√”表示可能被采用，“×”表示没有可能被采用，“Δ”表示有待进一步研究。

2. 三个具体评价内涵

无论是概略评估，还是详细评估，都包括技术评价、经济评价和社会评价三个方面。把这三个方面联系起来进行综合权衡就是综合评价，即综合评估。这种评估也称价值评价，是在这三个方面列出具体评价项目和评分标准，然后综合评分，对整个方案做出综合的整体的评估。如图4-8所示。

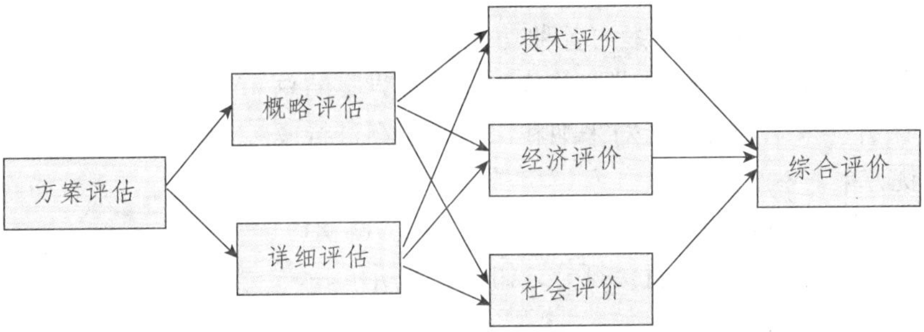

图4-8 创新方案评估种类

（1）技术评价。主要围绕“功能”进行技术可行性评价，主要是评估方案必须实现必要功能的程度，或用户对改进方案的功能满足程度。技术可行性评价力求把技术指标定量化，以便进行比较选择。技术和产品的创新方案主要从以下几个方面进行评估：功能的实现程度（性能、质量、寿命等）、可靠性、可维护性、操作性、安全性、协调性等。人文创新项目的技术评价则主要从模式优化、方法先进等方面评估。

（2）经济评价。具有经济指标的创新，主要是从成本和利润两方面进行综合考虑，主要评价成本指标，如费用的节约。同时，也要考虑与经济效果有关的指标，比如公众或企业产生的效益、市场销路和竞争情况。

（3）社会评价。主要针对方案给社会带来的利益或影响进行的。经济类、技术产品类创新的社会评价主要包括以下几方面内容：第一，方案是否符合国家规划；第二，方案实施资源利用是否合理；第三，方案实施是否达到国家关于环境保护颁布的有关规定；第四，方案实施是否符合其他国家、社会的要求。人文类的创新项目则可对促进社会发展中具体的进步内容列项进行评价。

3. 两种评价方法

创新方案评估方法可分为两种：

（1）定性分析法。主要是优缺点列举法，根据评价项目详细列出各个方案的优缺点，分析存在的缺点能否克服，在比较的基础上选出最佳方案。这种方法简单、灵活，但评价粗糙，缺乏定量分析的依据，一般应与定量分析结合使用。

（2）定量分析法。给每一方案打分，最后根据分数来选择方案的方法。定量分析方法很多，常用的有价值系数评价法和组合法。

①价值系数评价法。这种方法是将各方案的功能系数、成本系数和价值系数计算出来，然后对比各方案的价值系数，以价值系数较大者为最优。求方案的功能系数常采用两种方法：直接打分法和加权打分法。

方法一：直接打分法。根据各种方案的各种功能直接打分，然后直接加总起来算出每个方案达到功能要求的总分。比较各方案的总分，初步分出舍弃、保留、采纳的方案。对采纳和保留的方案进行成本比较，进而确定最优方案。

例如，某产品概略评价后有4个方案，该产品具有A、B、C、D、E、F、G共7项功能，每个方案每项功能直接打分，如表4-25所示。

表4-25　功能得分表

功能 方案	A	B	C	D	E	F	G	合计（Σ）	选择
方案1	7	6	8	9	4	7	8	49	舍弃
方案2	4	9	6	9	5	8	5	46	舍弃
方案3	10	4	8	10	7	5	8	52	保留
方案4	9	8	7	10	9	8	9	60	采纳

再将方案进行成本分析，进而确定最优方案，如表4-26所示。

表4-26　成本分析表

方案	功能得分	功能评价系数	成本	成本系数	价值系数	选择
方案1	49	0.24	150	0.27	0.89	
方案2	46	0.22	140	0.25	0.88	
方案3	52	0.25	130	0.23	1.09	
方案4	60	0.29	142	0.25	1.16	最优

方法二：加权打分法。对各个功能按照其重要程度给予一定的权重，再对各个功能满足程度进行打分，两者分别相乘再一并相加，得出各方案的总分。例如，某产品现有4种方案，5种评价因素，具体如表4–27所示。

表4–27 加权评价表

评价因素	因素	A	B	C	D	E	方案总分	选择
	重要系数（Φ）	0.3	0.2	0.3	0.1	0.1		
方案		满足分数（S）					Σ（Φ·S）	
方案1		10	7	9	3	6	8.0	舍弃
方案2		10	8	10	4	5	8.5	保留
方案3		10	8	10	5	3	8.4	舍弃
方案4		10	10	10	2	7	8.9	采用

最后，再将采用和保留的方案做一下成本比较，并以价值系数高的为最佳方案。此方法与直接打分法的成本分析类似。

②组合法。组合法不是按照产品的整体制定方案，而是将组成产品的每个组成部分或零件分别制定改进方案。在各个部分的方案中，分别选出最佳方案。最后将局部最优方案组合成产品整体方案。例如，某产品可分解为5个部分，每个部分都有4个设想方案。用组合法选择方案，具体如表4–28所示。

表4–28 组合法选择表

零件名称	方案			
	方案1	方案2	方案3	方案4
A		*		
B		*		
C	*			
D				*
E			*	

注："*"代表人为选定的局部最优方案，则总体最优方案由方案1的零件C，方案2的零件A、B，方案3的零件E，以及方案4的零件D组成。

行动：学会评估创新效果

活动一：用概略评价法评价道路拥堵解决方案

伴随经济的发展，人们生活水平正逐步提高，出行方式也大为改善，但随之而来的交通拥堵问题更加严重。可以说，道路拥堵已成为城市交通的一大难题。很多城市推出了单双号限行政策等措施，但交通拥堵问题没有得到有效缓解。为此，有人提出了以下三种解决方案：

方案1：创新交通信号控制。在正常交通信号灯处再安装一处交通信号指示灯，包括前方路段畅通、前方路段拥挤、前方路段交通事故三个指示，这三个指示灯可安装在交叉路口，能给驾驶员充分时间加以选择，有效避免拥堵。

方案2：发展公共交通系统来缓和道路拥挤。有条件的城市可以设立专用公共交通专用车道，其他车辆一律不允许占用，确保公共交通的畅通，甚至设立一条为消防车、救护车、应急车等专用车辆通道，保证紧急情况下道路畅通。

方案3：立体化交通设想。建议地下、地上、空中三位一体的道路交通体系，即地下通道、地上道路、立交桥互为补充，做到行人车辆分类分道，改变现有的交通格局。

请用概略评价法评价上面三个创新方案：

1. 哪种创新的方案具有现实的可行性。
2. 三个方案的优缺点是哪些？有何完善的建议。

活动二：评估摩拜单车的创新成效

小组讨论案例4-8，针对摩拜单车创新的成效，讨论列出三个方面的评价内涵，每项选两个，并做初步的评价。

表4-29 创新成果评价表

评价内涵		评价等级		
评价类别	具体指标	优	一般	差
技术成果方面				

经济成果方面				
社会效益方面				

活动三：评估创新方案与成效

一、背景资料：

在斯坦福大学课堂上，有位教授曾做过一个测试，给每组5美元的启动资金，如何在两个小时之内，运用这五美元赚到尽量多的钱。

如何在2小时内，让五块钱升值100倍？各小组提出并实验自己的创新方案，其中，主要有三种方案：

第一方案：向排队的餐厅提前预定座位，然后出售给不想等待的顾客。提出方案的理由：大学城里的一个常见问题：周六晚上某些热门的餐馆总是大排长队。他们向餐馆提前预定了座位，然后在周六临近的时候将每个座位以最高20美元的价格出售给那些不想等待的顾客。他们还观察到一些有趣的现象：第一，可能是女性更有亲和力的原因，团队的女学生比男学生卖出了更多的座位。所以他们调整了方案，男学生负责联系餐馆预订座位，女学生负责找客人卖出座位使用权。第二，当餐馆使用电子号码牌排队的时候，他们更容易卖出这家餐馆的座位。

第二个方案，在学生会旁边支一个小摊，帮助经过的同学测量自行车轮胎气压。如果压力不足的话可以花一美元充气。这个点子虽然很简单但有可行性，同学们可以很方便地在附近的加油站免费充气，但大部分人都乐于在他们的摊点充气，而且对他们所提供的服务表示感谢。不过当摊子摆了约一小时之后，这组人调整了他们的赚钱方式，他们不再对充气服务收费，而在充气之后向同学们请求一些捐款。就这样，收入一下子骤升了！这个团队和前面出售预订座位的团队一样，都是在实施过程中观察客户的反馈，然后优化他们的方案，取得了收入的大幅提升。

第三个方案：将课堂三分钟卖给了一个公司，让他们打招聘广告。斯坦福大学作为一所世界名校，不仅学生挤破了头想进，公司也挤破头了希望在里面招人。这个团队把课堂三分钟卖给了一个公司，让他们打招聘广告。结果三分钟赚了650美元。这个团队认为他们最宝贵的资源既不是五美元，也不是两个小时的赚钱时间，而是课堂上的三分钟展示。

二、小组评估创新方案

1. 请谈谈你对上述三个创新方案的看法，并对实施效果进行综合评估。

2. 如果是你，你会选择哪一种创新方案，为什么？

评估：是否掌握了创新效果评估方法

一、自我评估

1. 在你完成活动一中的“对解决道路拥堵的三个创新方案”概略评价后，再进行总体评价，看看自己是否完全掌握了评估的步骤与方法。

2. 如果现在给你10万元的创业基金，请你创意，列出几个创新创业方案，然后对其实施效果进行预测评估，对比效果。

二、小组评估

针对课堂活动的发言，小组互评。评估是否掌握了创新效果与创新方案评估的基本方法。

第二节 调整改进提高

目标：调整、改进和提高创新成果

创新是在特定的环境中，本着理想化需要或为满足社会需求，改进或创造新的事物、方法、元素、路径、环境的行为。创新是不是体现了最佳设计，是不是获得有益效果，需经过实践的检验，需要得到社会的认可。创新是一个不断进步的过程，怎样及时调整改进提高，产生更好的效果，发挥其应有价值，是创新者创新实践的必有之义。创新永无止境。

通过本节学习，你将能够：

1. 认识创新是个实践检验的过程；
2. 提高改进提高创新效果的能力。

示范：12306是如何改进创新的

自2011年铁路部门全面推行网络售票以来，网络购票这个新型的购票方式渐成主流。近年来铁路12306及时捕捉民众购票心理，不断改进和完善网络售票方式，推出方便民众购票的新的措施，成为了他们创新提高的努力方向。

——2013年11月30日，中国铁路客户服务中心12306网站新版上线试运行，除了银行卡支付外，增加了支付宝账户支付方式，并可通过支付宝办理改签或退票。

——2014年．面对订票系统存在的漏洞，12306网站积极应对，重点对系统架构进行了优化，对硬件设备进行了扩容，对业务流程进行了调整，提高系统处理能力，适应大并发用户访问，改善用户购票体验。

——2015年3月，为防止抢票工具的使用，12306网站又出新招，用户选购车票，需要从8张图片中选出符合要求的图片。虽然这样的验证方式比较罕见，但12306网站的新招确实对抢票插件起到了一定的遏制作用，更好地维护了购票环境的公平。

——2015年5月6日起，12306网站及“铁路12306”手机购票客户端的购票时间由不晚于列车开车前2小时调整为30分钟。

——2016年1月30日，12306网站首页增加余票动态显示，数据每半小时更新一次。

——2016年12月，12306网站进行扩容改造，推出在购票环节减少使用验证码的措施，近六成车票发售时旅客不再需要使用验证码，旅客购票体验大为改善。

六年来，12306网站一直在不断改进完善，更好地满足了旅客的网络购票需求和用户体验，让春运抢票更加容易，让未来出行更加方便。

准备：如何改进提高创新效果

一、调整改进提高创新效果，依据的标准是什么

创新是改造世界的实践，创新的对与错、利与害要通过实践作出检验与评价，实践是检验创新效果的标准。创新作为一种开创性的实践，只有通过实践本身加以证明与评价，用主观判定、理论说明、逻辑推导，都不能作为根本标准与最终说明。

创新的调整改进提高的检验标准也只能是实践的效果，只能通过实践的检验，不断提高创新的实际成效。

二、从什么角度改进创新方案

大部分创新都来源于社会活动，因此基于问题的视角判断某个事物，这是一种必然的行为，因为很多发明与创造都来源于对问题的深入思考，当验证问题的起因，问题产生的条件，问题相关的因素，问题解决的角度，问题如何处置的方案有一个明确的思路后，那么实际的创新行动才有的放矢。在验证改进的效果和进一步调整提高的关键点也在这里，聚焦问题核心，围绕此展开分析，就能寻找到进一步创新的路径和成功的方案。

三、从哪些方面不断完善方案

创新不可能一蹴而就，绝对完善和十全十美的创新几乎没有，而且有可能失败。为了尽可能避免失败，取得最终的成功，创新者在开始行动以后。要不断研讨，集思广益。

比如，对技术和产品创新的方案，创新者可从下面几个方面进行思考：

1. 解决问题的迫切程度；

2. 功能结构的优化程度；

3. 使用操作的可靠程度；

4. 维修保养的方便程度；

5.美化生活的美学程度。

在原方案基础上，对其进行补充、修改，迭代优化，调整完善。

创新无止境，要不断地在一个新的起点上实施再创新。即使这一轮创新失败。也要从失败中总结经验．吸取教训，为持续创新提供借鉴。如我国中医针灸的针具，经历了从竹针、骨针、陶针、金属针的过程。这种从一物多用到形殊功异的演变，都是在不断改进中完善的。

行动：提高调整改进创新成果的能力

活动一：手机护套创新秀

质调研当前市场销售的手机护套，分析其特点和功能，以小组为单位：

1. 交流总结各种护套的特征和功能；

2. 设计新的手机护套，进行创新展示。要求用PPT讲解，展示个人的新的护套改进的创意、设计、研发等。

活动二：分析案例，领会方法

小组讨论，交流分享：

1. 分析案例4-8，了解摩拜单车在设备功能和技术上是怎样迭代升级的？分析他们在市场运营管理上是怎样针对实践中出现的问题，不断优化提升服务质量的？

2. 调研顺丰快递或者京东物流发展的历史，分析他们是怎样不断调整改进自己的创新方案的。

评估：你是否具备了调整改进创新方案的能力

一、自我评估

1. 创新方案实施后为什么还要不断的调整改进提高？

2. 创新实践中的调整提高的标准是什么？依据什么调整？基点是什么？

二、小组评估

针对活动一和活动二，小组讨论评比，找出瑕疵：有没有改进之处，有没有可完善之处，并提出改进意见。选出成员代表小组发言。

三、训练后测评估

回顾总结本部分《创新能力训练》学习训练的收获，用第一单元第一节后面的测试题再作一次自测，看看与你第一次测评的有何变化，总结一下你的收获。再接再厉，希望你成为创新的能手，成就你的事业，祝你成功！